인공지능
활용교육

이동국 충북 청운중학교 교사이자 미래교육공감연구소의 교사 연구자. 교육학 박사(교육공학 전공)로 주요 관심사는 미래교육, 프로젝트 학습, AI · 에듀테크이다. 생성형 AI의 교육적 활용, 개별화 맞춤형 교육, 미래교육에서 메타버스 활용, 학생 참여형 수업 설계 등을 연구하고 있다. 『디지털 교육 트렌드 리포트 2024』(공저), 『교과융합 프로젝트 수업과 학습공동체 이야기』(공저) 등 도서와 논문을 다수 집필하였다.

이은상 서울성동광진교육지원청 장학사이자 미래교육공감연구소의 연구자. 교육학 박사(교육공학 전공)로 주요 관심사는 미래교육(학교), 교사역량 개발, 수업 · 평가 설계이다. 연구자이자 실천가로서의 선생님들과 교사학습공동체를 지원하고 있다. 『협력적 수업 설계 가이드』, 『세상을 바꾸는 수업: 체인지메이커 교육』, 『교사, 평가에 질문하다』(공저), 『디지털 교육 트렌드 리포트 2024』(공저), 『대한민국 1호 미래학교』(공저) 등 도서와 논문을 다수 집필하였다.

이봉규 충북 증평여자중학교 교사이자 미래교육공감연구소의 교사 연구자. 교육학 박사 수료(교육공학 전공)로 주요 관심사는 미래교육, AI · 에듀테크, 개별화 교육이다. 생성형 AI의 교육적 활용, AI 학습 시스템 활용 개별화 수업, AI · 에듀테크 활용 양상 등을 연구하고 있다. 『미래학교 설립 · 운영 모델 개발 연구』, 『미래창의교육 콘텐츠 개발』, 『국가수준 수행형 기반 디지털 리터러시 수행문항 개발』, 『AI 활용 교육을 위한 교사 역량 도출 연구』 등의 연구와 자문에 참여하였다.

김성종 경기도 오산 광성초등학교 교사이자 미래교육공감연구소의 교사 연구자. 교육학 박사(교육공학 전공)로 주요 관심사는 교수설계, 에듀테크, 인터랙티브 미디어아트이다. 상황학습 이론과 메타버스 · AI의 활용, 교육공학 이론을 적용한 수업 연구 · 실천 방안 등에 대해 연구하고 있다. 『스크래치 인터랙티브 아트』(공저) 등의 도서를 집필하였다.

강동우 서울공연초등학교 교사이자 미래교육공감연구소의 교사 연구자. 교육학 석사(정보통신교육 전공)로 주요 관심사는 데이터 분석, AI · 에듀테크, 뇌과학이다. 데이터 분석을 통한 학습자 지원, 뇌과학과 교육 심리, 인공지능 기반 융합교육, 메타버스의 교육적 활용 등을 연구하고 있다. 『지능정보사회에서 교사의 역할』(공저) 등의 도서를 집필하였다.

김두일 서울 한영중학교 교사이자 미래교육공감연구소의 교사 연구자. 교육학 석사(교육공학 전공)로 주요 관심사는 프로젝트 수업 및 설계, 디지털 시민성, 에듀테크, 디지털 교과서, 인공지능(AI), 유니버설 수업 등으로 다양한 상호작용을 최적화하여 모두의 가능성을 발견하고 만족을 이끄는 좋은 수업(VIOLET)을 위해 노력하고 있다.

이은주 서울 오류중학교 교사이자 미래교육공감연구소의 교사 연구자. 교육학 석사(AI융합교육 전공)로 주요 관심사는 미래교육, AI · 에듀테크, 기초학력이다. 에듀테크 활용 피드백, AI 기반 기초학력 지원, 생성형 AI의 교육적 활용 등을 연구하고 있다. 『대한민국 1호 미래학교』(공저) 등의 도서를 집필하였다.

인공지능
활용교육

초판 1쇄 펴낸날 2023년 9월 22일
지은이 이동국, 이은상, 이봉규, 김성종, 강동우, 김두일, 이은주
펴낸이 이형세
펴낸곳 테크빌교육㈜

책임편집 이윤희 | **편집** 옥귀희 | **디자인** 어수미 | **제작** 제이오
테크빌교육 출판 서울시 강남구 언주로 551, 5층 | **전화** (02)3442-7783 (142)

ISBN 979-11-6346-185-2 03370
책값은 뒤표지에 있습니다.

우리 반 쌤도 학생들도
즐거운 독서 시간
쌤도서가 함께합니다.

교사 연구자들이 들려주는 연구와 실천 기반

인공지능 활용교육

인공지능
개별화 수업

교사와 인공지능의
협력 방안

인공지능과
함께하는 수업

교육 주체의
역량

이동국, 이은상, 이봉규, 김성종, 강동우, 김두일, 이은주 지음

수업에
활용할 준비가
되었나요?

테크빌교육

교사 연구자들이 들려주는
AI · 에듀테크 활용 교육

학교 현장에 많은 AI · 에듀테크가 도입되고 있습니다. 그리고 각종 교육정책에 AI · 에듀테크가 포함되면서 이전과는 다른 새로운 가능성을 제시하고 있습니다. 그런데 막상 학교 현장은 어떤가요? 봇물 터지듯 쏟아지는 AI · 에듀테크가 선생님의 수업을 극적으로 변화시키고 있나요? 너무 많은 AI · 에듀테크 중 무엇을 선택할지 몰라 방황하거나, 새롭게 등장하는 AI · 에듀테크를 수업에서 일회성 정도로 활용하는 수준일 것입니다. 또는 상업적으로 개별 학습자를 위해 개발된 AI · 에듀테크를 교실 수업에 억지로 끼워 넣기 위해 많은 시간과 노력을 들이는 상황일 것입니다. 이는 세간의 기대만큼 AI · 에듀테크가 신통치 않다는 방증입니다.

사람들이 기술을 효과적으로 받아들이기 위해서는 용이성과 유용성이 중요합니다. 현재의 AI · 에듀테크는 이 두 요소 모두 부족한 측면이 있습니다. 용이성 측면에서는 다수의 AI · 에듀테크 서비스들의 통합된 학습 관리 시스템 없이 독립적으로 운영되고 있어, 이를 한 군데에서 관리하거나 활용하기가 어렵습니다. 이로 인해 선생님들과 학생들은 여러 플랫폼과 인터페이스에 적응해야 하며, 그로 인한 혼란과 시간 소모가 발생합니다. 또한 각각의 서비스가 제공하는 데이터나 분석 결과를 종합적으로 이해하거나 활용하는 것도 어렵습니다. 유용성 측면에서는 많은 AI·에듀테크 제품들이 아직까지 실험적인 단계에 머물고 있거나, 실제 교육 현장에서의 효과성이 충분히 검증되지 않은 채 도입되고 있습니다. 이로 인해 선생님들은 투자한 시간과 노력에 비해 예상외로 미미한 교육적 효과를 얻게 되곤 합니다. 심지어 부적절한 AI·에듀테크의 활용이 수업을 방해하기도 합니다. AI·에듀테크를 학교 현장에 퍼뜨려야 하는 혁신가와 얼리어답터에 해당하는 교사들이 실질적인 교육적 가치를 동료 교사들에게 설득력 있게 전달할 수 있는 증거나 데이터가 부족하여 AI·에듀테크의 확산이 제한되고 있습니다.

그렇다면 AI·에듀테크를 학교에서 활용하지 말아야 할까요? 우리 일상을 한번 둘러보면 그 답이 있을 것 같습니다. 상업 분야에서 활용되는 인공지능 기술은 이미 세상을 빠르게 변화시키고 있습니다. 맞춤형 서비스 제공부터 이전에는 상상도 못했던 혁신적인 솔루션까지, 인공지능은 우리가 다양한 문제를 해결하는 데 큰 도움을 주고 있습니다. 교육에서도 인공지능의 고도화가 진행된다면, 그동안 이상적인 교육 활동으로 여겨왔던 개별화 맞춤형 교육을 제공하는 것이 가능해질 것입니다. 따라서 우리는 AI·에듀테크가 단순한 '도구'를 넘어서 교육의 질 자체를 높일 수 있는 중요한 동반자가 될 수 있음을 확신합니다. 이를 적절하게 활용하면 선생님과 학생 모두에게 더욱 효과적이고 만족스러운 교육환경을 제공할 수 있을 것입니다.

지금은 실험하고 상상해야 하는 시기입니다. 아직은 완벽하지 못한 AI·

에듀테크를 교육의 동반자로 만들기 위해 다양한 시도가 요구되는 상황입니다. 수많은 AI·에듀테크 속에서 옥석을 가려내고 교육 활동에서 진가를 발휘할 수 있도록 수업에 녹여내야 합니다. 다양한 상상력을 발휘하며 AI·에듀테크를 맞춤형 교육과 실제적 교육에 활용하면서 새로운 교육 사례들을 만들어갈 필요가 있습니다. 교사의 풍부한 상상력은 다양한 AI·에듀테크를 만들어내는 원동력이 됩니다. 여기서 중요한 점은 AI·에듀테크의 맹목적인 활용이 아닌 끊임없이 비판하면서 그 활용 가능성을 실증에 기반하여 탐색하는 것입니다. 그래야만 교육 현장의 요구를 반영하여 실제 교실에서 유용하게 활용될 수 있는 AI·에듀테크가 개발되고 관련 정책이 마련될 수 있습니다.

『인공지능 활용 교육』의 저자들이 속해 있는 미래교육공감연구소의 교사들은 연구자로서 수년간 다양한 연구와 실천을 수행하고 있습니다. 이 책은 그간의 성과를 기반으로 교실에서 AI·에듀테크를 효과적으로 활용할 수 있는 실질적 방안을 담고 있습니다.

1부에는 인공지능 활용 교육을 위한 교사 역량과 개별화 수업설계 원리를 담았습니다. 머지않은 미래에 모든 교사가 필수적으로 인공지능을 활용해야 하는 시기가 도래할 것입니다. 인공지능을 어떻게 다루는가에 따라 학습효과가 크게 달라질 수 있어, 관련 역량을 키우는 것이 무엇보다 중요합니다. 이를 위해 역량과 구체적인 행동지표를 제시함으로써 전문성 개발의 방향성을 보여줍니다. 한편, 인공지능이 다른 에듀테크와 가장 차별화되는 점은 개별화 수업을 가능케 한다는 점입니다. 인공지능을 활용한 개별화 수업은 교사와 인공지능의 협업을 전제로 합니다. 이를 위한 수업설계 원리를 살펴봄으로써 인공지능이 만들어낼 개별화 수업의 모습을 상상할 수 있을 것입니다.

2부에는 인공지능 활용 교육의 실행과 성찰을 담았습니다. 실행연구의 관점에서 교사들이 인공지능을 교실 수업에 도입한 이유, 수업설계에서 고민한 지점, 실행의 어려움과 극복 과정 등을 담고 있습니다. 단순히 인공지능의 효과성만 부각하는 것이 아니라 교사의 통합 과정에서 인공지능을 비판적으로 들여다보며 가능성과 한계를 함께 진단하고자 노력하였습니다.

3부에는 생성형 인공지능의 교육적 가능성을 담았습니다. 앞으로 생성형 인공지능은 대부분의 에듀테크에 결합될 예정입니다. 그렇게 되면 에듀테크를 활용하는 패턴과 산출물이 크게 달라질 수 있습니다. 향후 교실 수업 아이디어를 상상하고, 생성형 인공지능이 만들어낼 미래교육을 진솔하게 이야기했습니다.

4부에는 인공지능 활용 교육을 위한 정책을 담았습니다. 단순히 기술만 도입해서는 학교의 변화를 만들어내기가 어렵습니다. 기술이 학교에 자리매김하기 위해서는 학교문화, 교수학습, 학교공간, 지역사회 등과 유기적으로 연결되어야 합니다. 이를 위해서는 총체적인 관점에서 관련 정책을 마련하고 현장을 지원하기 위한 노력이 이루어져야 합니다. 여기서 제시한 정책은 교육청 단위의 디지털 전환 계획을 수립하는 데 시사점을 제공할 것입니다.

우리는 장기적인 관점에서 인공지능을 잘 활용하기 위해 준비해야 합니다. 단기적인 성과에 치중한 나머지 고도화되지 않는 인공지능을 교실 현장에 무분별하게 도입할 경우, 교사와 학생들에게 실망감만 줄 수 있습니다. 이러한 경험은 교사들이 인공지능을 도입하는 데 가장 큰 저해 요인이 될 수 있습니다. 장기적인 관점에서 역량을 개발하고 역량이 발현될 수 있는 지원체제를 구축해야 합니다. 『인공지능 활용 교육』이 이러한 관점에서 작은 인사이트를 제공할 수 있기를 기대합니다.

2023년 9월
저자 일동

차 례

인공지능과 함께하는
교육의 대전환

당신은
인공지능 활용을 위한
교육적 상상력이
풍부한가?

인공지능 시대,
교육의 변화

> "당신은 인공지능 활용을 위한 교육적 상상력이 풍부한가?"
> "당신은 인공지능을 수업에 활용할 준비가 되어 있는가?"

교육 분야에서 인공지능(Artificial Intelligence, AI) 활용에 관한 관심이 그 어느 때보다 뜨겁다. 시도교육청을 중심으로 연일 특강과 교원연수를 통해 인공지능 활용의 중요성이 제시되고, 동료 교사 사이에서도 인공지능에 관한 이야기가 자주 언급된다. 2016년 이세돌 9단과 구글 딥마인드사의 인공지능 바둑 프로그램 알파고(AlphaGo)의 대결이 우리에게 인공지능의 가능성을 어렴풋이 보여주었다면, 지금 챗GPT(ChatGPT)와 같은 생성형 AI 관련 기술은 인공지능이 우리의 일상을 크게 바꾸어놓을 것이라는 확신을 분명히 알려준다. 가까운 미래에 누구나 일상에서 인공지능을 활용해 어려운 문제를 해결하거나 학습에 즐겁게 참여하는 모습을 그려본다.

교사로서 인공지능을 활용한 미래교육의 가능성을 상상하는 것이 즐거운 일이다. 인공지능 기술의 발전을 통해 다양한 교육적 상상과 담론들이 실현될 것으로 예상되며, 이는 미래교육의 모습을 다채롭게 만들 것이다.

그런데 모든 교사가 인공지능을 잘 활용할 수 있을까? 아마도 그렇지 않을 것이다. 인공지능을 능숙하게 활용하는 교사는 인공지능을 활용한 다양한 학습경험을 통해 학생들의 개별화된 성장을 지원할 수 있다. 반면 그렇지 못한 교사는 인공지능을 단순히 정보 전달을 위한 단편적 도구로만 활용할 수 있다. 교사의 인공지능 활용 능력에 따라 교수 격차가 발생하는 것이다. 이러한 현상은 코로나19 상황에서도 마찬가지였다. 원격수업에서 에듀테크에 대한 풍부한 지식과 경험이 있는 교사는 다양한 상호작용을 일으키며 수업을 이끌어갔다. 이에 반해 에듀테크에 대한 경험이 부족한 교사는 기본적인 정보를 전달하는 것도 쉽지 않았다.

앞으로 에듀테크 시장이 확대되고 관련 정책이 추진되면 교실에는 더 많은 인공지능과 에듀테크가 도입될 것이다. 그렇게 교실에서 인공지능 기술이 보편화되는 미래에는 반드시 모든 교사가 인공지능 활용 교육 역량을 필수적으로 갖추어야 한다. 따라서 현재의 교육 담론이 인공지능의 교육적 가능성을 탐색하는 것에 초점을 두고 있다면, 앞으로는 교사가 인공지능을 교수학습에 '어떻게' 활용할 것인가로 초점이 이동해야 한다.

인공지능 서비스의 고도화와 양적 팽창에 따라 학교도 인공지능 기반 디지털 전환(Digital Transformation)을 준비해야 한다. 교사 역시 인공지능에게 모든 것을 맡기거나 의존해서는 안 되며, 인공지능 맥락을 고려한 새로운 교수학습 역량을 함양해야 한다. 그렇게 교사가 인공지능을 적절히 활용할 때, 인공지능이 '보조교사' 역할을 담당하면서 학생들을 위한 맞춤형 교육 실현에 많은 도움이 될 것이다.

1부에서는 인공지능의 개념과 발전 과정을 살펴보고 인공지능 활용 교육의 가능성과 한계를 제시한다. 그리고 교사가 교실에서 인공지능을 능숙하게 사용할 수 있도록 연구를 기반으로 인공지능 활용 교육을 위한 교사 역량을 제시한다. 이때 구체적인 행동지표와 해설을 덧붙여 독자의 이해를 도울 것이다. 그리고 인공지능 교육의 가장 큰 특징이라 할 수 있는 개별화 수업의 설계 원리를 제시한다. 연구에서 도출된 개별화 수업설계 원리는 인공지능을 활용해 개별화된 학습경험을 설계하려는 교사에게 많은 시사점을 제공할 것이다.

인공지능의 등장과 발전

우리가 인공지능에 주목하기 시작한 것은 최근의 일이지만, 이것은 혜성처럼 등장한 새로운 기술은 아니다. 인공지능은 1950년 영국의 앨런 튜링(Alan Turing)이 발표한 논문 「Computing Machinery and Intelligence」에서 '기계가 사람처럼 생각할 수 있다'는 개념으로 처음 소개됐다.[1] 기계와 인간의 지능을 비교하고, 기계가 인간처럼 사고하는 데 필요한 기능을 수행할 수 있는지를 논의하는 이 논문은 이후 인공지능 연구의 기반이 됐다. 또한 튜링은 이 논문에서 '튜링 테스트'라고 알려진 실험을 제시하며, 컴퓨터가 사람과 마찬가지로 자연스럽게 대화를 이어갈 수 있다면 그 컴퓨터는 의식을 가진 것으로 간주될 수 있다고 주장했다. 튜링 테스트는 인공지능 연구의 중요한 평가기준 중 하나로 여겨진다.

이후 1956년 미국의 다트머스 하계 워크숍에서 존 매카시(John McCarthy)와 동료들에 의해 인공지능이라는 용어가 제안되면서 인공지능 연구 개발의 토대가 만들어졌다.[2] 이후 1차 황금기(1956년~1974년)라 불리는 시기가 이어진다. 1957년 프랭크 로젠블랫(Frank Rosenblatt)이 뇌를 구성하는 신경세포인 뉴런과 유사한 구조의 퍼셉트론(Perceptron)이라는 알고리즘을 제시한다. 퍼셉트론은 뉴런 동작을 단순화한 모델로, 다수의 입력을 받아 하나의 결과를 내보는 방식으로 작동한다. 다시 말해 여러 개의 입력을 받아 각각의 입력에 가중치를 곱하고 그 결과를 모두 합산하는데, 그 합산된 결과가 특정 임계값을 넘으면 활성화되고 넘지 않으면 비활성화된다. 예를 들어 친구들이 함께 여행하는 것을 제안한 상황이라고 해보자. 이때 동행자, 날씨, 비용 등에 가중치를 곱한 후 모두 더해 그 합계가 특정 임계값을 넘으면 여행을 가기로 결정하고 넘지 않으면 여행을 가지 않는 것이다.

이후 1965년 에드워드 파이겐바움(Edward Feigenbaum)이 덴드럴(Dendral)이라는 전문가 시스템을 개발했다. 전문가 시스템은 특정 분야의 전문 지식을 컴퓨터에 기억시켜 일반인도 해당 전문 지식을 활용할 수 있도록 하는 시스템이다. 이러한 전문가 시스템은 의사결정 지원 시스템으로 사용되어 많은 산업 분야에 영향을 미쳤다. 그러나 퍼셉트론의 XOR 문제가 부각되면서 1차 암흑기(1974년~1980년)가 시작됐다. XOR 문제는 선형 분리가 불가능한 두 가지 입력이 있을 때, 단층 퍼셉트론으로는 이를 구별할 수 없다는 것을 보여주는 문제였다.

1980년대에는 전문가 시스템의 발전, 신경망 이론의 복귀, 다층 퍼셉트론을 활용한 XOR 문제해결 등이 이루어지면서 2차 황금기(1980년~1987년)가 시작됐다. 이 시기에는 다양한 알고리즘 기술 발전이 있었으며, 이를 바탕으로 다양한 신경망 모델이 제안됐다. 다만 이때의 인공지능 연구는 여전히 전통적인 방식에 의존하고 있었다. 이는 모든 지식과 규칙을 직접 기계에 주입해야 하는 지식 기반 시스템으로, 컴퓨터 성능의 한계와 투자 대비 낮은 목표율이라는 문제를 안고 있었다. 이 때문에 '인공지능 겨울(AI Winter)'이라고 불릴 정도로 혹독한 2차 암흑기(1987년~ 1993년)를 맞게 됐다.[3]

안타깝게도 2차 암흑기 동안 인공지능 기술로 해결할 수 있는 문제는 극히 제한적이었다. 때문에 인공지능에 대한 회의론이 강해졌다. 연구자들까지 인공지능이 약속했던 성과를 내지 못하는 것으로 판단했고, 이로 인해 인공지능 관련 연구와 프로젝트에 대한 투자가 줄어들었다. 어려운 상황이었지만 일부 연구자들은 인공지능 연구를 계속했다.

1990년대 후반에 이르러 인터넷을 통한 방대한 데이터 수집 능력이 발전하면서 이를 바탕으로 머신러닝(Machine Learning)이 크게 진화했다. 이로써 인공지능은 스스로 학습하며 성능을 향상할 수 있게 됐다. 그리고 2006년에는 제프리 힌턴(Geoffrey Hinton)이 딥러닝(Deep Learning) 개념을 발표하면서 인공신경망 기반의 머신러닝이 주목받게 됐다. 딥러닝은 인터넷 기업들을 중심으로 음성 인식, 영상 이해, 기계 번역 등의 연구에 활용됐다. 특히 2012년에는 딥러닝 기반 이미지 인식 시스템이 이미지 인식 경진 대회에서 우승하면서 딥러닝의 가능성을 인정받기도 했다.

또한 GPU를 활용한 고성능 컴퓨팅 기술의 발전으로 딥러닝 연구는 더욱 획기적으로 발전했다. 2016년에는 구글의 알파고가 수백 개의 CPU와 GPU를 기반으로 바둑 기보를 학습해 세계 최고의 바둑 선수를 이기는 기염을 토했다. 이 사건은 딥러닝 기술의 가능성을 대중에게 널리 알리는 계기가 됐다. 그 후에도 인공신경망(Artificial Neural Network), 심층신경망(Deep Neural Network), 합성곱신경망(Convolutional Neural Network), 순환신경망(Recurrent Neural Network), 생성적 적대 신경망(Generative Adversarial Network) 등 다양한 알고리즘이 등장했다.

최근에는 챗GPT와 같은 생성형 AI 기술이 빠르게 발전하면서 많은 주목을 받고 있다. 생성형 AI는 텍스트, 이미지, 동영상 등 다양한 콘텐츠를 만들 수 있어 사용자의 요구에 부응하는 다양한 작품의 창작이 가능하다. 놀라운 점은 생성형 AI가 전문가 수준의 독창적인 콘텐츠를 대량으로 생성할 수 있다는 것이다. 이는 인간의 예술과 창작 영역에 큰 영향을 미칠 것으로 예상된다. 한편 인공지능과 인간이 만든 작품을 구별하기 어려운 상황이 발생하면서 이로 인한 사회적 문제도 대두되고 있다. 인공지능이 만든 콘텐츠와 관련해 표절, 저작권, 프라이버시 침해, 편향성 등의 문제가 새롭게 등장했다. 정부, 기업, 그리고 사회 전체가 협력해 적절한 규제와 법적 대응 등 문제의 해결책을 모색해야 한다.

최근 컴퓨팅 알고리즘, 데이터 처리 속도, 빅데이터 활용 등의 혁신으로 인해 인공지능은 놀라운 속도로 발전을 거듭하는 중이다. 이로써 인공지능은 산업, 경제, 문화 등 다양한 분야에서 게임 체인저로 인식되고 있으며 4차 산업혁명의 핵심 기술로 주목받고 있다. 또한 기술의 차원을 넘어 인문학과 사회학 등 다양한 영역의 패러다임 변화를 촉진하고 있다. 인공지능은 빅데이터를 기반으로 인지, 학습, 추론 등의 기능을 수행할 수 있기 때문에 다양한 분야와 융합해 새로운 부가가치를 창출할 것으로 기대된다.

그러나 앞서도 이야기했듯이 인공지능의 급속한 발전은 윤리, 보안, 취업 등과 관련한 사회적 문제를 초래할 수 있다. 따라서 이러한 문제에 대한 적절한 대응 전략을 수립하고 관련 정책을 마련하는 것이 중요하다. 이것이 선행되어야만 인공지능을 보다 안전하게 활용할 수 있다.

인공지능의 유형

인공지능은 일반적으로 인간의 일을 수행할 수 있는 능력에 따라 약 (Weak)AI, 강(Strong)AI, 초(Super)AI로 분류한다.[4] 약AI는 특정 조건에서 인간의 지능을 기계적으로 일부 모방해 구현하는 기술이다. 약AI는 주어진 목적을 달성하기 위한 지능을 갖추었지만, 인간의 지능을 완벽하게 모방하거나 범용적으로 작동할 수는 없다. 규칙 기반 시스템, 자연어 처리, 음성 인식, 이미지 인식 등과 같은 기술에 적용된다. 그리고 일반적으로 딥러닝 및 머신러닝 알고리즘을 사용한다.

강AI는 인간을 완전히 모방해 구현한 기술로 인간처럼 사고하고 문제를 해결할 수 있는 능력을 갖는다. 이는 인간의 모든 지능 영역에 대한 이해와 습득 능력을 가진 인공지능을 의미한다. 강AI는 아직까지는 실현되지 않은 이론적인 개념이다. 나아가 초AI는 모든 면에서 인간의 능력을 초월해 자가 발전하며, 인간의 모든 지능 영역에서 뛰어난 능력을 발휘할 수 있다. 초AI는 인간의 창의성, 감정, 사회적 능력 등 모든 영역에서 놀라운 성과를 이룰 것으로 기대된다.

현재 우리가 일상에서 만나는 모든 인공지능은 약AI에 해당한다. 바둑을 두는 알파고, 사람의 음성을 인식해 정보를 제시하는 인공지능 스피커, 교통 관련 정보를 딥러닝해 자율적으로 주행하는 자동차 등이 대표적이다. 영화 속에 등장하는 휴머노이드 기반의 인공지능 로봇, 인공지능 컴퓨터 등은 주로 강AI에 해당한다. 그래서인지 많은 사람이 인공지능을 강AI 또는 초AI로 인식하는 경향이 강하다. 인공지능의 활용과 영향을 과대평가하는 것이다.

그러나 현실은 다르다. 우선 강AI 또는 초AI가 되기 위해서는 인간의 뇌와 유사한 정보처리 아키텍처가 필요하다. 또 아직까지는 인간의 생각, 감정, 의식을 컴퓨터가 온전히 파악하는 것이 어렵고 과학기술이 이를 실현할 수 있을 것인가에 대해서도 많은 논쟁이 있다. 다만, 분명한 것은 약AI도 우리 삶에 큰 영향을 미친다는 사실이다. 따라서 인간의 삶에서 인공지능을 효율적으로, 윤리적으로 안전하게 활용할 수 있을 것인가에 대한 사회적 합의 및 제도 마련이 요구된다.

현재 교육 분야의 인공지능은 상대적으로 제한된 범위에서 약AI 수준의 규칙 기반 인공지능과 문항 반응 이론(Item Response Theory, IRT)이 혼합되어 활용되고 있다. 그리고 주로 인간에 의해 전처리(preprocessing)된 정형 데이터로 기계학습이 이루어져 데이터의 유형 및 처리 수준에 따라 산출물의 질이 달라지거나 전혀 다른 결과를 도출한다. 미래에는 약AI 또는 강AI 수준의 인공지능이 교육 분야에 보다 널리 적용될 것으로 예상된다. 다시 말해 인간과 유사한 수준의 지능을 가진 채 자동화된 판단을 수행하며, 초고속 통신망을 활용해 정형 및 비정형 데이터를 수집하고 이를 바탕으로 스스로 학습하는 인공지능이 교육 분야에서 활용될 것이라는 말

〔표 1-1〕 인공지능의 종류

구분	개념	사례
약AI (Weak AI)	· 주어진 조건 아래서만 작동 · 현재 대부분의 머신러닝 또는 딥러닝	· AlphaGo, Apple Siri, IBM Watson · 자율주행 자동차
강AI (Strong AI)	· 인간과 같이 학습, 추리, 적응, 논증이 가능해 여러 분야의 일을 처리	· 공상 소설이나 영화 속의 인공지능 로봇(비서 로봇, 공장 로봇 등)
초AI (Super AI)	· 모든 면에서 인간의 능력을 초월하는 수준의 인공지능 · 효율성, 자기 보전성, 창의성을 가지며 끊임없이 자가 발전	· 환경 오염을 유발하지 않는 신에너지를 이용하는 수송 수단처럼 인류가 쉽게 해결하지 못하는 고차원적인 문제를 해결하는 로봇

이다.

　미래에는 인공지능의 교육적 가능성이 더욱 확대될 전망이다. 학습자들에게 개인화된 교육 경험을 제공하고, 교육자들의 업무 지원에도 큰 역할을 할 것으로 기대된다. 또한 교육기술의 혁신을 촉진하고, 전 세계적으로 교육의 질을 향상시킬 것이다. 그러므로 교육 분야에서도 인공지능의 발전 및 활용을 지속적으로 연구하고 적용하는 것이 중요하다.

인공지능 활용 교육의 개념

교육현장에서 인공지능을 가르치고 활용하는 방법에 대한 관심은 지속적으로 높아지고 있다. 초·중등의 인공지능 교육은 크게 인공지능에 대한 교육과 인공지능 활용 교육으로 구분할 수 있다.[5] 최근에는 정부 정책에 따라 '인공지능 융합교육'이라는 용어가 제시됐다. 해외에서는 인공지능에 대한 교육과 인공지능 활용 교육을 모두 포함해 'AIED(AI in Education)'라 부르기도 한다. 현재 학교현장에서는 인공지능 교육에 관해 다양한 용어가 혼재되어 사용되고 있다. 이 책에서는 인공지능 교육을 다음과 같이 정리해 사용하고자 한다.

　첫째, 인공지능 활용 교육은 다양한 교과의 교수학습 상황에서 학습을 촉진하기 위한 도구로서 인공지능을 활용하는 것을 말한다.[6] 즉 인공지능 기술이 적용된 에듀테크를 활용해 교육환경을 개선하고 교수학습을 촉진하는 활동이 이루어진다.

　웨인 홈스(Wayne Holmes)는 인공지능 활용을 시스템 측면의 인공지능(system-facing AI), 학생 측면의 인공지능(student-facing AI), 교사 측면의 인공지능(teacher-facing AI)으로 구분했다.[7] 시스템 측면의 인공지능은 입학, 시간표, 학습관리, 출석 기록, 학생의 중도 탈락 및 실패 예측에 활용될 수 있다. 학생 측면의 인공지능은 맞춤형 교육을 지원하는 것으로, 지능형 튜터링 시스템(Intelligent Tutoring System, ITS), 대화형 튜터링 시스템(Dialogue Based Tutoring System, DBTS), 탐색적 학습환경 시스템, 자동화된 글쓰기 평가 시스템이 있다. 마지막으로 교사 측면의 인공지능은 자동 채점, 학생 모니터링, 보조교사 등으로 활용할 수 있다.

인공지능 활용 교육의 기술적 구조를 살펴보면, 교육 관련 빅데이터와 학생의 특성 데이터를 기반으로 지식 인터페이스, 머신러닝, 강화학습, 컴퓨터 비전, 자연어 처리 등의 인공지능 기술을 활용해 코스 평가, 적응적 학습, 학습분석, 맞춤형 교수 등을 지원한다.[8] 최근에는 인공지능이 애플리케이션, 챗봇, 지능형 튜터/에이전트 등에 다양하게 결합되고 있어, 앞으로 교육 분야에서도 이를 활용할 것으로 예상된다. 이러한 발전은 교육의 효율성을 높이고, 교사와 학생 모두에게 도움을 줄 것이다.

둘째, 인공지능에 대한 교육은 인공지능 자체에 대한 개념, 원리, 알고리즘 및 문제해결을 다루는 교육을 말한다. 일반적으로 정보, 기술, 과학, 수학, STEAM 교육에서 인공지능에 대한 교육이 이루어진다. 우리나라에서는 2020년 〈인공지능시대 교육정책방향과 핵심과제〉에서 인공지능 교육의 내용으로 프로그래밍, 인공지능 기초원리, 인공지능 활용, 인공지능 윤리를 제시했다.[9] 프로그래밍에서는 문제 인식과 해결 방법 설계 중심으로 구성, 객관적 언어 사용, 개념화, 논리적 순서 배열 등을 교육한다. 그리고 인공지능 기초원리와 활용에서는 인공지능 기초원리에 대해 학습하며, 이를 통해 기억·학습·추론 과정에 대해 더욱 깊게 이해하는 교육이다. 인공지능 윤리는 인공지능의 편견과 오류 등에 대해 학습하고 도덕적 딜레마 상황에서의 도덕 기준 선택 등을 연습하는 교육이다.

미국인공지능학회(AAAI)와 컴퓨터과학교사협회(CSTA)는 AI4K12 (https://ai4k12.org)를 통해 K-2부터 K-12까지의 학생에게 인공지능을 가르치기 위한 핵심 개념과 학습내용에 관한 가이드라인을 제시했다. 인공지능에 대한 교육의 핵심 개념으로 인식, 표현과 추론, 학습, 자연스러운 상호작용, 사회적 영향 다섯 가지를 제시했다. 그리고 가이드라인에서는 핵심 개념별로 K-2, K-3~5, K-6~8, K-9~12학년에서 다루어야 할 학습목표와 영속적 이해를 제시했다. 또한 인공지능 교육의 학생 활동 시 고려사항으로 과학 실험과 비슷한 수준의 인공지능 실험, 인공지능 알고리즘 핸즈 온 시뮬레이션, 인공지능 애플리케이션 구현 프로젝트, 다양한 입장을 고려한 인공지능 윤리 연구, 다양한 프로젝트 활동을 제시했다.

셋째, 인공지능 융합교육은 2개 이상의 교육목표를 달성하기 위해 인공지능을 내용 또는 방법으로 활용하는 교육이다. 인공지능에 대한 교육과의 차이점은 인공지능에 대한 이해를 바탕으로 관련 교과의 성취기준을 달성하거나 실생활 문제를 융합적으로 해결한다는 점이다. 인공지능 활용교육과 차이점은 인공지능을 학습과정에서 문제해결 수단으로 활용한다는 점이다.

현재 학교현장에서는 인공지능을 내용으로 융합하는 교육활동이 많이 이루어지고 있다. 인공지능+X의 형태로 인공지능 관련 내용과 교과교육의 고유 내용이 융합된 형태다. 예를 들어 통계청에서 미세먼지와 관련된 빅데이터를 수집해 머신러닝으로 예측모형을 만들어 미래에 발생할 사회문제를 토의하면서 인공지능과 사회 교과의 성취기준을 충족할 수 있다. 또 과학 시간에 식물의 잎을 분류하는 머신을 제작해 발표함으로써 인공지능에 관한 긍정적 인식과 기초과학탐구능력을 향상시키는 수업이 이루어질 수 있다.[10] 인공지능+X의 융합교육이 활성화되기 위해서는 교과에서 인공지능을 연계할 수 있는 주제를 발굴해야 하며, 인공지능+X의 융합교육을 진행할 수 있는 교사의 역량을 개발해야 한다. 또 교과 교사와 정보 교사의 교수 지식을 서로 보완할 수 있는 팀티칭 모델의 개발도 필요하다.[11] 서울시교육청에서는 인공지능 융합교육으로 유치원과 초등학교에서는 놀이·체험 중심의 인공지능 이해 및 활용 위주의 교육을 실시하고 있다. 그리고 중·고등학교에서는 원리 이해를 통한 교과 및 실생활 문제해결 중심의 교육을 실시하고 있다.[12] 이를 위해 모든 교과에서 인공지능 원리와 기능, 사회적 영향 및 윤리적 문제 등 다양한 내용의 주제 중심 인공지능 융합교육을 활성화하는 중이다. 또 과학, 수학, 정보 교과를 중심으로 프로젝트 중심의 인공지능 기반 문제해결 수업을 지원할 계획이다. 다수의 시도교육청에서는 고등학교에 인공지능 융합교육과정을 개설해 인공지능·소프트웨어 융합 인재 양성을 위한 특화된 교육을 실시할 예정이다.

인공지능의 무한한 교육적 가능성

학교교육에서 인공지능의 활용에 주목하는 이유는 그동안 교육에서 해결되지 못한 다양한 문제들을 극복할 수 있다는 기대감 때문이다. 현실적으로 개별 피드백을 제공하기 어려운 학급 당 인원수, 과도한 행정 업무, 비정형 데이터 수집의 어려움 등 학교교육에는 기존의 제도나 기술로 극복하기 어려운 문제가 상존한다. 인공지능은 이러한 문제를 일부 또는 전체를 획기적으로 해결할 수 있어 미래교육의 대안으로 주목받는다. 인공지능의 가능성을 정리하면 다음과 같다.

첫째, 인공지능은 개별화 교육을 가능케 한다. 인공지능 기술의 가장 큰 특징은 빅데이터를 기반으로 학습, 추론, 예측한다는 점이다. 이러한 기술적 특징을 교육에 적용할 경우 학습자의 학습과정, 결과, 개별 특성에서 얻은 데이터를 바탕으로 학생 개인에 맞는 개별화된 처방이 가능하다. 현재 일대다(一對多)로 진행되는 학교교육에서 교사는 모든 학생을 개별적으로 관리하기 어렵다. 하지만 인공지능은 학생의 동기, 흥미, 관심사, 학습 수준 등을 종합적으로 고려해 맞춤형 교육을 제공할 수 있다.[13] 더불어 인공지능이 학습과정에 대한 실시간 분석 결과를 제공함으로써 학생의 학습을 지원하고 학습격차를 줄이는 데 긍정적인 영향을 미칠 것으로 기대된다.[14] 이를 통해 교사는 개별 학생들을 더욱 세심하게 관찰하고 지원할 수 있다.[15]

둘째, 인공지능은 교수학습 경험을 확장한다. 인공지능은 고비용, 고위험, 많은 시간 소요 등으로 교실에 접목하기 어려웠던 교육활동을 가능하게 한다. 교사는 인공지능이 제공하는 확장성을 이용해 기존의 교육내용과 방법을 개선하고 새로운 교수 전략을 찾을 수 있다. 학습자들은 시공간의 제약에서 벗어나 다양한 학습자원에 접근하고, 다른 학습자들과 소통하며 협력할 수 있다. 특히 인공지능 기반의 증강현실(Augmented Reality, AR), 가상현실(Virtual Reality, VR), 혼합현실(Mixed Reality, MR) 등의 실감형 콘텐츠는 교육에서 몰입 경험을 더욱 촉진할 것이다.[16] 인공지능과 다양한 에듀테크 기술이 결합되면서 교육의 경계가 확장되고, 새로운 교육적 기회가 무한히 창출될 것으로 기대된다. 이를 통해 교육의 질과 접근성이 높아지면 보편적 교육이 이루어질 수 있다.

셋째, 인공지능은 업무 자동화 및 효율화를 가능케 한다. 인공지능은 학교에서 단순하고 반복적으로 수행되는 업무를 자동화하고 개선해 교사가 교수학습에 집중할 수 있는 환경을 조성한다.[17], [18] 사회적 요구에 따라 학교에 기대하는 역할이 커져 행정 업무량이 지속적으로 증가하고 있다. 이런 현실을 고려해 업무 경감을 위해 업무의 주체를 바꾼다 해도 그것만으로는 한계가 있다. 따라서 인공지능을 활용해 행정 업무 자체를 줄일 수 있는 방안을 모색해야 한다. 단, 학교에서 발생하는 비정형 데이터를 효과적으로 수집·분석할 수 있는 여건과 인공지능을 충분히 활용할 수 있는 교사의 역량이 필요하다. 그리고 인공지능 기반의 자동화 행정에서 인간과 기계 사이에 분업과 협업 체계를 구축하는 방안을 고려해야 한다.[19]

넷째, 인공지능은 행위유발성(affordance)이 있는 교육환경을 조성한다. 교육환경에서 인공지능은 예측모델을 통해 학습자의 학습 행위를 지원하고, 위험 요소를 통제함으로써 안전한 교육환경을 제공한다. 교사와 학습자의 활동을 분석해 이를 지원할 수 있는 인공지능 시스템을 갖춤으로써 교수학습에 보다 능동적으로 참여할 수 있는 기회가 마련된다. 또 지능형 CCTV, 사물인터넷(Internet of Things, IoT) 등의 센서와 연계해 학교와 지역사회의 각종 위해 요소를 사전에 진단하고 예방적 교육활동을 수행할 수 있다.[20]

다섯째, 인공지능은 증거 기반의 정책 도출을 가능케 한다. 증거 기반 정책은 정책과정에 있어 오류를 피하도록 하는 과학적 증거를 중시한다.[21] 인공지능을 통해 수집된 데이터를 과학적으로 분석해 정책을 깊이 있게 평가하고, 여기서 도출된 인사이트를 바탕으로 더 나은 정책을 제안할 수 있다. 지금까지 교육정책의 정량적 및 정성적 평가에는 한계가 있었다. 그러나 인공지능이 수집하는 다양한 데이터를 활용하면 교육 현상과 문제에 체계적으로 접근할 수 있으며, 이를 통해 증거 기반의 정책 도출이 가능해지고 나아가 학교, 지역사회, 국가 차원에서의 교육 개선을 도모할 수 있다.

인공지능의 한계

인공지능은 교육현장에서 혁신적인 변화를 이끌어낼 수 있는 놀라운 기술이다. 그러나 인공지능의 활용에는 윤리적, 사회적 문제와 함께 기술적 한계와 위험도 고려되어야 한다. 따라서 인공지능을 교육에 적용할 때는 이러한 요소들을 고려해 신중한 계획과 실행이 필요하며, 교육 관계자들이 인공지능의 이해와 활용 능력을 향상시키는 것이 중요하다.

첫째, 인공지능이 학교교육의 많은 부분을 대체함에 따라 교사의 역할도 변화해야 한다. 교사가 수행하던 인지적 영역을 인공지능이 대체함으로써 교사에게는 지식전달자에서 학습 촉진자, 정서적 지지자 등으로 역할 변화가 요구된다. 교사는 학습자에 대한 정서적 돌봄, 유대감, 사회성 등을 촉진하고 인간적 연결을 강화하는 역할을 수행해야 한다. 일부에서는 인공지능이 교사를 대체할 것이라는 우려가 있다. 하지만 인공지능은 교사들이 교육활동에 보다 집중할 수 있도록 지원하는 보조 수단으로 활용될 것이라는 기대가 더 우세하다.[22] 예를 들어 학습자들이 챗GPT를 통해 이미지를 구별하는 코드를 산출했다면, 교사와의 수업에서는 이것의 가치 있는 활용, 윤리적 활용 방법 등에 토의하는 방식으로 수업할 수 있을 것이다. 이로써 학습자들이 다양한 고차원적인 사고활동에 참여하는 기회가 증가할 것으로 예상된다. 이런 식으로 인공지능을 활용하기 위해서는 교사의 역할 변화와 관련 역량 개발이 필요하다. 특히 인공지능 기술을 활용한 교수학습 도구 사용법, 수업 사례, 윤리 문제, 그리고 인공지능 기술에 의해 변화할 학교환경 등에 대한 전문 지식이 교원연수 프로그램에서 강조되어야 한다. 이를 통해 교사들은 인공지능 기술을 효과적으로 교육현장에 도입하고, 학습자들에게 더 나은 교육 경험을 제공할 수 있게 될 것이다.[23]

둘째, 인공지능의 활용이 교육격차를 심화시킬 가능성이 있다. 사회경제적 배경에 따라서 사용자들이 접근할 수 있는 인공지능 콘텐츠와 서비스의 질이 달라질 수 있어 교육격차가 심화될 위험이 있다. 고품질의 인공지능 서비스는 많은 사용료를 요구하고 이에 접근할 수 있는 사용자는 제한적일 것이다. 특히 경제적 소외 계층일수록 고품질의 인공지능을 사용할 가능성이 낮아져 정보 격차와 학습격차가 더욱 커질 수 있다.[24] 또한 인공지능 기반의 사교육 시장이 성장하면서 사교육비 지출이 증가할 가능성이 있다. 따라서 모든 학생이 차별 없이 인공지능 기술을 활용할 수 있도록 지원하는 제도적인 정책이 필요하다.

셋째, 데이터 수집의 한계로 교육활동에서 인공지능은 제한적인 영역에서 활용될 수 있다. 교육 상황에서 발생하는 데이터는 대부분 비정형 데이터로, 이를 수집하고 분석하는 데 어려움이 있다. 교사와 학생 간의 대화, 수업, 발표, 판서, 필기 등 학교에서 만들어지는 대부분의 비정형 데이터를 전처리하고 분석, 해석할 수 있는 인공지능 기술 개발이 필요하다. 또한 데이터와의 상관관계 및 인과관계에 대한 규명도 필요하다. 그러나 현재 인공지능 기술은 일부 영역과 사교육에 주로 집중되어 있어, 공교육 내 도입 시기는 지연될 가능성이 크다. 더불어 인공지능의 데이터 수집 과정에서 개인정보 및 사생활 침해 문제가 발생할 수 있다. 그러므로 데이터 수집 및 활용 범위를 설정하고 비식별화 조치를 취하는 등의 노력이 필요하다. 이를 통해 교육활동에서 인공지능을 효과적이고 안전하게 활용할 수 있다. 이를 위해 관련 기관과 전문가들이 협력해 교육 데이터 관리의 표준화와 보안 정책을 수립하며, 교육기관에서도 인공지능 기술을 도입하고 활용하는 데 필요한 인프라와 전문 지식을 갖추는 것이 중요하다.

넷째, 인공지능의 신뢰성과 공정성 문제로 인해 인간의 오판을 가져올 수 있다. 인공지능은 데이터를 기반으로 학습하기 때문에 주어진 데이터에 따라 편향성을 가질 수 있다. 많은 사람들이 인공지능 알고리즘에 의한 예측이나 의사결정은 객관적이며 편견에서 자유로울 것이라고 생각한다. 하지만 의외로 인공지능 알고리즘에 의한 의사결정은 오류 가능성이 있을 뿐만 아니라 편향성과 차별적 결과를 보이고 있다.[25] 이러한 인공지능의 특성 때문에 청소년들이 특정 데이터에 편향적으로 노출될 경우 잘못된 신념과 태도를 형성할 수 있다. 교사들도 신뢰성이 떨어지는 인공지능을 교수학습에 적용함으로써 잘못된 지식을 전달하거나 공정하지 않은 교육 상황을 만들 수 있다. 개인정보보호의 문제와 성소수자, 성차별을 유발했던 '이루다 사태'와 같은 문제를 막기 위해서 인공지능의 윤리적 개발과 활용에 많은 관심을 기울여야 한다. 따라서 데이터 수집과 활용 과정에서 모집단 편향성, 데이터 편향성, 데이터 객관성, 데이터 공정성 등의 문제를 명확하게 인식하고 규명하는 것이 중요하다.[26] 이를 위해 관련 기관, 교육자 및 연구자들이 협력해 편향된 데이터를 인식하고 수정하는 방안을 모색해야 한다. 나아가 인공지능 알고리즘의 투명성과 공정성을 향상시키는 연구를 지속적으로 수행할 필요가 있다. 또한 교육기관에서는 교사들이 인공지능의 한계와 편향성을 인지하고 이를 교육과정에 반영해 학생들에게 올바른 정보와 가치를 전달할 수 있도록 교육과 지원을 제공해야 한다.

다섯째, 인공지능이 모든 교육적 문제를 극복할 것이라는 환상을 경계해야 한다. 현재 모든 교육정책과 연구의 해결책은 인공지능으로 끝난다. 눈에 보이지 않는 인공지능이 모든 교육적 난제를 해결해줄 것이라는 장밋빛 해석을 하고 있다. 실제 교육현장에서 활용 가능한 인공지능의 종류는 아직까지 한정적이며 지능형 설계 수준도 높지 않으므로, 과도한 기대감을 경계해야 한다.[27] 교육 분야에서는 인공지능이 초기 단계이다. 또한 공정하고 안전한 활용 대책이 수립되지 않았기 때문에 신중하게 접근할 필요가 있다.

Chapter 2

인공지능 활용 교육에 관한 인식 및 현황

교사의 인공지능 활용 교육에 관한 인식

교사들은 교실에 인공지능을 도입하는 것을 긍정적으로 인식하고 있으며, 보조교사로서 다양한 역할을 수행할 것을 기대하고 있다. 인공지능 활용에 대한 교사의 인식과 관련된 주요 연구를 살펴보면 다음과 같다.

첫째, 김현진과 동료의 연구는 초·중등 교사 597명을 대상으로 학교교육에서 인공지능 활용에 대한 인식을 알아봤다. 그 결과 교사들은 인공지능과 빅데이터가 사회와 교육을 변화시킬 것이며, 인공지능의 학교교육 도입 시 미래사회에 부합하는 학생 역량을 개발하는 데 초점을 두어야 한다고 응답했다.[28] 그리고 인공지능 기반 교수학습 플랫폼 도입 시 교사 대다수가 사용할 의향이 있다고 밝혔다. 이를 통해 개별화된 수준별 맞춤형 수업, 교무 행정 업무 경감, 기초부진 학생에 대한 지도, 학부모 및 가정과의 연계 강화 측면에서 도움이 될 것이라는 반응을 보였다. 한편 우려를 표한 교사들도 있었다. 인공지능으로 인해 학교의 사회화 기능 상실 및 교사와 학생 간 상호작용 부족, 인공지능에 의존하는 수동적 교사 양산 우려 및 교사의 역할 재정립, 디지털 리터러시 역량 강화 교육 필요, 교육 소외 계층의 정보 격차 심화 등의 문제가 발생할 것을 우려했다.

둘째, 김태령과 한선관의 연구에서도 초 · 중등 교사 127명을 대상으로 인공지능 교육에 대한 인식을 조사했다. 그 결과 인공지능 교육은 '인공지능을 삶에 활용'하는 역량을 기르는 것이라는 인식이 가장 높았다. 뒤를 이어 인공지능 개념 자체를 배우는 것과 산업에 융합하는 것으로 나타났다.[29] 교사들은 인공지능을 타 교과에 활용하거나 문제해결 과정에 융합하는 것을 배우는 것이 교사교육과 학생 교육에 중요하다고 인식했다. 또 인공지능의 교육적 활용 가능성에 대해 언어 활용 교육, 개인 교수, 프로그래밍 교육, 실생활 융합교육, 인공지능 개념 학습 등의 의견을 제시했다.

셋째, 김성희와 신정아의 연구에서는 영어 교사들을 대상으로 인공지능 활용에 대한 인식을 알아보았다. 그 결과 교사들은 인공지능 활용 교육에 대해 전통적인 방식의 영어 회화나 작문 수업이 사라질 것이라고 인식하는 것으로 나타났다. 또한 지식전달자에서 최신 기술을 활용해 학습자 중심 수업을 이끌어가는 수업설계자로 교사의 역할이 변화되어야 한다고 보았다.[30]

여러 연구에서 공통적으로 나타난 결과는 다음과 같다. 교사들은 교실에 인공지능 도입을 긍정적으로 바라보았다. 그리고 인공지능이 불러올 교수학습 변화에 대응해 역량 개발이 필요함을 인식했다. 교사는 불완전한 인공지능에 학습자를 맡기는 것이 아니라, 인공지능을 활용해 학습경험의 확장을 가져올 수 있는 전문성 있는 수업설계자가 되어야 함 역시 강조했다. 인공지능 기술을 교육에 적용하면 학생 역량 개발과 맞춤형 교육이 가능해지는 반면에 교사와 학생 간 상호작용 부족, 교육 소외 계층의 정보 격차, 인공지능에 의존하는 수동적 교사 양산 등의 문제가 발생할 가능성도 있음을 우려했다. 따라서 인공지능 기술을 교육에 적용할 때는 이러한 부정적 측면을 고려해 교사의 역할과 교육 방식을 재정립해야 한다.

인공지능 활용 교육 현황

현재 인공지능은 학교교육에 많이 활용되고 있을까? 코로나19를 겪으며 교사의 디지털 기술에 관한 관심도는 증가했지만, 인공지능은 최근 1~2년 사이에 주목받기 시작했기 때문에 학교현장에서의 활용도는 비교적 낮은 편이다. 현재는 디지털 기술에 관심이 많은 교사를 중심으로 탐색적으로 활용되고 있는 수준이다. 이동국과 동료들은 2022년 7월 인공지능 활용 교육 경험이 있는 전국의 초·중등 교사 161명을 대상으로 인공지능 활용 교육 현황을 알아보았다.[31] 주요 연구 결과는 다음과 같다.

첫째, 교사들은 자발적인 동기하에 인공지능 활용 교육을 실행하고 있다. 설문에서 교사들은 자발적인 동기(77.64%), 학교교육과정의 실행(14.29%), 동료 교사의 추천(4.97%) 순으로 응답했다. 현재 수준에서 인공지능은 교사의 개인적인 신념과 수용 태도에 따라 개별적으로 채택된다고 해석할 수 있다. 다만, 이러한 교사의 자발적인 채택은 학교 또는 교육청의 적절한 지원이 없을 경우 쉽게 사그라들 수 있다.

둘째, 교사들은 미래사회가 요구하는 역량을 개발하고 학습경험을 확장하기 위해 인공지능을 활용하고 있다. 설문에서 교사들은 미래핵심역량 신장(30.66%), 확장된 학습경험 제공(25.41%), 학습효과 증진(19.61%), 맞춤형 수업의 실현(15.47%), 기초부진 학생 지도(5.25%), 행정 업무 경감

[표 1-2] 인공지능 활용 교육의 실행 동기

구분		자발적인 동기	동료 교사의 추천	학교교육 과정의 실행	기타	합계
초등	N	72	6	18	4	100
	%	72.00	6.00	18.00	4.00	100
중등	N	53	2	5	1	61
	%	86.89	3.28	8.20	1.64	100
전체	N	125	8	23	5	161
	%	77.64	4.97	14.29	3.11	100

(1.66%), 가정과의 연계 강화(1.38%) 순으로 응답했다. 인공지능을 통해 단편적인 지식을 전달하는 것이 아니라 인공지능을 활용함으로써 새롭게 경험할 수 있는 실제적 학습을 기대하며 교수학습에 적용하고 있다고 해석할 수 있다. 한편 교무 행정에 활용할 수 있는 인공지능이 많지 않다는 측면에서 행정 업무 경감에 대한 기대는 낮은 것으로 파악된다.

셋째, 교사들은 비교적 다양한 교과에서 인공지능 활용 방안을 탐색하고 있다. 설문에서 초등 교사들은 실과(17.58%), 수학(11.72%), 영어/외국

[표 1-3] 인공지능 활용 교육에 기대하는 주요 이점(복수 응답)

구분		학습 효과 증진	미래 핵심 역량 신장	맞춤형 수업의 실현	기초 부진 학생 지도	가정 과의 연계 강화	확장된 학습 경험 제공	행정 업무 경감	기타	합계
초등	N	40	68	34	11	4	57	1	0	215
	%	18.60	31.63	15.81	5.12	1.86	26.51	0.47	0.00	100
중등	N	31	43	22	8	1	35	5	2	147
	%	21.09	29.25	14.97	5.44	0.68	23.81	3.40	1.36	100
전체	N	71	111	56	19	5	92	6	2	362
	%	19.61	30.66	15.47	5.25	1.38	25.41	1.66	0.55	100

어(11.36%), 미술(11.36%), 국어(10.62%), 사회(7.33%), 음악(6.96%) 순으로 응답했다. 중등 교사들은 정보(25.84%), 기술·가정(16.85%), 영어/외국어(13.48%), 수학(12.36%), 진로(7.87%), 국어(6.74%), 과학(6.74%) 순으로 응답했다. 기타 응답으로 창의적 체험활동, 동아리 등도 제시됐다. 이러한 결과는 학교 보급을 위한 공공 인공지능 서비스가 개발된 교과(영어, 수학, 국어)와 정보, 기술·가정 등 인공지능을 내용으로 다루는 교과목 중심으로 활용도가 높다고 해석할 수 있다. 또 예술적 표현활동과 관련된 상용 인공지능 서비스가 많은데 음악, 미술 교과에서 이를 적절히 활용하고 있다고 해석할 수 있다.

〔표 1-4〕 인공지능 활용 교육 실행 교과(복수 응답)

구분		국어	도덕/윤리	사회/지리	역사	영어/외국어	수학	과학	실과/기술·가정	음악
초등	N	29	5	20	4	31	32	30	48	19
	%	10.62	1.83	7.33	1.47	11.36	11.72	10.99	17.58	6.96
중등	N	6	0	0	0	12	11	6	15	0
	%	6.74	0.00	0.00	0.00	13.48	12.36	6.74	16.85	0.00
전체	N	35	5	20	4	43	43	36	63	19
	%	9.67	1.38	5.52	1.10	11.88	11.88	9.94	17.40	5.25

구분		미술	체육	한문	정보	진로	전문교과	기타	합계
초등	N	31	3	1	0	13	0	7	273
	%	11.36	1.10	0.37	0.00	4.76	0.00	2.56	100
중등	N	0	0	0	23	7	4	5	89
	%	0.00	0.00	0.00	25.84	7.87	4.49	5.62	100
전체	N	31	3	1	23	20	4	12	362
	%	8.56	0.83	0.28	6.35	5.52	1.10	3.31	100

〔표 1-5〕 인공지능을 활용한 주요 교수학습 활동(복수 응답)

구분		반복 연습	정보 수집 및 분석	실험/ 실습	문제 풀이	창작 및 표현	시뮬 레이션	기타	합계
초 등	N	38	55	18	23	57	24	1	216
	%	17.59	25.46	8.33	10.65	26.39	11.11	0.46	100
중 등	N	20	33	12	6	27	15	0	113
	%	17.70	29.20	10.62	5.31	23.89	13.27	0.00	100
전 체	N	58	88	30	29	84	39	1	329
	%	17.63	26.75	9.12	8.81	25.53	11.85	0.30	100

넷째, 교사들은 인공지능을 정보 수집 및 분석, 창작 및 표현의 도구로 활용하고 있다. 설문에서 교사들은 정보 수집 및 분석(26.75%), 창작 및 표현(25.53%), 반복 연습(17.63%), 시뮬레이션(11.85%), 실험/실습(9.12%), 문제 풀이(8.81%) 순으로 응답했다. 교사들은 정보 수집 및 분석, 창작 및 표현 등이 이루어지는 학습자 중심 수업에 인공지능을 활용하고 있다고 해석할 수 있다.

다섯째, 교사들은 인공지능 관련 정보와 콘텐츠가 부족하다고 생각하

〔표 1-6〕 인공지능 활용 교육에서 콘텐츠 및 플랫폼 활용 시 주요 어려움(복수 응답)

구분		AI 콘텐츠의 양 부족	AI 콘텐츠의 낮은 질	AI 콘텐츠의 내 용적 오류	AI 활용 관련 정보 부족	학교 교육에 부적합	맞춤형 교육 기능 부족	기타	합계
초 등	N	41	32	14	51	30	22	7	197
	%	20.81	16.24	7.11	25.89	15.23	11.17	3.55	100
중 등	N	36	15	7	42	19	14	0	133
	%	27.07	11.28	5.26	31.58	14.29	10.53	0.00	100
전 체	N	77	47	21	93	49	36	7	330
	%	23.33	14.24	6.36	28.18	14.85	10.91	2.12	100

고 있다. 설문에서 교사들은 인공지능 활용 관련 정보 부족(28.18%), 인공

지능 콘텐츠의 양 부족(23.33%), 학교교육에 부적합(14.85%), 인공지능 콘

텐츠의 낮은 질(14.24%), 맞춤형 교육 기능 부족(10.91%), 인공지능 콘텐츠

의 내용적 오류(6.36%) 순으로 응답했다. 이는 교사들이 인공지능 활용 관

련 정보를 쉽게 획득할 수 있는 창구가 필요함을 시사한다. 더불어 학교교

육에 적합한 인공지능 콘텐츠의 양적 증가가 필요함을 알 수 있다.

여섯째, 교사들은 인공지능을 활용한 수업설계에 많은 어려움을 갖

고 있다. 설문에서 교사들은 인공지능 활용 기반 수업설계의 어려움

(27.97%), 기기의 오작동 및 대처의 어려움(24.12%), 교사의 디지털 소양

부족(17.68%), 데이터 수집 및 분석의 어려움(17.04%), 학생의 디지털 소양

부족(12.86%) 순으로 응답했다. 교사들이 인공지능을 활용해 수업을 어떻

게 설계했을 때 효과가 높을지 고민하고 있는 것으로 해석할 수 있다. 이

를 위해서는 인공지능 활용 교수학습 전략이 마련되어야 한다. 또 교사들

은 교수학습 과정에서 기기의 오작동 및 대처에 어려움을 느끼고 있다. 다

수의 학생 중 한두 명의 기기가 오작동할 경우 교사가 이를 지원해야 해서

[표 1-7] 인공지능 활용 교육에서 교수학습 실행 시 주요 어려움(복수 응답)

구분		AI 활용 기반 수업 설계의 어려움	기기의 오작동 및 대처의 어려움	데이터 수집 및 분석의 어려움	교사의 디지털 소양 부족	학생의 디지털 소양 부족	기타	합계
초등	N	48	47	33	37	27	1	193
	%	24.87	24.35	17.10	19.17	13.99	0.52	100
중등	N	39	28	20	18	13	0	118
	%	33.05	23.73	16.95	15.25	11.02	0.00	100
전체	N	87	75	53	55	40	1	311
	%	27.97	24.12	17.04	17.68	12.86	0.32	100

교수학습을 정상적으로 실행하는 데 어려움을 겪는다.

일곱째, 교사들은 인공지능 활용 교육을 준비하는 데 많은 시간이 소요됨을 호소했다. 설문에서 교사들은 시간 부족(30.06%), 기기 부족(22.02%), 네트워크 환경 부족(21.43%), 전용 공간 부족(13.10%), 교육청(부)의 지원 부족(10.42%) 순으로 응답했다. 초등 교사들은 시간 부족(35.05%)을, 중등 교사들은 네트워크 환경 부족(24.65%)을 주된 어려움으로 응답했다. 인공지능 활용 교육을 위해서는 복잡한 수업설계와 준비가 필요한데 시간이 충분하지 않음을 시사한다. 그뿐만 아니라 인공지능 활용 교육에 활용할 수 있는 기기와 통신망이 전 교실에 보급될 필요가 있음을 알 수 있다.

[표 1-8] 인공지능 활용 교육에서 환경적 주요 어려움(복수 응답)

구분		시간 부족	기기 부족	네트워크 환경 부족	전용 공간 부족	교육청 (부)의 지원 부족	기타	합계
초등	N	68	48	37	19	17	5	194
	%	35.05	24.74	19.07	9.79	8.76	2.58	100
중등	N	33	26	35	25	18	5	142
	%	23.24	18.31	24.65	17.61	12.68	3.52	100
전체	N	101	74	72	44	35	10	336
	%	30.06	22.02	21.43	13.10	10.42	2.98	100

여덟째, 교사 대상 인공지능 활용 교육에 관한 연수가 이루어져야 한다. 설문에서 교사들은 적절한 연수 참여 시간에 대해 60시간 이상(44.10%), 15시간 이상 30시간 미만(24.84%), 30시간 이상~45시간 미만(16.77%) 순으로 응답했다. 학교급에 따른 분석에서도 대체로 비슷한 결과가 나타났다. 교사들은 인공지능 활용 교육을 위해 다양한 연수에 적극적으로 참여했다. 하지만 인공지능을 활용하는 절반 이상의 교사들이 45시

간 미만의 연수만 이수한 것으로 드러나 연수 기회의 확대가 필요함을 알
수 있다.

〔표 1-9〕 인공지능 활용 교육을 위한 연수 참여 시간

구분		없음	15시간 미만	15시간 이상 30시간 미만	30시간 이상 45시간 미만	45시간 이상 60시간 미만	60시간 이상	합계
초등	N	3	6	26	21	3	41	100
	%	3.00	6.00	26.00	21.00	3.00	41.00	100
중등	N	4	7	14	6	0	30	61
	%	6.56	11.48	22.95	9.84	0.00	49.18	100
전체	N	7	13	40	27	3	71	161
	%	4.35	8.07	24.84	16.77	1.86	44.10	100

아홉째, 인공지능 활용과 관련해 다양한 영역에서 연수가 제공되어야
한다. 설문에서 교사들은 이수한 연수의 내용으로 인공지능의 도구적 활
용법(23.93%), 수업 사례(23.93%), 인공지능의 이해(20.51%), 데이터를 연

〔표 1-10〕 인공지능 활용 교육 관련 이수한 연수의 주요 내용(복수 응답)

구분		AI의 이해	AI의 도구적 활용법	수업 사례	AI 활용 교육 설계	AI 활용 교육 평가	데이터를 연계한 AI 활용	기타	합계
초등	N	62	69	67	30	14	31	1	274
	%	22.63	25.18	24.45	10.95	5.11	11.31	0.36	100
중등	N	34	43	45	26	12	33	1	194
	%	17.53	22.16	23.20	13.40	6.19	17.01	0.52	100
전체	N	96	112	112	56	26	64	2	468
	%	20.51	23.93	23.93	11.97	5.56	13.68	0.43	100

계한 인공지능 활용(13.68%), 인공지능 활용 교육 설계(11.97%), 인공지능 활용 교육 평가(5.56%) 순으로 응답했다. 지금까지의 연수가 인공지능의 이해, 도구적 활용법, 수업 사례 측면에만 치우친 것을 확인할 수 있다. 효과적인 인공지능 활용을 위해 수업설계 및 평가, 데이터 활용 등 다양한 내용의 연수가 개설될 필요가 있다.

열째, 인공지능 활용 교육을 촉진하기 위해 다양한 정책적 지원이 이루어져야 한다. 설문에서 교사들은 정책 요구로 공교육에 적합한 인공지능 플랫폼 구축(21.95%), 인공지능 활용 교수학습 자료 개발(19.25%), 교사 역량 강화(19.25%), 인공지능 개발을 위한 협력체제 구축(13.04%), 인공지능 및 에듀테크 지원 인력 확보(11.18%), 인공지능 구매 예산 확대(7.45%) 순으로 응답했다. 이는 인공지능 활용 교육을 위한 플랫폼 마련, 역량 개발, 협력체제 구축 등의 종합적인 디지털 전환 전략을 마련할 필요가 있음을 시사한다.

〔표 1-11〕 인공지능 활용 교육을 촉진하기 위한 정책 요구(복수 응답)

구분		교사 역량 강화	AI 개발을 위한 협력 체제 구축	공교육에 적합한 인공지능 플랫폼 구축	AI 활용 교수학습 자료 개발	AI 및 에듀 테크 지원 인력 확보	AI 제품 정보 접근성 제고	AI 구매 예산 확대	AI 품질 및 안정성 검증	기타	합계
초등	N	56	39	72	55	39	16	13	10	0	300
	%	18.67	13.00	24.00	18.33	13.00	5.33	4.33	3.33	0.00	100
중등	N	37	24	34	38	15	7	23	2	3	183
	%	20.22	13.11	18.58	20.77	8.20	3.83	12.57	1.09	1.64	100
전체	N	93	63	106	93	54	23	36	12	3	483
	%	19.25	13.04	21.95	19.25	11.18	4.76	7.45	2.48	0.62	100

인공지능 활용 교육을 위한 교사 역량

인공지능은 우리의 일상생활에 혁신적인 변화를 불러일으킬 기술로 주목받고 있다. 인공지능 기술이 학교교육에 도입된다면, 하나의 기술을 도구적으로 활용하는 것 이상의 변화를 가져올 것으로 예상된다. 2022년 11월 말 챗GPT라는 생성형 AI가 세상에 공개된 이후 우리 사회뿐만 아니라 교육계 역시 인공지능이 몰고 올 변화에 주목하고 있는 것이 단적인 예다. 그렇다면 학교교육의 주체로서 교사들은 인공지능을 어떻게 바라보고 활용해야 할까? 인공지능의 도입을 위해 어떤 준비를 해야 할까? 인공지능 시대를 준비하고 적극적으로 대처하기 위해서는 교사들이 인공지능을 잘 활용하는 능력을 기르는 것만으로는 부족하다. 이를 넘어 학교교육 전반에서 폭넓은 역량을 키워야 한다.

그리고 학교교육과 교사교육을 지원하는 기관에서는 인공지능 활용 교육을 더 잘하기 위해 교사들이 갖춰야 하는 역량에 주목해야 한다. 효과적인 인공지능 활용 교육을 위해 필요한 교사 역량에 대한 이해가 없다면 적절한 연수 프로그램 마련, 체계적인 지원 방안, 효과적인 정책 마련 등이 이뤄질 수 없다. 따라서 학교, 교사, 수업 등의 맥락을 고려한 역량에 대한 이해가 선행되어야 한다. 많은 연구자가 인공지능 활용 교육을 위해 교사들에게 필요한 역량과 교사들에게 제공되는 교육(연수) 프로그램이 일치하지 않는 문제를 지적해왔다. 예를 들어 교사들을 대상으로 하는 인공지능 관련 교사교육 프로그램이지만 인공지능 활용에 필요한 교사 역량보다는 인공지능 전문자 혹은 개발자들에게 필요한 역량을 갖추는 데 교육내용이 편중되어 있다는 문제 제기가 있었다. 즉 교수학습 실천가인 교사에게 필요한 역량과 인공지능 전문가, 개발자에게 필요한 역량은 구분되어야 한다.

인공지능을 효과적으로 활용하기 위해서 교사에게 필요한 역량은 무엇일까? 국내외 연구자들은 교사의 인공지능 역량에 대한 연구를 계속해왔다. 이제부터는 학교교육, 초·중등교육, 교사교육, 인공지능 활용 교육

〔그림 1-1〕 인공지능 활용 교육을 위한 교사 역량

Ⅰ. 인공지능 활용 교육 준비
역량 1. 인공지능 이해 역량
역량 2. 인공지능 탐색 및 선정 역량
역량 3. 인공지능 윤리성 평가 역량
역량 4. 인공지능 교육 환경 준비 역량

Ⅱ. 인공지능 활용 교육 설계
역량 5. 인공지능 활용을 위한 교육과정 재구성 역량
역량 6. 인공지능 활용 개별화 학습 설계 역량
역량 7. 인공지능 활용 실제적 학습 설계 역량
역량 8. 인공지능 활용 데이터 기반 평가 설계 역량

준비 / 설계 / 평가 / 실행

Ⅳ. 인공지능 활용 교육 평가
역량 12. 인공지능 활용 데이터 해석 역량
역량 13. 인공지능 활용 데이터 기반 피드백 역량

Ⅲ. 인공지능 활용 교육 실행
역량 9. 인공지능 및 에듀테크 활용 역량
역량 10. 인공지능 활용 학습 촉진 역량
역량 11. 인공지능 및 에듀테크 기술적 문제해결 역량

Ⅴ. 인공지능 활용 교육 전문성 개발
역량14. 인공지능 활용 교육을 위한 전문성 개발 역량
역량15. 인공지능 활용 교육 연구 역량

등의 맥락과 조건을 충족하는 인공지능 활용 교육 역량을 다뤄보고자 한다.[32] 여기서 제시하는 내용들은 선행 문헌 분석, 행동사건 인터뷰, 전문가 타당화 등의 역량 개발 방법론을 적용해서 교사의 인공지능 활용 교육 역량과 각각의 행동지표(역량에 대한 구체적인 행동목표)를 도출한 결과다.

15가지의 역량과 행동지표들은 교사 스스로가 자신의 역량을 점검하는 데 활용할 수 있다. 더 나아가 정책을 수립하는 기관 차원에서 체계적인 교사교육 프로그램이나 관련 정책을 마련하는 데도 활용할 수 있을 것이다.

[표 1-12] 인공지능 활용 교육을 위한 교사 역량 및 행동지표

역량군	역량 및 행동지표
인공지능 활용 교육 준비	역량 1. 인공지능 이해 역량 : 인공지능에 대한 기초적인 이해를 바탕으로 사회 및 교육적 영향을 설명할 수 있는 능력 [행동지표 1-1] 인공지능의 개념과 기초원리를 설명한다. [행동지표 1-2] 인공지능이 사회와 교육에 미치는 긍정적·부정적 영향을 설명한다. 역량 2. 인공지능 탐색 및 선정 역량 : 신뢰할 수 있는 출처에서 인공지능을 탐색 및 선정하고 교육적 활용 방안을 모색할 수 있는 능력 [행동지표 2-1] 신뢰할 수 있는 출처에서 교육적으로 활용 가능한 인공지능(제품, 서비스, 콘텐츠 등)를 탐색한다. [행동지표 2-2] 교육과정, 학습자 수준, 학습환경 등을 고려해 교수학습에 적용할 수 있는 적절한 인공지능을 선정한다. [행동지표 2-3] 선정된 인공지능의 교육적 활용 방안과 기술적 특징을 파악한다. 역량 3. 인공지능 윤리성 평가 역량 : 교수학습에서 발생할 수 있는 인공지능의 윤리적 문제를 진단하고, 안전한 활용 방안을 수립할 수 있는 능력 [행동지표 3-1] 인공지능이 제공하는 콘텐츠의 데이터 편향성과 신뢰성을 평가한다. [행동지표 3-2] 교수학습에서 인공지능의 잠재적 위험성을 확인하고 안전한 활용 방안을 수립한다.

ⓘ [그림 1-1] 이동국, 이은상, 이봉규(2022), 인공지능(AI) 활용 교육을 위한 교사 역량 도출 연구. 충북교육정책연구소.

	[행동지표 3-3] 인공지능과 관련한 법 제도(저작권, 보안, 규정 등)를 이해하고 준수한다.
	역량 4. 인공지능 교육환경 준비 역량 : 인공지능을 활용할 수 있는 네트워크 환경, 하드웨어와 소프트웨어를 점검해 인공지능 교육환경을 준비할 수 있는 능력 [행동지표 4-1] 인공지능 활용 교육을 위한 네트워크 환경을 점검하고 준비한다. [행동지표 4-2] 인공지능 활용 교육을 위한 교수학습용 하드웨어를 점검하고 준비한다. [행동지표 4-3] 인공지능 활용 교육을 위한 교수학습용 소프트웨어를 점검하고 준비한다.
인공 지능 활용 교육 설계	역량 5. 인공지능 활용을 위한 교육과정 재구성 역량 : 인공지능 활용이 필요한 성취기준을 추출하고 학습효과와 상호작용을 높일 수 있도록 교육과정을 재구성할 수 있는 능력 [행동지표 5-1] 교육과정에서 인공지능 활용이 필요한 성취기준을 추출한다. [행동지표 5-2] 인공지능을 활용해 학습효과와 상호작용을 높일 수 있도록 학교, 교사 수준에서 교육과정을 재구성한다.
	역량 6. 인공지능 활용 개별화 학습 설계 역량 : 인공지능을 활용해 학습자의 수준을 진단하고 개별화 학습을 설계하며 자기주도학습을 촉진할 수 있는 능력 [행동지표 6-1] 인공지능을 활용해 학습자의 개별 특성과 학습 수준을 진단한다. [행동지표 6-2] 인공지능 진단 결과를 반영해 개별화(학습 수준, 관심사, 진로 등) 학습을 설계한다. [행동지표 6-3] 인공지능을 활용해 교수자-학습자-콘텐츠 간의 상호작용을 촉진할 수 있는 자기주도학습 방안을 설계한다.
	역량 7. 인공지능 활용 실제적 학습 설계 역량 : 인공지능을 활용해 문제를 해결하고 지식 구성을 촉진하는 실제적 학습을 설계할 수 있는 능력 [행동지표 7-1] 인공지능을 활용해 접근할 수 있고 학습자의 흥미를 유발할 수 있는 실제적 문제를 구안한다. [행동지표 7-2] 인공지능을 활용해 융합적으로 문제를 해결하는 지식 구성 활동을 설계한다.
	역량 8. 인공지능 활용 데이터 기반 평가 설계 역량 : 인공지능 활용 평가계획을 수립하고 평가 데이터의 내용과 방안을 설계할 수 있는 능력 [행동지표 8-1] 교수학습에서 인공지능 활용 데이터 기반 평가계획을 수립한다. [행동지표 8-2] 인공지능을 활용한 평가 데이터의 내용을 선정하고 수집 방안을 설계한다.
	역량 9. 인공지능 및 에듀테크 활용 역량 : 학습자에게 인공지능 활용 방법을 안내하고, 교수학습 목적에 맞게 인공지능과 에듀테크를 적절히 활용할 수 있는 능력 [행동지표 9-1] 학습자에게 인공지능 활용 방법을 이해하기 쉽게 설명한다. [행동지표 9-2] 교수학습 활동에 맞게 인공지능의 기능을 원활하게 조작한다. [행동지표 9-3] 학습효과를 높일 수 있는 인공지능 관련 에듀테크를 연계해 활용한다.

인공 지능 활용 교육 실행	**역량 10. 인공지능 활용 학습 촉진 역량 :** 학습자에게 인공지능 활용 교수학습 과정을 안내하고, 학습과 상호작용을 촉진할 수 있는 적절한 전략을 적용할 수 있는 능력 [행동지표 10-1] 학습자에게 인공지능 활용 교수학습 과정을 이해하기 쉽게 설명한다. [행동지표 10-2] 인공지능을 활용해 학습과 상호작용을 촉진할 수 있는 스캐폴딩을 제공한다. [행동지표 10-3] 학습자의 학습 상황(학습진도, 참여율, 성취도)을 모니터링하고 학습을 지원한다. **역량 11. 인공지능 및 에듀테크 기술적 문제해결 역량 :** 교수학습에서 발생한 기술적 문제에 대한 대처방안을 안내하고, 적절하게 문제를 해결할 수 있는 능력 [행동지표 11-1] 학습자에게 학습과정에서 발생하는 기술적 문제에 대한 대처방안을 이해하기 쉽게 설명한다. [행동지표 11-2] 교수학습에서 발생한 간단한 기술적 문제를 적시에 해결한다. [행동지표 11-3] 교수학습에서 발생한 중대한 기술적 문제를 학교 안팎의 담당자(팀)에게 의뢰한다.
인공 지능 활용 교육 평가	**역량 12. 인공지능 활용 데이터 해석 역량 :** 인공지능에서 데이터의 의미를 이해하고, 인공지능이 제공하는 데이터를 해석해 학습자의 문제를 해결할 수 있는 능력 [행동지표 12-1] 인공지능이 제공하는 평가 데이터를 객관적으로 이해한다. [행동지표 12-2] 인공지능이 제공하는 평가 데이터를 학습자의 개별 특성을 고려해 해석한다. [행동지표 12-3] 데이터를 기반으로 학습자의 문제 원인을 발견하고 해결책을 도출한다. **역량 13. 인공지능 활용 데이터 기반 피드백 역량 :** 인공지능의 진단 결과를 토대로 인지적·정서적 피드백을 제공하고, 학습자의 진로·진학 설계를 지원할 수 있는 능력 [행동지표 13-1] 인공지능을 활용한 학습과정에서 학습자를 관찰하고 적절한 정서적 피드백을 제공한다. [행동지표 13-2] 인공지능에 의해 추천된 맞춤형 콘텐츠와 서비스를 교사가 검토해 학습자에게 피드백한다. [행동지표 13-3] 인공지능의 학습진단 결과를 토대로 학습자의 진로·진학 설계를 지원한다.
인공 지능 활용 교육 전문성 개발	**역량 14. 인공지능 활용 교육 전문성 개발 역량 :** 인공지능 활용 교육에 필요한 지속적 전문성 개발 계획을 수립해 실행할 수 있는 능력 [행동지표 14-1] 인공지능이 제공하는 데이터를 기반으로 교수학습을 성찰하고 개선한다. [행동지표 14-2] 인공지능 활용 교육에 필요한 자신의 역량을 진단하고, 지속적인 전문성 개발 계획을 수립한다. [행동지표 14-3] 인공지능 활용 교육 전문성을 개발하기 위해 다양한 프로그램(연수, 연구회, 대학원, 워크숍 등)에 참여한다. [행동지표 14-4] 인공지능 활용 교육에 대한 실천적 지식을 다양한 방법(수업 공개, 전문적 학습공동체, 논문, 블로그, 유튜브 등)으로 공유한다.

역량 1. 인공지능 이해 역량

인공지능에 대한 기초적인 이해를 바탕으로 사회 및 교육적 영향을
설명할 수 있는 능력

〔행동지표 1-1〕 **인공지능의 개념과 기초원리를 설명한다.**

인공지능을 활용해 맞춤형 학습 제공, 학습효과를 높일 수 있는 교수학
습 설계과정에서 교사가 인공지능의 개념과 원리를 충분히 이해하는 것은
매우 중요하다. 교사가 인공지능의 특징, 데이터를 활용한 학습과 예측,
인공지능의 윤리적 이슈 등을 이해하고 있다면, 교수학습의 맥락에 맞는
적용이 가능하며 다양한 문제 상황을 사전에 방지할 수 있다. 이를 위해
교사는 인공지능의 기초적인 개념, 역할, 역사, 인간과의 차이, 활용 사례
등을 알아야 한다. 또한 인공지능이 데이터를 이용해 학습하는 방법, 모델
을 만들어 추론하고 예측하는 방법, 자연어 처리 방법 등의 기초적인 개념
을 파악해야 한다. 이러한 개념과 기초원리에 대한 이해는 인공지능의 교
육적 가능성과 한계를 이해하는 배경지식이 된다. 따라서 교사는 인공지
능의 개념과 기초적인 원리를 습득해 인공지능을 활용한 교수학습을 보다
효과적으로 설계하도록 노력해야 한다.

〔행동지표 1-2〕 **인공지능이 사회와 교육에 미치는 긍정적·부정적 영향을 설명한다.**

4차 산업혁명의 핵심 키워드인 인공지능은 산업, 사회, 개인의 삶에 많은 영향을 미치고 있다. 통신 속도와 데이터 처리 능력의 향상은 우리 삶의 모든 분야에서 인공지능 기반의 지능화를 촉진하고 있다. 이러한 변화는 인간의 역할, 일하는 방식과 일자리 등에 영향을 미칠 것이다. 따라서 인공지능의 영향력을 고려해 교육적 활용 방안 역시 모색해야 한다. 나아가 교사는 인공지능이 산업에 미치는 영향을 이해해야 한다. 인공지능이 금융, 제조업, 의료, 서비스, 예술, 문화 등 다양한 분야에서 새로운 가치와 이슈를 창출하고 있기 때문이다. 이러한 산업 구조의 변화는 사회와 교육에 긍정적 또는 부정적 영향을 미친다. 교사는 인공지능이 교육에 미치는 영향과 관련 교육정책의 방향을 이해하고 교사의 역할 변화를 모색해야 한다.

역량 2. 인공지능 탐색 및 선정 역량

신뢰할 수 있는 출처에서 인공지능을 탐색 및 선정하고 교육적 활용
방안을 모색할 수 있는 능력

〔행동지표 2-1〕 **신뢰할 수 있는 출처에서 교육적으로 활용 가능한 인공지능을 탐색한다.**

인공지능 활용 교육을 준비하기 위해서는 다양한 인공지능 제품, 서비스, 콘텐츠를 파악해야 한다. 그러나 현재의 교육용 인공지능은 어학 또는

수학 등에 편중되어 있고 그 종류도 한정적이다. 이것이 교사가 교수학습에 적절한 인공지능을 탐색하는 데 어려움을 겪는 이유다. 그리고 인공지능이 제공하는 콘텐츠가 학습자들에게 직접적인 영향을 미치기 때문에 교육용 콘텐츠의 신뢰성을 파악해야 하며, 교사는 탐색된 인공지능의 출처가 신뢰할 수 있는 것인지 확인해야 한다. 그리고 국내외 웹사이트, 커뮤니티, 전문적 학습공동체에 참여해 새롭게 등장하는 교육용 인공지능을 파악하고 교육적 활용 방안을 모색해야 한다. 다양한 인공지능을 알고 있을 경우 교육적 적용 가능성을 높일 수 있다.

〔행동지표 2-2〕 **교육과정, 학습자 수준, 학습환경 등을 고려해 교수학습에 적용할 수 있는 적절한 인공지능을 선정한다.**

교육용 인공지능 리스트가 만들어지면 해당 교수학습에 적용할 수 있는 적절한 인공지능을 선정해야 한다. 이때 교육과정, 학습자 수준, 학습환경 등을 분석할 필요가 있다. 교육과정에서 제시하는 핵심 내용과 기능을 달성하는 데 적절한지 파악해야 한다. 특히 다수의 인공지능이 사교육 또는 자기주도학습을 지원하기 위해 개발됐기 때문에 공교육에서 이루어지는 교실수업에 적절하지 않을 수 있다. 또한 학습자 수준을 고려해 인공지능을 선정해야 한다. 교육적으로 풍부하고 흥미로운 콘텐츠를 제공하고 있더라도 학습자가 실행하고 이해하는 데 어려움이 있다면 부적절할 수 있다. 또 교수학습이 이루어지는 학습환경을 고려해야 한다. 기기의 수량, 통신망 여건 등이 인공지능을 활용하기에 부적절할 수 있기 때문이다.

〔행동지표 2-3〕 **선정된 인공지능의 교육적 활용 방안과 기술적 특징을 파악한다.**

교수학습에 적절한 인공지능이 선정됐다면 해당 인공지능의 특징을 충분히 숙지해야 한다. 인공지능의 특징을 제대로 파악하지 못하면 교수학습의 방해 요소가 될 수 있다. 예를 들어 인공지능 스피커 활용 수업에서 다수의 학생이 동시에 큰 목소리로 말할 경우, 인공지능이 제대로 작동하지 않을 수 있다. 교사가 능숙하게 인공지능을 조작하고 작동한다면 학생들에게 문제 상황이 발생했을 때 적시에 대응할 수 있다.

역량 3. 인공지능 윤리성 평가 역량

교수학습에서 발생할 수 있는 인공지능의 윤리적 문제를 진단하고,
안전한 활용 방안을 수립할 수 있는 능력

〔행동지표 3-1〕 **인공지능이 제공하는 콘텐츠의 데이터 편향성과 신뢰성을 평가한다.**

인공지능은 수집 또는 입력된 데이터 세트(Data Set)를 활용해 학습하고 결과값을 제시한다. 이때 주어진 데이터 세트가 특정 지역, 내용, 집단 등에 편향되어 있거나 오염됐을 경우, 예측모델의 성능이 저하되거나 부적절한 결과를 제공하는 편향성 문제가 발생한다. 이러한 문제를 "쓰레기를 넣으면 쓰레기가 나온다."라고 표현한다. 데이터의 편향성은 인공지능의 신뢰성을 하락시키는 대표적인 요인이다. 대표적으로 2016년 MS의 챗봇이 일부 트위터 사용자들에게 잘못된 데이터를 제공함으로써 여성, 흑인, 유태인 등 사회적 약자에 대한 혐오 발언을 해 서비스가 중지된 적이 있다.

특히 유아, 청소년 등을 대상으로 한 교육 상황에서 인공지능의 편향성

은 학습자의 인식, 지식 형성에 부정적 영향을 미칠 수 있다. 인공지능이 제공하는 콘텐츠와 피드백에, 알고리즘 단계부터 의도적인 편향성이 존재할 경우 잘못된 고정관념이나 태도가 형성될 수 있기 때문이다. 따라서 교수학습에 인공지능을 활용하려면 교사가 사전에 인공지능을 반복적으로 테스트하여 데이터의 편향성과 신뢰성을 평가해야 한다. 또한 인공지능이 제공하는 학습 콘텐츠와 상호작용에서 오류 유무, 오개념 형성 등도 교과 전문가로서 검토해야 한다.

〔행동지표 3-2〕 **교수학습에서 인공지능의 잠재적 위험성을 확인하고 안전한 활용 방안을 수립한다.**

많은 데이터를 수집하고 분석하는 과정에서 개인정보 보호, 프라이버시 침해와 같은 이슈가 발생할 수 있다. 이름, 성별, 주소와 같은 기본 정보뿐만 아니라 학생의 성적, 학습경로, 학습활동 등 민감한 정보가 구체적인 수치로 수집되고 활용되면서 유출, 노출, 악용될 가능성이 있는 것이다. 상업용으로 개발된 인공지능 서비스들이 데이터 수집과 활용에 관한 자기 결정권을 보장하지 않은 채, 그들의 데이터베이스에서 학생들의 민감한 정보를 아무런 제약 없이 활용할 위험이 있다. 또 데이터가 의도치 않게 유출될 경우 범죄 등에 악용될 수도 있다.

그뿐 아니다. 인공지능 서비스를 이용하다 다른 사용자 또는 콘텐츠와의 상호작용에서 사이버폭력이 발생하기도 한다. 특정 사용자가 다른 사용자에게 욕설, 비난, 혐오 등의 표현으로 불쾌함을 주거나 심하게는 범죄로 이어지기도 한다. 인공지능을 활용한 안전한 교육활동을 하기 위해서 교사는 먼저 인공지능의 발달에 따른 변화되는 위험 요소를 파악해야 한다. 그리고 학생들의 개인정보가 안전하게 활용될 수 있도록 개인정보 보호 방안을 수립해야 한다. 인공지능이 학생 데이터를 과도하게 수집하지 않는지, 데이터를 안전하게 보관 및 처리하는지를 파악하는 것은 물론이고 인공지능 활용에 따른 사이버폭력의 예방 대책도 수립해야 한다. 학생들에게 인공지능에서 발생할 수 있는 사이버폭력을 안내하고 적절히 대응할 수 있도록 지도해야 한다.

〔행동지표 3-3〕 **인공지능과 관련한 법 제도를 이해하고 준수한다.**

인공지능의 윤리적 이슈, 잠재적 위험성으로 인해 인공지능 활용에 관한 각종 법령, 그리고 관련 규정 또는 지침이 마련될 예정이다. 인공지능을 안전하게 활용하기 위해서 교사는 관련 법 제도를 준수해야 한다. 인공지능 활용 시 많은 데이터를 활용하게 되므로 교사는 개인정보보호법을 숙지하고 정보 주체의 권리와 의무를 준수해야 한다. 그리고 학교에 인공지능 도입 시 윤리성 평가, 안정성 평가는 상위 기관에서 제시한 가이드라인을 준수해 검증한 뒤 학생들에게 적용해야 한다. 또 인공지능이 만들어내는 창작물에 대한 저작권, 빅데이터 활용에 따른 저작권 침해 등 다양한 이슈를 파악하고 교수학습 시 이를 적용해야 한다.

역량 4. 인공지능 교육환경 준비 역량

인공지능을 활용할 수 있는 네트워크 환경, 하드웨어와 소프트웨어를 점검해 인공지능 교육환경을 준비할 수 있는 능력

〔행동지표 4-1〕 **인공지능 활용 교육을 위한 네트워크 환경을 점검하고 준비한다.**

인공지능은 데이터 수집과 분석을 위해 항시 네트워크에 연결되어야 한다. 불안정한 네트워크 환경은 교수학습을 저해하는 요인이 된다. 각종 데이터 수집과 활용을 위해 모바일 기기, 사물인터넷, 웨어러블 디바이스 등이 안정적으로 연결되어야 한다. 또한 메타버스나 3D 기반의 콘텐츠를 활용할 경우 순간적으로 많은 트래픽이 발생하기 때문에 충분한 네트워크 대역폭을 갖출 필요가 있다.

교사는 먼저 인공지능과 에듀테크의 네트워크 요구사항을 파악하고 체크리스트 등을 활용해 교실에 설치된 네트워크가 원활하게 작동할 수 있는지 점검해야 한다. 교실 환경이 이를 충족하지 못한다면 다른 인공지능이나 에듀테크를 채택하거나 수업 장소를 변경해야 한다. 한편 코로나19에 따라 상당수의 학교에 네트워크 환경이 구축됐으나, 일부 학교는 충분한 네트워크 환경을 갖추지 못한 상태다. 그러므로 교사는 보다 적극적으로 인공지능 환경을 조성하기 위해 노력해야 한다.

〔행동지표 4-2〕 **인공지능 활용 교육을 위한 교수학습용 하드웨어를 점검하고 준비한다.**

인공지능 활용 교육에서는 PC, 모바일 기기, 사물인터넷, 웨어러블 디바이스, 카메라, 스마트펜 등 다양한 하드웨어를 활용한다. 최근 1인 1기기 보급이라는 BYOD(Bring Your Own Device) 정책에 따라 모든 학생은 개인 디지털 기기를 갖추게 되었다. 그러므로 교사는 수업 전에 자신의 하드웨어뿐만 아니라 학생용 하드웨어도 점검해야 한다. 디지털 기기를 사전에 점검하지 않을 경우 배터리 충전 미흡, 기기 오작동 등 다양한 오류가 발생해 수업을 방해한다. 학생의 기기가 제대로 작동하지 않으면 그에 대처하느라 교사의 시간이 허비된다. 이 때문에 교사는 먼저 인공지능 활용을 위한 하드웨어 요구사항을 이해하고, 체크리스트에 따라 사전 준비 및 점검을 해야 한다.

학교에 구비된 디지털 기기가 인공지능의 활용을 원활히 지원하는지 파악하고, 그렇지 못할 경우 다른 인공지능을 채택하거나 다른 디지털 기기를 준비해야 한다. 예컨대 일부 인공지능 기반 VR 콘텐츠는 고사양의 그래픽 카드를 요구하고 있어 보급형 PC에서는 잘 작동되지 않아 종종 어려움이 발생한다. 그리고 사전에 여분의 디지털 기기를 갖추어야 한다. 이는 즉시 해결할 수 없는 하드웨어 문제가 발생할 경우 기기를 교체할 수 있어야 하기 때문이다. 또 교육과정 운영에서 인공지능 스피커, 인공지능 로봇 등 크고 작은 제품을 구입할 수 있다. 이때 디지털 기기의 특성과 이의 활용 및 유지보수에서 발생하는 이슈를 파악해 적절한 제품을 선정할 수 있어야 한다.

[행동지표 4-3] **인공지능 활용 교육을 위한 교수학습용 소프트웨어를 점검하고 준비한다.**

대부분의 인공지능은 소프트웨어 형태이거나 이를 기반으로 작동하기 때문에 수업 전 소프트웨어를 점검하고 준비해야 한다. 소프트웨어가 원활히 작동하지 않을 경우 수업의 방해 요소가 될 수 있다. 이를 위해 먼저 소프트웨어 요구사항을 이해하고 체크리스트에 따라 사전 준비 및 점검을 해야 한다. 소프트웨어와 하드웨어가 호환이 잘 되는지, 모든 학습과정에서 잘 작동되는지 사전에 확인할 필요가 있다. 교사는 소프트웨어의 모든 부분을 하나하나 클릭하며 내용 오류 유무와 정상 작동 여부를 확인해야 한다. 그리고 대용량 소프트웨어의 경우 수업 시간에 과도한 트래픽이 발생해 활용하지 못할 수도 있으므로, 사전에 교사와 학생의 기기에 설치해두면 좋다. 인공지능 기반 소프트웨어의 경우 교수학습 맥락에 따라 수시로 구입해야 할 일도 생긴다. 이에 따라 교사는 소프트웨어의 특성을 잘 파악하고 학교의 모든 디지털 기기와 네트워크에서 제대로 작동하는지 확인하고 구입할 수 있어야 한다.

역량 5. 인공지능 활용을 위한 교육과정 재구성 역량

> 인공지능 활용이 필요한 성취기준을 추출하고 학습효과와 상호작용
> 을 높일 수 있도록 교육과정을 재구성할 수 있는 능력

〔행동지표 5-1〕 **교육과정에서 인공지능 활용이 필요한 성취기준을 추출한다.**

학교교육은 교육과정을 기반으로 한다. 교사들은 학생들의 교육과정 이수에 필요한 요소(목표, 내용, 방법, 평가, 자원 등)를 고려해 수업을 설계한다. 학교교육에서 인공지능은 교사의 수업설계 시 고려할 수 있는 요소가 되며, 교육과정의 성취기준 혹은 교육목표를 효과적으로 달성하기 위해 활용될 수 있다. 따라서 교사는 인공지능 활용을 통해 학습효과를 높일 수 있는 성취기준을 선정하고 추출해야 한다. 다만 모든 성취기준에 인공지능을 적용할 필요는 없다. 교사들은 교육과정의 성취기준 중 기존의 학습 방식이나 학습자원으로 달성할 수 없는 경우를 파악하여 이와 관련된 인공지능 유형과 종류를 탐색해 이에 대한 지식을 활용할 필요가 있다.

〔행동지표 5-2〕 **인공지능을 활용해 학습효과와 상호작용을 높일 수 있도록 학교, 교사 수준에서 교육과정을 재구성한다.**

현재 2022 개정 교육과정에서는 성취기준 재구조화 및 교육과정 재구성을 허용한다. 또한 최근 교육과정 일체화, 과정중심평가 등에서는 교사 수준의 교육과정 재구성을 적극적으로 유도하고 있다. 교육과정 재구성은 교사와 학생들이 처한 맥락을 반영하는 행위다. 교사와 학생이 인공지능이라는 학습환경을 활용하여 효과적으로 상호작용하기 위해서는 맥락을 반영한 교육과정 재구성이 필수적이다. 따라서 교사들은 교육과정의 의도, 인공지능의 특성 등을 명확하게 이해해야 한다. 이러한 이해에 기반해 교육과정의 성취기준을 통합하거나 변형해 구체적인 수업과 평가를 설계할 수 있다.

역량 6. 인공지능 활용 개별화 학습 설계 역량

인공지능을 활용해 학습자의 수준을 진단하고 개별화 학습을 설계하며 자기주도학습을 촉진할 수 있는 능력

〔행동지표 6-1〕 **인공지능을 활용해 학습자의 개별 특성과 학습 수준을 진단한다.**

현재 교육 영역에서의 인공지능은 개별화 학습(Personalized Learning)을 구현하기 위한 가능성 모색 차원에서 논의되고 있다. 개별화 맞춤형 학습은 학습 수준, 흥미, 상황 등 학습자의 특성에 맞는 학습이 이뤄지는 교육으로, 기존의 표준화된 학습 및 평균적인 학습을 대체하는 개념이다. 즉

개별화 학습은 학습자의 특성에서 출발하고, 개별 학생들의 성장을 목표로 한다. 현재의 교실은 소수의 교사가 다수의 학생을 가르치는 것이 일반적이어서 개별화 학습에는 한계가 있다. 이러한 상황에서 인공지능은 학습자들의 개별 특성과 학습 수준을 정확하게 진단함으로써 개별화 학습을 실현하는 도구가 될 것으로 기대된다. 교사들은 인공지능을 활용해 학생의 특성을 진단하고, 개별 학생들에게 필요한 학습을 지원해야 한다. 이를 위해 교사들은 인공지능을 활용한 학습자 분석을 체계적으로 실시하고, 수업 및 학습환경을 설계하는 역량을 함양해야 한다.

〔행동지표 6-2〕 **인공지능 진단 결과를 반영해 개별화 학습을 설계한다.**

교사들의 수업은 다양한 분석을 통해 구체적으로 설계된다. 이 중 학습 수준, 관심사, 진로 등을 파악하는 학습자 분석은 수업설계 초기에 실시해야 하는 핵심적인 절차다. 하지만 학교교육에서 학습자 분석은 물리적인 한계를 갖는다. 인공지능은 이러한 한계를 극복함으로써 교사들이 개별화 학습을 설계하는 데 도움이 될 것으로 기대된다. 교사들은 개별화 학습에 대한 명확한 이해를 통해 인공지능이 제공하는 진단 결과를 활용할 수 있어야 한다. 자신이 설계하려는 수업에 필요한 학습자들의 사전 지식과 역량을 파악하고, 인공지능의 진단 결과를 해석 및 분석함으로써 학생별 학습목표를 수립하고 수업을 설계할 수 있는 역량을 갖춰야 한다.

〔행동지표 6-3〕 **인공지능을 활용해 교수자-학습자-콘텐츠 간의 상호작용을 촉진할 수 있는 자기주도학습 방안을 설계한다.**

인공지능은 지능화된 튜터 역할을 함으로써 학생들의 자기주도학습을 지원할 것이다. 이에 따라 학생들은 인공지능 학습환경 아래서 자신의 학습 수준과 흥미에 맞는 학습경험을 하게 된다. 그러나 모든 학생이 스스로 자신의 학습을 주도할 수 있는 역량을 갖추고 있지는 못하다. 교사들은 지속적으로 인공지능 활용 학습방법을 안내함으로써 학습자들이 인공지능을 적극적으로 활용해 자신의 학습을 주도할 수 있도록 유도해야 한다. 이를 위해서는 교사들이 학생의 자기주도학습 방안을 설계하고, 다양한 상호작용이 활발하게 일어나도록 유도하는 것이 필요하다. 교사들은 교실수업과 자기주도학습을 연계하고, 학습자들이 적극적으로 인공지능을 활용할 수 있도록 해야 한다.

역량 7. 인공지능 활용 실제적 학습 설계 역량

> 인공지능을 활용해 문제를 해결하고 지식 구성을 촉진하는 실제적 학습을 설계할 수 있는 능력

〔행동지표 7-1〕 **인공지능을 활용해 접근할 수 있고 학습자의 흥미를 유발할 수 있는 실제적인 문제를 구안한다.**

일상생활에서 인공지능은 인간의 실제적 문제를 해결하는 데 활용된다. 이것은 인공지능뿐만 아니라 대부분의 에듀테크가 활용되는 목적이기도 하다. 정답이 있는 문제를 해결하는 데만 인공지능이 활용된다면 학습자들의 일상생활 속 인공지능과 학교교육에서의 인공지능 간에는 불일치가 발생할 것이다. 따라서 교사들은 일상생활 속 실제적 문제를 해결하는 과정에서 자연스럽게 인공지능을 활용할 수 있는 기회를 학생들에게 제공해야 한다. 이를 위해서 교사들은 실제적 문제를 개발하고 실제적 학습

(Authentic Learning)을 설계할 수 있는 역량을 갖춰야 한다. 실제적 문제는 교육과정과 연결되며, 학생들에게 흥미를 유발할 수 있어야 한다. 또한 학생들의 인공지능 활용을 적절하게 유도할 수 있어야 한다. 실제적 문제의 개발은 복잡하고 다양한 영역의 지식을 필요로 한다. 따라서 교사와 교사, 교사와 타 분야 전문가들이 협력적으로 실제적 문제를 개발할 수 있는 여건을 조성하고, 이를 유도해야 할 것이다.

〔행동지표 7-2〕 **인공지능을 활용해 융합적으로 문제를 해결하는 지식 구성 활동을 설계한다.**

실제적 문제는 복잡하고 다양한 지식을 통해 구성된다. 앞서 언급한 바와 같이 이러한 문제를 개발하기 위해 다양한 분야의 전문가들이 협력해야 한다. 마찬가지로 실제적 문제를 해결하기 위해서는 다양한 분야의 지식과 상호작용해야 한다. 교사는 학생들이 실제적 문제를 해결하는 과정에서 자신이 학습한 다양한 교과 내용을 적용하도록 수업을 설계해야 한다. 또한 이를 위해 필요한 인공지능에 대한 정보를 확보하고 학생들에게 제공할 수 있어야 한다.

역량 8. 인공지능 활용 데이터 기반 평가 설계 역량

인공지능 활용 평가계획을 수립하고 평가 데이터의 내용과 방안을 설계할 수 있는 능력

〔행동지표 8-1〕 **교수학습에서 인공지능 활용 데이터 기반 평가계획을**

수립한다.

인공지능은 평가 영역에서 활발하게 활용될 전망이다. 인공지능 학습 환경 아래서 학생들의 평가 데이터는 추가적인 학습 기회를 제공하는 데 활용되고 있다. 이는 인공지능을 통한 개별화 맞춤형 학습 실현으로 이어질 것이다. 학교교육에서 인공지능이 활용된다는 것은 교사들의 수업설계, 실행, 평가 등의 모든 과정이 인공지능과 관련될 수 있음을 의미한다. 특히 교사들은 인공지능 활용 평가계획을 효과적으로 수립해야 한다. 또 교육과정 성취기준 중 인공지능 활용 평가가 필요한 것을 선정하고, 해당 평가 데이터의 활용 방법 및 피드백 계획 등도 수립해야 한다. 이때 인공지능 활용 평가 데이터의 활용 유무 및 범위 등도 고려되어야 한다.

〔행동지표 8-2〕 **인공지능을 활용한 평가 데이터의 내용을 선정하고 수집 방안을 설계한다.**

평가 목적과 내용에 따라 수집할 수 있는 데이터의 종류와 양이 달라진다. 학생들의 수준을 정확하게 진단하고, 추가적인 학습 기회를 적절하게 부여하기 위해서는 평가 목적과 내용 등을 우선 설정해야 한다. 즉 교사들은 교육과정에 대한 이해를 바탕으로 평가 목표를 수립하고 평가 내용과 방법을 설계해야 한다. 수집하고자 하는 평가 정보에 따라 활용(개발)할 인공지능의 종류가 달라진다. 인공지능을 통해 확보하고자 하는 평가 데이터를 선정했다면, 이를 어떠한 방법으로 확보할 것인가를 설계에 반영해야 한다. 인공지능을 통해 확보하고자 하는 정보가 양적일 수도 있고, 질적일 수도 있다. 때로는 행동이나 정서적인 데이터일 수도 있다. 따라서 각각의 평가 목표와 내용에 따라 이를 수집할 수 있는 방법을 설계해야 한다.

역량 9. 인공지능 및 에듀테크 활용 역량

학습자에게 인공지능 활용 방법을 안내하고, 교수학습 목적에 맞게 인공지능과 에듀테크를 적절히 활용할 수 있는 능력

〔행동지표 9-1〕**학습자에게 인공지능 활용 방법을 이해하기 쉽게 설명한다.**

학생들이 효과적으로 다양한 인공지능을 활용할 수 있는 역량을 키워주는 것이 중요하다. 학생들이 처음 사용하는 인공지능의 경우, 해당 인공지능의 특성과 작동 방법 등에 대해서 어려움을 겪을 수 있다. 따라서 교사는 인공지능을 적용하기에 앞서 학생들이 인공지능을 쉽게 활용할 수 있도록 안내해야 하며, 인공지능 활용 방법을 학생들에게 효과적으로 설명할 수 있어야 한다. 새로운 인공지능을 학교교육에 적용하기 전에 교사는 학생들의 수준에 맞춰 인공지능을 이해함으로써 학생들이 경험하게 될 어려움을 예측하고 적절한 피드백에 대한 예시자료와 가이드라인을 제공할 수 있어야 한다.

〔행동지표 9-2〕**교수학습 활동에 맞게 인공지능의 기능을 원활하게 조작한다.**

교사들이 인공지능을 교수학습 활동에 효과적으로 적용하기 위해서는 우선 인공지능을 원활하게 조작할 수 있어야 한다. 인공지능이 제공하는 다양한 기능에 대한 이해와 조작 능력을 갖춤으로써 교사들은 더욱 능숙하게 인공지능을 교수학습에 활용할 수 있다. 학생들에게 인공지능 활용 방법을 설명하기 위해서라도 먼저 교사가 인공지능 조작 역량을 키워야 한다.

〔행동지표 9-3〕**학습효과를 높일 수 있는 인공지능 관련 에듀테크를 연계해 활용한다.**

인공지능은 교수학습에서 활용할 수 있는 에듀테크의 한 종류다. 교수학습 과정에서 교육목표를 달성하기 위해서는 다양한 에듀테크가 활용될 수 있다. 교사들은 인공지능뿐만 아니라 다양한 에듀테크의 특성을 이해하여 교육목표에 맞는 에듀테크를 선정하고 활용할 수 있어야 한다. 학습자들의 학습활동에 필요한 에듀테크를 탐색하되 인공지능이 제공하는 기능과 중복되거나 충돌하지 않는 것들을 선정해야 한다.

역량 10. 인공지능 활용 학습 촉진 역량

학습자에게 인공지능 활용 교수학습 과정을 안내하고, 학습과 상호작용을 촉진할 수 있는 적절한 전략을 적용할 수 있는 능력

〔행동지표 10-1〕**학습자에게 인공지능 활용 교수학습 과정을 이해하기 쉽게 설명한다.**

학습자들이 교수학습 과정에 적극적으로 참여하기 위해서는 전체적인 수업 과정에 대한 이해가 선행되어야 한다. 이를 위해서 교사는 인공지능을 활용한 교수학습 과정을 학습자들에게 쉽게 설명할 수 있어야 한다. 교사는 인공지능이 활용되는 목적과 학습자들이 인공지능을 효과적으로 활용할 수 있는 방법 등에 대해 안내할 필요가 있다. 학생들은 이를 통해 자신의 학습과정을 예측해보고, 인공지능 활용 시기와 방법 등에 대해 이해할 수 있다.

〔행동지표 10-2〕**인공지능을 활용해 학습과 상호작용을 촉진할 수 있는 스캐폴딩을 제공한다.**

학습자들이 교수학습 과정에서 인공지능을 적극적으로 활용하기 위해서는 교사의 스캐폴딩(Scaffolding)이 필요하다. 인공지능이 제공하는 다양한 기능을 활용해 개별화 및 맞춤형 학습과 자기주도학습이 이뤄지기 위해서는 학생들의 주도적인 참여가 필요하다. 이를 위해서 교사들은 학생들의 인공지능 활용 학습 과정을 모니터링하고, 다양한 상호작용이 활발하게 이뤄질 수 있도록 지원해야 한다. 따라서 교사는 학생들이 경험하게 될 상황과 학생들의 수준에 맞는 스캐폴딩 전략을 미리 설계할 필요가 있다.

〔행동지표 10-3〕**학습자의 학습 상황을 모니터링하고 학습을 지원한다.**

인공지능은 학습자들의 학습 데이터를 학습과정에서 수시로 생성하고 분석하여 교사 및 학습자들에게 제공한다. 교사는 학습자들의 학습 데이터를 수시로 모니터링함으로써 학습진도, 참여율, 성취도 등 학습 상황을 분석하고, 적절한 학습 기회를 제공해야 한다. 교사는 모니터링을 통해 학습자들의 성장 정도를 파악할 수 있으며 자신의 수업설계의 방향을 결정할 수 있다. 뿐만 아니라 추가적인 학습 상담의 내용과 방법도 결정할 수 있다. 인공지능 플랫폼은 데이터 시각화를 통해 교사들의 모니터링과 데이터 해석이 효과적으로 이뤄질 수 있도록 해야 한다. 또한 인공지능 플랫폼을 개발할 때 학습자들의 데이터를 다양한 방식으로 비교·분석할 수 있도록 할 필요가 있다.

역량 11. 인공지능 및 에듀테크 기술적 문제해결 역량

> 교수학습에서 발생한 기술적 문제에 대한 대처방안을 안내하고, 적절하게 문제를 해결할 수 있는 능력

〔행동지표 11-1〕**학습자에게 학습과정에서 발생하는 기술적 문제에 대한 대처방안을 이해하기 쉽게 설명한다.**

인공지능 및 에듀테크를 활용한 교수학습에서 학습자는 종종 기술적 문제에 직면한다. 네트워크 접속 문제, 하드웨어와 소프트웨어의 오작동, 기기의 호환성 등의 문제는 학습자의 학습 흐름을 단절시켜 학습목표 달성을 저해하는 요인이 된다. 이를 예방하기 위해서는 학습과정에서 발생할 수 있는 문제를 사전에 예측하고 학습자에게 미리 대처방안을 안내해야 한다. 이러한 안내는 학습자의 학습 흐름을 원활하게 해 보다 수월히 학습목표를 달성하게 해준다.

교사가 기술적 문제에 대한 대처방안을 제공하려면 어떻게 해야 할까? 인공지능과 에듀테크를 다양하게 조작해 사전 점검하고 발생 빈도가 높은 문제 상황을 수집해 그에 따른 해결 매뉴얼을 준비하는 것이다. 학습자들에게 이런 매뉴얼을 사전에 학습시켜 학습 흐름을 단절시킬 수 있는 기술적 문제를 최소화해야 한다.

〔행동지표 11-2〕**교수학습에서 발생한 간단한 기술적 문제를 적시에 해결한다.**

원활하지 못한 데이터 통신, 에듀테크의 오작동 등은 인공지능 활용 교육에서도 발생할 것이 분명하다. 게다가 학교와 수업에 따라 문제가 발생

하는 맥락적 상황이 각기 다르다는 것은 문제의 해결을 더 어렵게 만든다. 따라서 기술적 문제해결 매뉴얼만으로는 모든 상황에 빠르게 대처하기 어려울 수 있다. 수업의 원활한 진행을 위해서는 교사가 데이터 통신 접속이나 기기에서 발생한 문제 등의 원인을 파악할 수 있어야 한다. 나아가 간단한 수준의 기술적 문제는 직접 해결할 수 있는 기술적 문제해결 역량을 갖추어야 한다.

〔행동지표 11-3〕 **교수학습에서 발생한 중대한 기술적 문제를 학교 안팎의 담당자에게 의뢰한다.**

인공지능과 에듀테크를 활용한 교수학습에서 중대한 기술적 문제가 발생했을 때 이를 교사와 학생이 직접 해결하기는 어렵다. 그렇다고 문제 상황을 계속 방치하면 다음 수업이나 다른 교사의 수업까지 어려워질 수 있다. 그러므로 학교 안팎의 에듀테크 담당자(테크 매니저) 또는 담당팀에 문제의 증상을 알리고 문제가 빠르게 해결되도록 노력해야 한다.

이를 위해 교사는 먼저 교수학습에서 발생한 기술적 문제의 증상 또는 원인을 파악해야 한다. 그런 다음에는 학교 에듀테크 관리 시스템을 통해 즉각적으로 담당자에게 문제해결을 의뢰해야 한다. 이 외에도 문제해결 프로세스를 확인하고, 수업 일정을 조율하거나 다른 하드웨어와 소프트웨어로 대체할 수 있는지를 확인해야 한다.

역량 12. 인공지능 활용 데이터 해석 역량

> 인공지능에서 데이터의 의미를 이해하고, 인공지능이 제공하는 데
> 이터를 해석해 학습자의 문제를 해결할 수 있는 능력

〔행동지표 12-1〕 **인공지능이 제공하는 평가 데이터를 객관적으로 이해한다.**

초·중등교육에서 디지털 학습환경이 확산됨에 따라 교수학습 과정에서 방대한 데이터가 축적되고 있다. 디지털 학습환경에서 학습자의 로그 데이터, 상호작용 데이터, 게시글 등은 평가 데이터로 활용 가능하다. 이렇게 누적된 학습 데이터와 인공지능을 접목한 평가는 기존의 노동집약적이며 수동적인 평가를 대신할 자동화 평가 시스템을 실현시킬 것이다. 인공지능을 조력자로 둔 평가 시스템은 현재의 사후 평가를 즉시 평가로, 노동집약적 평가를 자동화 평가로, 장시간이 요구되는 평가를 단시간에 도출되는 평가로, 학년·학기 단위 평가를 학교급이 연계된 성장 평가로 변화시킬 것이다.

이런 데이터 기반 평가가 이루어지면 교사는 평가 데이터가 무엇을 의미하는지를 객관적으로 이해할 수 있어야 한다. 교사는 학업성취 평가를 위한 분석 알고리즘에서 활용될 데이터의 평가요소, 평가기준, 성취기준 등의 요소를 파악해야 한다. 나아가 어떤 알고리즘으로 최종 결과가 어떻게 산출되는지에 대한 기본 원리를 바탕으로 평가 데이터를 이해할 수 있어야 한다.

〔행동지표 12-2〕 **인공지능이 제공하는 평가 데이터를 학습자의 개별 특성을 고려해 해석한다.**

인공지능을 활용한 자동화 평가 시스템은 특정 알고리즘에 의해 정성 및 정량 평가 데이터로 도출된다. 학습 데이터를 기반으로 인공지능이 분석한 평가 데이터는 주로 대시보드(dashboard)의 형태로 제공되는데, 이 대시보드는 분석된 평가 데이터를 시각적 정보로 제시해 사용자가 직관적이며 효과적인 의사결정을 하도록 돕는다. 즉 학습과정과 결과에 나타난 데이터를 평가요소 또는 역량별로 다이어그램 등의 시각적 도표로 제시하고, 보완해야 할 부분을 텍스트 형태로 제공하는 것이다. 더 나아가 학습자의 부족한 부분을 학습할 수 있는 콘텐츠나 프로그램에 대한 피드백을 제공할 수도 있다.

하지만 이런 대시보드는 사용자에 따라 다르게 해석될 여지가 있다. 교사의 해석이 필요한 대시보드는 학습자 개개인에 따라 그 의미가 달라질 것이며, 같은 평가 결과라도 개별 학습자의 수준, 흥미, 동기 등의 개별 특성에 따라 그 의미를 달리 해석해야 한다. 개별 학습자의 특성에 따라 평가 데이터가 의미하는 바가 다르다는 것은 개별 학습자에게 처방할 방법이 다르다는 것을 의미한다. 그러므로 교사는 인공지능이 도출한 평가 데이터의 의미를 학습자 관찰 내용, 교사 전문적 견해로 해석할 수 있는 안목을 지녀야 한다.

해당 역량 미도달 학습자로 평가됐을 경우에도 선수 학습이 부족한 학습자에게는 선수 학습 관련 콘텐츠를, 동기가 낮은 학습자에게는 동기유발 및 유지 전략을 제공해야 한다. 이처럼 학습자의 개별 특성에 대한 이해가 선행되어야 맞춤형 처방이 가능하다.

〔행동지표 12-3〕 데이터를 기반으로 학습자의 문제 원인을 발견하고 해결책을 도출한다.

결과 위주의 수치화된 평가만으로는 학습자의 학업 전반에 대한 성취와 학습 문제를 판단하기 어렵다. 하지만 안공지능과 연계된 데이터 기반 평가는 반복 오답 문항, 문항 풀이 시간, 오답 유형 등의 누적 데이터를 통해 학습자가 이해한 부분과 이해하지 못한 부분에 대한 확인을 용이하게 한다. 따라서 교사는 학습자가 자주 겪는 학습 문제를 짧은 시간에 파악할 수 있을 것이다.

특히 수집된 데이터에서 학습자의 오개념, 문제 풀이 전략의 오류, 부정확한 기능 시연, 메타인지 전략의 부재 등을 파악하여 개별 학습자의 학습 문제 원인을 발견할 수 있을 것이다. 이는 학습자별 문제 원인에 따른 해결책인 개별 맞춤형 학습 처방으로 이어질 수 있다. 나아가 학습자의 학습활동 분석을 통해 개인별 핵심 역량 함양의 정도를 파악하고 향상 방안을 제시할 수도 있다. 이때 교사는 인공지능 활용 데이터에서 학습자에게 반복적으로 드러나는 문제 원인에 초점을 둔다. 그리고 인공지능이 추천하는 다양한 해결책 중 학습자의 특성과 맥락적 상황을 고려하여 학습자 특성에 적합한 학습 처방을 선택할 수 있다.

이때 교사는 인공지능 평가 시스템의 결과를 단순히 수용하는 것이 아니라 교사 전문성에 의한 분석과 평가를 통합해야 한다. 그래야만 학습자의 학습 문제에 대한 정확한 해결책을 제공할 수 있다.

역량 13. 인공지능 활용 데이터 기반 피드백 역량

인공지능의 진단 결과를 토대로 인지적 · 정서적 피드백을 제공하고,
학습자의 진로 · 진학 설계를 지원할 수 있는 능력

〔행동지표 13-1〕 **인공지능을 활용한 학습과정에서 학습자를 관찰하고
적절한 정서적 피드백을 제공한다.**

학습자의 학업성취도에 인지적 요인뿐 아니라 정서적 요인이 크게 작
용한다는 사실은 이미 여러 연구에서 밝혀졌다. 최근 주목받고 있는 감성
컴퓨팅은 학습자의 생체 신호를 바탕으로 현재 감정과 정서적 상태를 인
식해 적절한 교육적 처방을 내릴 수 있는 기술을 의미한다. 디지털 학습환
경뿐만 아니라 대면 학습환경에서도 학습자를 실시간으로 관찰해 데이터
를 수집할 수 있다면 어떨까?

우선 감성 컴퓨팅을 통해 학습자의 기쁨, 슬픔, 분노, 흥분 등의 감정
상태를 파악할 수 있다. 또한 학습자가 어떤 난관에 처했고 어떤 문제에
봉착해 있는지를 파악할 수 있다. 교사는 감성 컴퓨팅으로 파악된 개별 학
습자의 정서 상태에 대해 적시에 지원을 제공함으로써 다시 흥미를 유발
하거나 참여를 유도해 학습 중도 포기나 학업 실패, 무기력 상태를 사전에
예방할 수 있다. 하지만 인공지능을 활용한 관찰의 경우 학습자의 모든 행
동을 일일이 저장하게 된다. 이런 측면에서 개인정보 보호에 대한 문제에
부딪힐 수밖에 없다.

〔행동지표 13-2〕 **인공지능에 의해 추천된 맞춤형 콘텐츠와 서비스를
교사가 검토해 학습자에게 피드백한다.**

현재 다인수 학급에서는 학습자의 개별 맞춤형 피드백을 제공하기가 현실적으로 어렵다. 하지만 인공지능 활용 교육에서 학습자의 데이터가 실시간으로 누적된다면 이야기가 달라진다. 이때는 개별 진단을 통한 적절한 개별 피드백이 가능하다. 인공지능이 활용되지 않는 교육에서는 보통 학급 또는 학년 단위의 일괄 학습경로, 콘텐츠, 평가문항, 서비스가 제공된다. 이에 반해 인공지능이 활용되는 교육에서는 학습자별 취약 부분을 분석해 최적의 콘텐츠, 평가문항, 서비스, 학습경로 등의 피드백을 제공할 수 있다. 이를 통해 학습자는 개별 맞춤형 학습이 가능하며 학습자는 최소의 시간으로 최대의 학습효과를 경험할 수 있다.

인공지능이 추천하는 학습경로, 콘텐츠, 평가문항, 서비스의 피드백은 개별 학습자의 목표와 연결해 학습 – 진학 – 직업이 연계된 개별 맞춤형 교육을 실현할 수 있다. 이때 교사는 내용 전문가로서 인공지능이 학습자에게 추천하는 피드백을 검토하는 역할을 해야 한다.

[행동지표 13-3] **인공지능의 학습진단 결과를 토대로 학습자의 진로·진학 설계를 지원한다.**

학교에서 진로·진학 설계는 학업성취와 같이 학습자에게 매우 중요한 사항이다. 현재 진로교육은 직업과 적성을 매칭시키는 진로 선택 이론이나 진로 발달 이론을 근거로 자기보고식 설문의 형태로 데이터가 취합되어 추천된다. 그러나 인공지능의 학습진단 결과를 바탕으로 진로·진학이 설계된다면 자신 또는 주변의 주관적 견해를 바탕으로 하던 기존 방식에서 벗어나 객관적인 데이터를 기반으로 하는 진로·진학으로 변화될 수 있다.

교사는 인공지능이 분석한 데이터 기반 진로·진학 경로 및 유형과 일상생활 속의 적성 및 희망 등 누적 관찰을 통합해 개별 학습자에게 맞춤형 진로·진학을 추천할 수 있다. 예를 들어 해당 직업의 역량이 도출되면 학습자는 요구되는 직업역량에 대한 학습경로를 추천받아 학교와 연계해 이를 학습하는 형태가 될 것이다.

역량 14. 인공지능 활용 교육 전문성 개발 역량

인공지능 활용 교육에 필요한 지속적 전문성 개발 계획을 수립해 실행할 수 있는 능력

〔행동지표 14-1〕**인공지능이 제공하는 데이터를 기반으로 교수학습을 성찰하고 개선한다.**

인공지능은 교수학습에서 학습자뿐만 아니라 교사에게도 다양한 데이터를 제공한다. 학습자의 개별화된 학습성과를 즉각적으로 확인할 수 있고, 진단 결과에 따라 인공지능에 의해 콘텐츠와 학습경로가 추천되기도 한다. 또 대시보드에 의해 교사와 학습자의 교수학습 활동이 구체적인 데이터로 표현될 수 있다. 이러한 데이터는 형성평가의 근거로, 교육과정이나 수업방법을 개선하는 기회를 제공한다.

인공지능을 활용하지 않는 교수학습에서는 형성평가의 근거가 충분치 않았으나, 인공지능을 활용한 교수학습에서는 충분한 데이터가 제공된다. 때문에 스스로 교수학습을 연구하고 개선하는 적극적인 활동이 장려될 수 있다. 이를 위해서 교사는 인공지능이 제공하는 데이터 중 교수학습을 성찰하고 개선하는 데 필요한 데이터를 확인해야 한다. 또한 데이터를 해석해 교수학습 개선을 위한 시사점을 도출할 수 있어야 하며, 시사

점을 반영해 차후 교수학습 설계와 실행에 적용해야 한다.

〔행동지표 14-2〕 **인공지능 활용 교육에 필요한 자신의 역량을 진단하고, 지속적인 전문성 개발 계획을 수립한다.**

　인공지능이 교육에 도입됨으로써 학습자는 교실을 넘어 실생활 속의 다양한 문제를 인공지능 도구를 활용해 해결하는 새로운 형태의 학습경험이 가능할 것으로 예측된다. 이 같은 교수학습에서 교사에게는 교육용 인공지능 탐색 및 선정 역량, 인공지능 활용을 위한 교육과정 재구성 역량, 인공지능 활용 데이터 기반 평가 설계 역량 등의 새로운 역량이 요구된다. 이는 인공지능 활용 교육에 필수적 역량이므로 교사 스스로 미비한 부분을 진단, 보완해야 한다. 또한 교사는 이를 위해 미비한 역량을 높여줄 연수, 워크숍 등에 참여해 전문성 개발 계획을 수립해야 할 것이다.

〔행동지표 14-3〕 **인공지능 활용 교육 전문성을 개발하기 위해 다양한 프로그램에 참여한다.**

　인공지능은 기술의 발달에 따라 지속적으로 진화한다. 진화하는 인공지능에 따라 교육에 활용되는 제품, 콘텐츠, 서비스의 형태도 지속적으로 변화할 것이다. 그러나 교사 개인이 끊임없이 변화하고 발전하는 인공지능에 대응하기란 매우 어려운 일이다. 그러므로 인공지능 활용 교육 관련 연수, 연구회, 대학원, 워크숍 등에 참여하는 것이 필요하다. 이를 통해 전문가 또는 조기 채택자(얼리어답터)에 의해 윤리성 평가를 마친 인공지능 제품, 콘텐츠, 서비스에 대한 정보를 수집하는 것이 현실적인 방안이 될 수 있다. 이때 교사는 인공지능 제품, 콘텐츠, 서비스를 교과 및 학습목표에 따라 어떻게 적용, 통합, 융합할지도 함께 고민해야 한다.

〔행동지표 14-4〕 **인공지능 활용 교육에 대한 실천적 지식을 다양한 방법으로 공유한다.**

대부분의 인공지능 제품, 콘텐츠, 서비스는 교육 분야만을 위해 개발된 것이 아니다. 때문에 인공지능의 교육적 활용을 위해서는 교사의 교육과정 이해와 교수학습 관점에서의 재해석이 요구된다. 이런 교수학습 지식은 교과, 학습자, 상황 맥락에 따라 적합하게 적용되어야 효과적으로 인공지능 활용 교육에 통합될 수 있다. 교사는 교육과정 안에서 인공지능의 활용 방법을 파악해야 하며 이는 수업 공개, 전문적 학습공동체 등의 실천적 지식 공유를 통해 더욱 발전시킬 수 있다. 인공지능 활용 방안이 교사 개인의 범위를 넘어서서 다양한 주체와의 공유를 통해 통찰에 이를 수 있다면 실천적 전문성 역시 신장시킬 수 있을 것이다.

역량 15. 인공지능 활용 교육 연구 역량

> 인공지능 서비스와 콘텐츠에 대한 아이디어를 제시하고, 다양한 주체와 협업 및 의사소통하며 연구할 수 있는 능력

〔행동지표 15-1〕 **인공지능 관련 다양한 주체와 소통하며 인공지능의 교육적 활용과 개선방안을 제시한다.**

인공지능과 에듀테크 등의 교육 서비스는 기관 또는 기업, 교사가 단일 주체로 개발하기 어렵다. 그러므로 양질의 교육용 인공지능 제품, 콘텐츠, 서비스 등을 개발할 때는 교사, 기관, 기업 등의 다양한 주체가 지속적으로 협업하며 의사소통해야 한다. 이때 현장 전문가로서 교사는 교육적 철

학을 갖고 인공지능을 활용하는 다양한 교수학습 방안을 제공할 수 있다.

에듀테크 관련 교육 프로그램이 기능 위주의 서비스로 사용되다 현장에서 조용히 사라지는 경우를 종종 보았다. 교사가 개발 주체와 협업하면 기능 위주의 서비스에서 교육 위주의 서비스로 전환할 수 있는 개선방안을 제시하는 것이 가능하다. 또한 비교육적 요소나 학습자에게 미치는 윤리적 영향 등을 파악하는 검토자의 역할도 겸할 수 있다.

[행동지표 15-2] **인공지능 관련 다양한 주체에게 테스트베드를 제공하고 함께 연구한다.**

인공지능 활용 교육이 활성화되기 위해서는 양질의 인공지능 제품, 콘텐츠, 서비스가 개발되어야 한다. 그리고 이러한 개발이 이뤄지려면 과학적, 경험적 증거가 충분히 수집되어야 하며, 이는 현장의 테스트베드를 통해 얻을 수 있다. 테스트베드는 다양한 주체와 아이디어를 교환하고 교육환경 속에 인공지능 기술을 융통성 있게 접목시킨다. 나아가 전문적 지식을 나눌 수 있는 실험의 장이 된다. 테스트베드의 활용을 통해 교육기관은 교육용 인공지능 콘텐츠와 서비스의 교육적 효과 및 현장 적용 가능성을 타진해볼 수 있고, 기업은 학습 데이터를 활용해 인공지능 기술 발전을 도모할 수 있어 상생의 기회가 될 수 있다.

교사는 테스트베드의 교육적 상생 의미를 파악하고 개방적인 자세로 단순한 연구 참여자가 아닌 공동 연구자로서의 역할과 기량을 발휘해야 한다. 이를 통해 교육현장 발전에 기여할 수 있으며, 교사 연구자(teacher as researcher)로서 성장하는 기회가 될 것이다.

인공지능 활용 교육 역량에 대한 교육요구도

교사들은 인공지능 활용 교육 역량 중 어떤 역량에 관한 교육을 먼저 받고자 할까?[33]

인공지능 활용 교육을 위한 교사들의 교육요구에 관한 연구를 살펴보면, 교사들 대부분은 인공지능 활용에 대한 교육 프로그램에 관심을 보였다. 초·중등학교에서 인공지능 활용 교육을 하려면 교사들이 인공지능에 대한 핵심적인 개념을 이해해야 할 필요가 있으나, 인공지능 이론을 전문적으로 학습하는 것에 대한 요구는 낮게 나타났다.

김태령과 한선관의 연구(2020)에서는 인공지능 활용 교육에 대해 교사들은 인공지능을 교과에 활용해 학습하는 것을 가장 많이 요구했다고 밝혔다. 즉 인공지능 관련 특정 교과 및 전공 담당이 아닌 대부분의 교사들은 인공지능을 수업에 활용할 수 있는 역량을 갖추는 데 필요한 교육 프로그램을 요구하는 것으로 해석할 수 있다.

교사들은 자신이 직접 인공지능을 활용하고 실습할 수 있는 기회와 함께 실제 인공지능 활용 교육을 설계하고 실행할 수 있는 교육 프로그램을 요구했다. 또한 교사들은 인공지능 활용 교육을 실행하기 위한 전략으로서 인공지능 활용을 위한 교육목표 설정, 학습동기 유발, 적절한 학습내용 설정, 피드백 역량 등의 함양을 요구했다. 또한 교사들은 학습자들이 인공지능을 활용하는 과정에서 나타날 수 있는 윤리 문제를 이해하고, 바람직하게 활용할 수 있도록 교육할 수 있는 역량을 요구했다.

반면 인공지능을 활용해 수집한 데이터를 가공하고, 머신러닝·딥러닝 등을 전문적으로

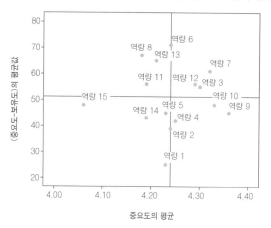

〔그림 1-2〕 인공지능 활용 교육 역량에 대한 교육요구도

역량 1. AI 이해 역량
역량 2. AI 탐색 및 선정 역량
역량 3. AI 윤리성 평가 역량
역량 4. AI 교육 환경 준비 역량
역량 5. AI 활용을 위한 교육과정 재구성 역량
역량 6. AI 활용 개별화 학습 설계 역량
역량 7. AI 활용 실제적 학습 설계 역량
역량 8. AI 활용 데이터 기반 평가 설계 역량
역량 9. AI 및 에듀테크 활용 역량
역량 10. AI 활용 학습 촉진 역량
역량 11. AI 및 에듀테크 기술적 문제해결 역량
역량 12. AI 활용 데이터 해석 역량
역량 13. AI 활용 데이터 기반 피드백 역량
역량 14. AI 활용 교육 전문성 개발 역량
역량 15. AI 활용 교육 연구 역량

이해하고 개발하는 교육에 대한 요구는 상대적으로 낮았다. 다만 학교급과 전공에 따라 다소 차이가 있었다. 특히 학교급이 낮을수록 교사들은 인공지능 기술 자체에 대한 정보, 코딩 및 프로그래밍을 통한 개발에 대한 교육요구도가 상대적으로 낮았다.

이동국과 이은상이 수행한 연구(2022)에서는 인공지능 활용 교육을 위한 교사 역량을 기초로 교사들의 교육요구도를 분석했다. 인공지능 활용 교육 경험이 있는 교사들을 대상으로 각각의 역량에 관한 중요도와 보유도 정보를 수집해 분석한 결과는 다음과 같다.

첫째, 교육요구가 높은 역량에 인공지능을 활용한 데이터 관련 역량이 다수 포함된 것을 확인할 수 있다. 인공지능은 데이터를 수집, 분석해 현재 수준을 진단하고 예측값을 제시함으로써 교사의 의사결정을 돕는다. 현재 기술 수준의 약AI는 제한된 범위 내에서 특정 정보만을 제공한다. 따라서 교사가 인공지능을 보다 효과적으로 활용하기 위해서는 데이터를 적절히 수집, 분석, 활용할 수 있어야 한다. 특히 데이터는 학습자의 인지적, 정의적, 심동적 영역의 다양한 정보를 포함하고 있어 데이터를 어떻게 연계하고 해석하느냐에 따라 교수학습의 질이 달라질 수 있다. 데이터는 인공지능의 수준에 따라 자동적으로 해석되어 결과값이 대시보드를 통해 제시될 수도 있고, 교수자의 해석을 요할 수도 있다. 이 때문에 교사의 데이터 관리 및 활용 역량은 맞춤형 교육을 실현하기 위한 미래 교사의 역량으로 다수의 연구에서 언급되고 있다.

[그림 1-3] 인공지능 활용 교육 역량의 행동지표에 대한 교육요구도

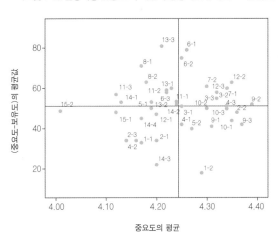

ⓘ [그림 1-2], [그림 1-3] 이동국, 이은상(2022). 인공지능(인공지능) 활용 교육을 위한 교사 역량에 관한 교육요구도 분석. 교육 정보미디어 연구, 28(3), 821–842.

행동지표별 교육요구도 분석에서 데이터 해석과 관련된 행동지표의 경우 교육요구가 더 높음을 알 수 있다. 또 중요도 분석에서 교사들은 인공지능이 제공하는 평가 데이터를 학습자 특성을 바탕으로 해석하고 학습자의 문제 원인을 찾아 해결책을 도출하는 일을 상대적으로 매우 중요하게 인식하는 것으로 나타났다. 여기서 인공지능이 제공하는 데이터 기반의 인지적 도움과 인간 교사의 정서적 지원이 결합할 경우 데이터 활용의 시너지가 상승할 수 있다. 교사들은 인공지능이 제공하는 데이터를 어떻게 해석하고 활용할 것인가에 대해 많은 관심을 갖고 있으며, 이와 관련된 역량 개발을 요구함을 알 수 있다.

둘째, 인공지능 활용 개별화 학습 설계 역량의 교육요구가 높은 것을 확인할 수 있다. 교사들은 인공지능을 통해 개별화된 맞춤형 교육을 실현할 수 있기를 바란다. 그러나 개별화 학습 설계 역량의 보유도가 다른 역량에 비해 상대적으로 낮게 나타난 점을 근거로, 현재 교사들은 인공지능을 활용하더라도 개별화 수업을 설계하는 데 여전히 어려움을 겪고 있다고 해석할 수 있다. 여기에는 인공지능이 제공하는 정보·데이터의 한계, 교사의 인공지능 활용 개별화 학습전략 부재, 인공지능 서비스의 교육적·기술적 어포던스의 한계 등 다양한 원인이 있다. 이는 교사의 개별화 교육 설계 역량을 지원하기 위해 역량 개발 및 환경 조성 등의 노력이 필요함을 시사한다.

셋째, 인공지능 활용 실제적 학습 설계 역량의 교육요구가 높은 것을 확인할 수 있다. 인공지능은 인간의 역량을 확장하는 유용한 도구로 학습자들에게 보다 실제적이고 풍부한 경험을 제공할 수 있다. 특히 인공지능 활용 실제적 학습은 프로젝트 수업, 융합교육의 형태로 다양한 실천이 이루어지고 있으며 이러한 학습에서는 다학제 간 지식의 연결과 교육과정 재구성 활동이 매우 중요하다. 교사들은 실제적 학습을 위해 적절한 학습내용을 선정하고 교수학습에서 인공지능의 특성을 효과적으로 통합할 수 있어야 한다. 이를 위해 테크놀로지교수내용지식(TPACK)과 같은 교사의 테크놀로지 통합을 돕는 프레임워크가 필요하며, 더불어 교사의 실제적 학습 설계 역량을 함양시키기 위한 노력이 요구된다.

넷째, 인공지능의 안전한 활용에 관한 교육요구도가 높음을 알 수 있다. 행동지표별 교육요구도 분석에서도 같은 결과였다. 더불어 교수학습에서 인공지능의 위험성을 확인하고 안전한 활용 방안 수립, 인공지능 관련 법 제도(저작권, 보안, 규정 등) 이해 및 준수에 대한 행동지표가 우선적으로 개발되어야 하는 것으로 나타났다. 특히 교사들은 중요도 분석에서 인공지능의 안전한 활용에 대해 상대적으로 중요하게 인식하는 것을 알 수 있다. 인공지능의 확장 가능성은 교육에서 다양한 가능성을 제공하지만, 편향성과 신뢰성에 문제가 생길 경우 학습자들에게 심각한 부정적 영향을 미칠 수 있다. 이러한 인공지능의 안전 문제는 인공지능 관련 연수에서 요구가 높은 것으로 나타났다.

다섯째, 인공지능의 교육적 가능성을 탐색하기 위해 인공지능의 개념, 원리, 영향 등 인공지능에 대한 소양이 필요하지만, 이 역량에 대한 교육요구는 낮게 나타났다. 이는 교사들이 인공지능 활용 교육에서 인공지능 자체를 깊이 이해하는 것보다는 도구적 관점에서 다양한 활용을 모색하는 데 관심을 둔 것으로 해석할 수 있다.

Chapter 4.

인공지능 활용
개별화 수업설계 원리

개별화 수업의 개념과 필요성

개별화 수업이란 개별 학생의 필요와 요구에 따라 학습자 특성, 흥미와 적
성, 선수지식 등의 차이를 고려해 학습속도, 학습내용, 학습과정, 학습방
법, 그리고 학습환경 등을 다양화시켜 모든 학생이 학습목표를 달성하도
록 하는 교수학습 방법이자 교육철학이다. 학습자에게 적절하고 실제적인
학습목표를 주고, 이를 성취하기 위해 다양한 교수학습 자원을 제공하기
때문에 개별 학습자의 능력과 특성에 맞춰 학습할 수 있다. 개별화 수업은
학생들 개개인의 특성에 부응한 교수학습이 제공되므로 맞춤형 수업, 개
별화 교수, 차별화 수업 등 다양한 용어로 불린다.[34] 여기서는 '개별화 수
업'이라는 용어를 사용했다.

　　"개별화 교수는 학습경험을 각 학생의 개인적 요구, 선호도 및 능력에
　맞추는 교육적 접근 방식이다. 모든 학생이 고유한 자신의 학습 스타일,

강점 및 약점이 있다. 따라서 개별화 교수는 학습에 대한 개인화된 접근 방식이 필요하다는 것에 대한 인식을 전제로 한다."

—챗GPT3.5(2023.02.15.)

"개별화 교수와 평가란 다양한 교실 내의 모든 학생의 능력 차이와 상관없이 효과적인 교육을 위한 체계(Framework)와 철학을 말한다. 이는 정보 습득, 학습과정, 지식의 구성, 개념의 이해, 교수학습 자료의 개발, 평가 등에 대해 다양한 학습 수단을 제공하는 것을 포함한다."[35]

—Wikipedia

"개별화 수업은 가능한 모든 학생이 의도한 교육목표에 도달하도록 개인의 능력, 적성, 동기 등을 고려해 적절하고 타당한 수업방법, 절차, 평가 등의 측면에서 교수자나 프로그램의 지원을 받는 처방적 개별화 교수학습이라고 규정하고 있다."[36]

—박성익(2008)

"개별화 학습은 학습속도와 교육 접근 방식이 각 학습자의 요구에 최적화된 교육을 의미한다. 학습목표, 교육 접근 방식 및 교육 콘텐츠(및 그 순서)는 모두 학습자의 필요에 따라 다를 수 있다."[37]

—U.S. Department of Education(2017)

개별화 수업은 현대교육에서 떠오른 개념이 아니며, 그 역사는 매우 오래됐다. 그 첫걸음을 뗀 사람은 행동주의 심리학자인 스키너(Skinner)라 할 수 있다. 스키너의 프로그램 학습과 교수기계(Teaching Machine)는 전통적인 일제식 수업에서 벗어나 개별 학습자의 속도에 맞게 학습하고 부족한 부분을 교정할 기회를 제공하는 개별화 수업을 현실화시켰다. 몬테소리(Montessori)는 교사의 지시보다 아동 스스로 자신이 배울 내용을 결정하고 학습속도를 조절하는 등 내용과 속도 측면에서 개별화를 실천했다. 캘러(Keller)는 대학교육의 혁신적 교수법으로 개별화된 속도, 완전학습, 형성평가, 즉각적 피드백, 튜터링 등이 적용된 개별화 교수 체제 PSI(Personalized System of Instruction)를 주창했다. 라이겔루스(Reigeluth)는 학습자 분석, 교수 분석, 전달 체제 분석, 평가 등의 구성요소로 개인화된 통합 학습경험을 제공하는 통합적 개별화 교육 시스템(Personalized Integrated Educational System) 모델을 제안하기도 했다.

그렇다면 왜 개별화 수업을 해야 할까? 개별화 수업을 하는 가장 중요한 목적은 완전학습(Mastery Learning)에 있다. 벤저민 블룸(Benjamin Bloom)이 주장한 완전학습은 학생 개개인에게 적절한 교육, 피드백, 시간이 제공된다면 95%의 학생이 학습내용을 숙달할 수 있다는 학습모형이다. 교사는 본인이 계획한 학습목표에 모든 학생이 도달하기를 희망한다. 하지만 실제 교실에서는 어떠한가? 과연 모든 학생이 학습목표에 도달하고 있다고 자신할 수 있는가? 단적으로 지난 10여 년간 기초학력 미달 학생들은 매년 증가하고 있다. 교육 당국은 이를 해결하기 위해 막대한 예산을 투입해 정책을 집행하고 있지만 뚜렷한 성과를 내지 못했다.

학습결손이 누적된 학생은 인지적·정서적·사회적으로 적절한 교육적 조치를 받아야 하지만 현재의 다인수 교실에서 교사가 일일이 처방적 조치를 해주기에는 한계가 있다. 이런 한계를 극복하기 위해서는 저성취 학생들에게 개별화된 지원을 해주어야 하는데 그 대표적인 처방이 바로 일대일 튜터링이다.

일대일 튜터링의 교육적 효과는 이미 오래전에 증명됐다. 블룸의 연구 결과에 따르면 다인수 교실에서 강의식 수업을 들은 학생보다 일대일 튜터링에 참여한 학생의 학업성취도가 훨씬 높았다.[38] 후속 연구자들도 이와 유사한 연구 결과를 도출해 일대일 튜터링에 대한 교육적 효과의 신뢰

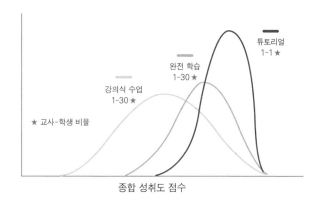

〔그림 1-4〕 일대일 튜터링의 효과

튜토리얼
1-1 ★

완전 학습
1-30 ★

강의식 수업
1-30 ★

★ 교사-학생 비율

종합 성취도 점수

성을 높였다.

　물론 현재의 교실 상황에서 한 명의 교사가 한 명의 학생을 가르치는 것
은 불가능하다. 일반적으로 학생들의 발달 정도를 고려해 평균 수준에 맞
춰 가르치고 있다. 하지만 미래교육은 여기서 벗어나 학생들의 특성과 수
준을 보다 세분화해 그룹별, 소모둠별, 개인별로 초점을 맞춰 정교화하는
개별화 교수학습을 지향해야 할 것이다. 이 과정에서 인공지능을 보조교
사로 활용하는 것이 하나의 방안이 될 수 있다.

개별화 수업을 위한 인공지능

교육적 효과가 뛰어난 튜터링을 교실현장에서 실현하기 위해서는 어떻게
해야 할까? 현재와 같은 다인수 학급에서 한 명의 교사가 일대일 튜터링
을 실현하기 위해서는 테크놀로지의 지원이 필요하다. 여기서 테크놀로지
란 교육환경과 관련해 교수학습을 개선하고 지원하는 다양한 도구, 장치,

소프트웨어 및 플랫폼 등을 의미한다. 한 학생에게 AI 보조교사가 지식 전달 위주의 역할을 하고, 교사는 AI 보조교사의 관리, 개별 학습자의 인지적 및 정의적 영역의 요구를 충족시켜 학습을 촉진하는 형태의 협력이 이루어진다면 현재보다 개별화된 교수학습이 가능할 수 있다. 그러기 위해서는 AI 보조교사의 질이 담보되어야 한다. 최근 인공지능 기술의 발달 속도를 감안했을 때 이러한 조건도 조만간 충족될 것으로 보인다.

선행 문헌에서 개별화 교육을 위해 테크놀로지를 어떻게 사용해야 하는지에 대한 아이디어를 얻을 수 있다. 라이겔루스는 통합적 개별화 교육 시스템에서 테크놀로지의 역할을 학습에 대한 기록, 계획, 교수, 평가로 제안했다.[39] 학습에 대한 기록은 학습자 특성과 학습자 성취를 표시하고, 학습계획은 기록한 데이터를 바탕으로 학습목표를 달성하기 위한 장단기 목표, 과제 및 활동, 팀 구성 등에 활용된다. 그리고 교수는 과제 수행 과정의 적시적 코칭 및 스캐폴딩을, 평가는 학습자의 성취에 대한 형성평가와 총괄평가를 테크놀로지로 할 수 있다고 주장했다.

임규연과 동료들의 테크놀로지 기반 개별화 학습에 대한 체계적 문헌 분석 연구에서는 개별화 학습을 구현하기 위해 테크놀로지를 언제, 어떻게 사용할 수 있는지를 탐색했다.[40] 테크놀로지를 활용한 개별화 학습을 데이터 출처, 대상, 시점, 방법 차원으로 구분했는데 이를 구체적으로 설명하면 다음과 같다.

먼저 데이터 출처는 학습자 파라미터, 학습자-시스템 파라미터로 의사결정에 활용할 데이터가 학습자 특성이나 성과(형성평가 점수 향상) 등 학

ⓘ [그림 1–4] Bloom, B. S. (1984). The 2 sigma problem: The search for methods of group instruction as effective as one-to-one tutoring. Educational Researcher, 13(6), p.5

습자 자체의 정보인지, 학습자와 시스템의 상호작용 행동에 관한 정보인지를 의미한다. 개별화 대상은 콘텐츠의 학습내용, 학습내용의 제시 형태, 문제 제시나 개념 학습의 순서 등 지원 방법을 다르게 하는 교수방법 및 지원이 있다. 다음으로 개별화 시점은 개별화가 일어나는 시기로 교수학습 활동 전 고정되어 이루어지는 고정적 접근, 교수학습 활동 과정 중 학습 정보를 바탕으로 변화하는 역동적 접근, 그리고 두 접근 방식을 섞은 혼합적 접근 방식이 있다. 개별화 방법은 학습 통제권을 학습자가 가졌는지, 개발자와 교수자가 가졌는지, 교수자나 시스템이 과제나 학습자료를 선정한 후 그 안에서 학습자가 자유롭게 선택할 수 있는지의 방식으로 구분했다.

개별화 수업은 궁극적으로는 개별 학습자의 특성, 수준, 흥미, 적성 등에 초점을 맞추어야 한다. 이런 개별 맞춤형 수업을 교실에서 실현하기 위해서는 선행 문헌에서 확인한 것처럼 학습자 특성 및 수준을 진단하고 정보 전달, 스캐폴딩 및 피드백 등을 맞춤형으로 제공하며 평가할 수 있는 테크놀로지가 필요하다. 여러 인공지능 학습 시스템 중 개별화 교수학습을 지원하는 기능이 탑재된 것으로 지능형·대화형 튜터링 시스템과 적응형 학습 시스템, 지능 적응형 학습 시스템이 있다.

현재 튜터링 시스템과 적응형 학습 시스템, 지능 적응형 학습 시스템은 선행 연구, 관련 서적, 연구보고서 등에 그 의미가 혼재되어 사용되고 있다. 이는 급격히 발달하고 있는 인공지능 기술이 인공지능 학습 시스템에도 지속적으로 적용되고 있기 때문이라 생각된다. 하지만 이 책에서는 그 본래적 의미와 정의를 좀 더 명확히 하고자 다음과 같이 구분했다.

튜터링 시스템(Tutoring System)은 개인의 지식 수준, 흥미 및 학습 스타일 등에 따라 학습자에게 개인화된 교육을 제공하는 시스템을 말한다. 일반적으로 학습자의 지식과 기능을 향상하는 데 도움이 되는 안내 및 힌트, 질문, 피드백, 평가 등을 제공한다. 튜터가 학습자와 일대일로 교육하는 상황을 인공지능 기반 학습 시스템이 대신하도록 설계된다.

지능형 튜터링 시스템은 지식의 구조와 위계가 명확한 수학, 과학, 컴퓨터 프로그래밍 등의 영역에서 단계적 학습을 가능하게 해준다. 그리고 대화형 튜터링 시스템은 학습자가 배운 내용과 지식을 재생 및 적용시켜 학습내용에 대해 보다 심층적으로 이해하도록 돕는다. 지능형 튜터링 시스템의 예로는 ASSISTments(수학), 대화형 튜터링 시스템의 예로는 Watson Tutor(발달심리학, 생리심리학, 이상심리학, 사회학, 커뮤니케이션)가 있다.

적응형 학습 시스템(Adaptive Learning System, ALS)은 학습내용, 학습속도 및 난이도 등을 인공지능 알고리즘이 조정해 학습자의 요구에 역동적으로 대응한다. 학습 데이터를 분석해 학습자의 성과를 파악하고 개인화된 피드백을 제공해 학습목표를 달성하도록 돕는다. 적응형 학습 시스템의 예로는 Riiid Tutor(토익), Knewton(수학, 과학 등), Dreambox(수학 등) 및 Smart Sparrow(컴퓨터과학, 교육 및 심리학 등)가 있다.

지능형 튜터링 시스템과 적응형 학습 시스템은 혼동하기 쉽다. 둘 다 개별화 교육을 구현하지만, 지능형 튜터링 시스템은 잘 짜여진 커리큘럼에서 인지과학 기반으로 일대일 교육에 중점을 두고 단계별 성취와 오개념 교정 등을 통해 학습자가 어려워하는 영역을 극복하도록 돕는 튜터의 역할에 초점이 맞추어져 있다. 반면 적응형 학습 시스템은 학습자의 성취 데이터를 기반으로 학습내용 및 순서, 난이도 등을 조정해 개별 학습 콘텐츠를 제공하는 맞춤형 콘텐츠에 초점이 맞춰져 있다.

지능 적응형 학습 시스템(Intelligent Adaptive Learning System, IALS)은

지능형 튜터링 시스템과 적응형 학습 시스템의 기능을 결합해 학습자 개인의 지식 수준, 흥미 및 학습 스타일 등을 기반으로 일대일 코칭을 제공한다. 미리 정의된 커리큘럼을 토대로 학습자의 성취 데이터에 따라 맞춤형 콘텐츠를 생성해 더 포괄적이고 효과적인 학습을 제공하는 것을 목표로 한다. 지능 적응형 학습 시스템에는 ALEKS(수학, 화학, 통계 등), MATHia(수학), 그리고 국내의 교원 아이캔두, 아이스크림 홈런 등이 있다. 최근에는 머신러닝, 딥러닝 기술이 발달하고 상용화되면서 지능형 튜터링 시스템과 적응형 학습 시스템이 점차 통합되어 지능 적응형 학습 시스템으로 발전하는 양상을 보인다. 각 시스템의 특징을 정리하면 다음과 같다.

[표 1-13] 개별화 학습을 지원할 수 있는 인공지능 학습 시스템의 특징과 종류

개별화 지원 시스템		특징	교육용 인공지능 도구
튜터링 시스템	대화형	· 텍스트 또는 음성으로 사용자 입력 · 자연어 인식 기술, 음성 인식 기술 · 질문, 대답으로 학생을 참여시켜 지식을 구성하거나 심화	Waston Tutor
	지능형	· 일대일 튜터처럼 교육 · 문제해결을 위한 즉각적 피드백과 힌트, 단서 정보(Prompt) 등을 제공	ASSISTments
적응형 학습 시스템		· 학습자의 수준을 수시로 진단 · 진단 결과에 따른 맞춤형 콘텐츠 제공 · 학습 데이터 기반 개별 학습경로 설정	Riiid Tutor, Knewton, Dreambox
지능 적응형 학습 시스템		· 학습자 수준 사전 진단 · 진단 결과에 따른 맞춤형 콘텐츠 제공 · 일대일 티칭 및 코칭 제공 · 문제해결을 위한 즉각적 피드백과 힌트, 단서 정부(Prompt) 등을 제공	교원 아이캔두, 아이스크림 홈런 MATHia, ALEKS

교수학습에서 테크놀로지를 사용한다는 것은 단순히 테크놀로지의 기능만 이용하는 것이 아니다. 새로운 테크놀로지가 주는 교육적 효과성, 효율성, 용이성, 학습경험 등을 충분히 제공하기 위해서는 교사의 교수설계 속에 테크놀로지가 효과적·효율적·매력적으로 녹아들어야 한다. 뒤에 제시할 인공지능 학습 시스템들은 개별화 수업을 효율적으로 지원할 수는 있으나 교사의 교수 설계에 따라 그 효과와 학생이 경험하게 될 학습활동이 달라진다는 사실을 명심해야 한다. 그러므로 테크놀로지를 활용한 교수설계를 효과적으로 하기 위해서는 설계 원리가 필요하다.

톰린슨(Tomlinson)은 개별화 수업은 교사의 사고방식에 의해 학생을 존중하는 과제, 수준 높은 교육과정, 융통성 있는 수업 운영, 지속적인 평가, 학습공동체 조성의 일반적인 원칙 아래 교사가 개별화할 수 있는 요소와 학생의 개별화 요소를 기준으로 다양한 수업 전략을 적용해 개별화를 실현할 수 있다고 주장했다.[41] 이 모형에서는 학습내용, 학습과정, 학습결과물, 정서/학습환경을 교사가 개별화할 수 있는 요소로 보았다. 그리고 학습 준비도, 흥미, 학습 양식은 학생이 개별화할 수 있는 요소로 보았다. 이 같은 개별화 요소를 소모둠 수업, 스캐폴딩을 통한 읽기/쓰기, 층위별 과제, 개별화된 과제, 웹 퀘스트와 웹 기반 탐구학습 등의 전략으로 실현할 수 있다고 주장했다.

임규연과 동료들은 문헌 고찰을 통해 인구통계학적 특징, 사전 지식 수준, 학습 스타일, 교수방법, 관심 정보, 심리·적성검사 등의 정보로 학습자 특성을 분석할 수 있다고 했다. 그리고 이 학습자 특성을 고려해 문제풀이 결과, 접근 횟수, 과제 제출 여부, 시스템 로그 데이터, 난이도, 속도, 피드백 등을 조정해 인공지능 학습 시스템을 활용한 개별화 수업을 구현할 수 있음을 유추했다.[42] 그뿐 아니다. 개별화 대상 차원에서는 학습내용, 제시 형태, 교수방법에 따라 개별화 수업을 할 수 있다고 했다. 학습내용 요소는 학습 콘텐츠 및 문제 난이도, 심화/보충 자료, 학습자 맞춤형 콘텐츠 등이고 제시 형태 요소는 텍스트형, 음성형, 애니메이션형, 혼합형 등이다. 또 교수방법 요소는 피드백 유형 및 내용, 성취 수준 진단, 학습자 강약점 분석 및 성적 향상을 위한 정보, 튜터의 유형 등이다.

인공지능을 활용해 기초학력 미달 학습자를 대상으로 개별화 수업에 관한 실행연구를 한 이봉규와 동료들은 학습자 특성, 학습내용, 학습방법, 평가 및 피드백, 학습 데이터 분석을 개별화 영역으로 도출했다. 그리고 선수지식 수준, 동기유발, 학습 습관, 정서 및 사회관계를 학습자 특성으로 구분했다. 또 성취 수준, 학습자 수준, 학습경로, 맞춤형 콘텐츠, 학습과제를 학습내용으로, 선호 방법, 학습활동, 학습속도, 학습 통제권 등은 학습방법으로, 평가 시기 및 유형, 인지·정의적 피드백, 메타인지를 평가 및 피드백으로 구분했다. 학습분석 데이터 제시 및 반영을 학습분석 데이터로 구분하고 각각 실현할 수 있는 구체적인 전략을 도출했다.[43]

이를 종합해보았을 때 우리는 교사가 학습목표 달성을 위한 내용, 학생이 학습을 받아들이고 재구성하는 과정과 방식, 학습결과를 표현하는 형태, 학습자의 사전 지식, 흥미, 선호하는 학습 방식 등으로 인공지능 학습 시스템에서 개별화 수업을 설계 및 구현할 수 있다는 사실을 알 수 있다.

인공지능 활용 개별화 수업을 위한 설계 원리

인공지능을 활용한 개별화 수업을 하기 위해서는 인공지능 활용이 가능한 교과, 교육과정, 성취기준 등을 선정하거나 재구성해야 한다. 모든 교과의 성취기준이나 학습목표의 도달에 있어 개별화 수업이 능사는 아니다. 교과, 학습목표, 학습내용에 따라 강의, 토의·토론, 프로젝트 학습 등의 협력적 학습이 더 효과적일 수 있다. 그러므로 교사는 인공지능을 통해 보다 효과적·효율적으로 학습목표에 도달할 수 있는 교과나 성취기준을 선정해야 한다. 또는 인공지능 활용에 적합하도록 교육과정을 재구성하는 등 새로운 형태의 수업설계가 필요하다.

다음으로 여러 인공지능 학습 시스템 중 학습대상, 학습영역, 지원되는 서비스 등을 고려해 교사가 추구하는 학습목표와 학습경험에 적합한 인공지능 학습 시스템을 선정해야 한다. 이때 인공지능 및 에듀테크를 종합한 플랫폼인 LendED, EdTech Impact, askedtech 등을 이용하면 탐색 시간과 노력을 절약할 수 있다. 특히 askedtech는 주제, 역량, 교수학습 방법,

〔그림 1-5〕 askedtech 제품 정보 페이지

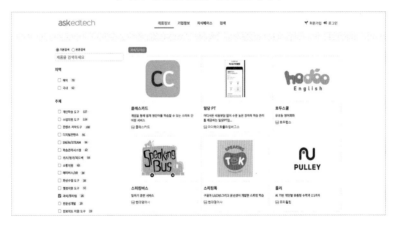

⬇ 〔그림 1-5〕 askedtech(askedtech.com)

가격에 따라 인공지능 및 에듀테크를 분류해 관련 정보를 제공하고 있다. 개인 학습도구, 수업 지원도구, 튜터링, 소통지원 등에 따라 주제별, 수업 효율성 증가, 창의성, 디지털 리터러시, 비판적 사고 등 역량별로 구분하여 제공한다. 또한 국어, 영어, 수학 등 과목별로, 자기주도학습, 게이미피케이션, 블렌디드러닝, 프로젝트 기반 학습 등에 따라 교수학습 방법별로 나누어 제공한다.

인공지능 학습 시스템을 선정했다면 다음으로는 인공지능 활용 개별화 수업을 지원할 환경을 조성해야 한다. 여기서 인공지능 학습 시스템은 학생의 인지적 지원도구에 해당하므로 잘 작동할 수 있도록 하드웨어와 소프트웨어 양쪽 측면을 고려해 환경을 구축해야 한다. 하드웨어적 측면에서 무선 인터넷 환경, 충분한 수의 디바이스, 충전 장치 등은 필수적으로 구비해야 한다. 소프트웨어는 사전 구입을 통해 각 기능 및 오류 사항 등을 점검 및 확인해야 한다. 그리고 인공지능 학습 시스템의 특성상 윤리 원칙에 위배되지 않는지도 충분히 살펴야 한다.

모든 준비가 끝났다면 다음에 제시된 핵심 설계 원리를 적용해 인공지능을 활용한 개별화 수업을 시작한다. 이 설계 원리는 인공지능 활용 수업의 교육적 효과를 더욱 향상시켜줄 것이다.

1. 데이터 기반 학습목표와 평가계획을 수립하라!

• 왜 필요할까?

2015 개정 교육과정부터는 결과중심평가에서 과정중심평가로 패러다임의 변화를 위해 여러 방안과 정책들이 도입되었다. 하지만 아직까지 학생의 성장과 변화를 지속적으로 관찰하거나 평가할 수 있는 도구는 미흡하다. 현재의 과정중심평가 방안인 형성평가, 프로젝트, 토의·토론, 서·

논술형 평가 등만으로는 학생의 일부 영역이나 단편적 성취만을 확인할 수 있다. 이 방안들로 교사가 학생들의 연속적이고 종합적인 성장과 변화를 한눈에 파악하기는 어렵다.

하지만 인공지능 학습 시스템이 평가 지원도구가 되어 교실에 본격적으로 도입된다면 다면적이며 과학적인 과정중심평가가 실현될 수 있다. 성취기준에 따른 학습목표를 데이터 기반으로 수립한다면 객관적인 평가가 될 뿐만 아니라 학생 스스로도 학습목표 도달 여부를 쉽게 파악할 수 있다. 이를 통해 자신을 성찰하는 것은 물론 목표 의식도 고취될 것이다. 그리고 데이터 기반 학습목표는 교사에게도 수업 성찰 및 개선의 기회로 작용할 것이다. 그 결과 교사는 인공지능 학습 시스템에서 성취기준에 도달했다는 증거가 되는 수집 가능 데이터를 분석해 수업설계 및 평가에 활용할 수

〔그림 1-6-1,2〕 학습목표 수립과 평가 데이터 탐색

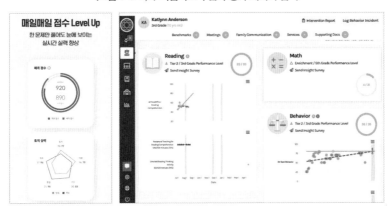

⬇ [그림 1-6-1] 산타-AI 토익 (play.google.com/store/apps/detAils?id=co.riiid.vida)

⬇ [그림 1-6-2] BRANCHING MINDS (branchingminds.com/blog/2019/11/11/invest-in-mtss)

있다. 이는 궁극적으로 학습결과로서의 총괄평가가 아닌 학습으로서의 상시평가로, 평가의 새로운 패러다임을 견인하는 역할을 할 것이다.

• 인공지능 학습 시스템에서 어떻게 구현되고 있을까?

Branching Minds는 팝 퀴즈, 유니버설 스크리너, 진단평가, 형성평가, 진행률 모니터링, 총괄평가 등 다양한 학습활동에서 얻은 학습 데이터를 기반으로 개입 시기와 대상에 대해 의사결정을 한다. 그리고 Riiid Tutor는 학습자 스스로 설정한 목표 점수와 학습 데이터를 반영한 예측점수를 실시간 비교 분석해준다.

• 교사는 무엇을 해야 할까?

인공지능 학습 시스템을 활용한 개별화 수업을 할 경우, 학생의 다양한 양적·질적 학습 데이터가 누적된다. 교사는 이런 데이터를 탐색해 성취기준에 부합되는 학습목표 달성의 증거가 될 만한 평가 데이터를 탐색 및 선별해야 한다. 예를 들어 문항 정답률, 발음 유창성, 풀이 시간, 서술형 응답, 동영상 시청 로그 데이터, 과제 진행률 등 인공지능 학습 시스템 내에서 수집될 수 있는 학습 데이터를 확인해 개수, 비율, 시간, 키워드 빈도 수 등의 명확한 학습목표와 평가기준을 수립해야 한다. 인공지능 학습 시스템에 따라 평가기준이 사전에 설정되어 있거나 교사 또는 학생에 의해 입력되기도 하므로 이 기능을 활용할 수도 있다. 그러므로 교사는 성취기준에 따라 인공지능 학습 시스템의 학습 데이터를 평가 데이터로 변환해야 한다. 또한 학습목표 도달의 증거를 체계적으로 수집해 평가계획을 수립해야 한다.

2. 인공지능 학습 시스템을 활용해 학습자의 수준과 특성을 진단하라!

• 왜 필요할까?

교실에서 개별 학습자의 수준과 특성은 교사의 관찰과 면담, 형성 및 총괄평가 등으로 확인하고 있다. 그러나 일회적 접근, 휴리스틱(heuristic) 판단과 사후 평가를 통해 미비하게 진단되어온 것이 사실이다. 결국 교사가 수업을 계획할 때는 학생의 인지적 영역과 정의적 영역을 고려하는데 이때 학년, 연령 등 발달 정도의 평균을 기준으로 학습목표를 수립한다. 이런 식의 접근은 학습격차를 심화시킨다. 결과적으로 저성취 학생에게서 학습결손을 보충할 기회를 박탈해 교육 소외와 학습 무기력의 가능성을 높인다. 고성취 학생에게도 좋지 않다. 학습에 대한 도전적 흥미를 빼앗고 깊이 있는 학습과 상호작용을 방해한다. 하지만 인공지능 학습 시스템을

〔그림 1-7-1,2〕 학습자 수준 및 특성 진단 과정 및 결과

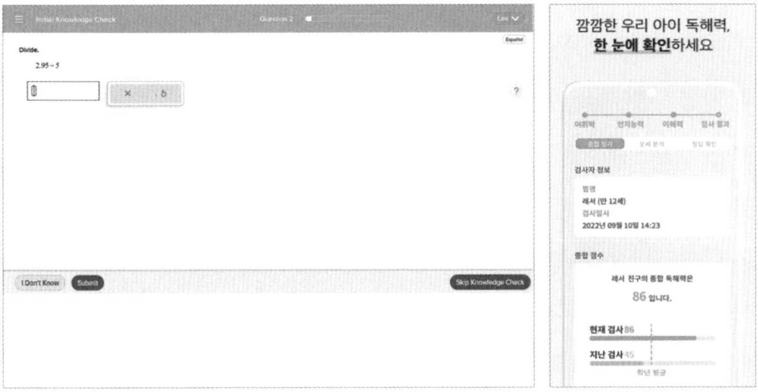

⤓ [그림 1-7-1] ALEKS 학생용 체험 버전
⤓ [그림 1-7-2] APKPure(apkpure.com/레서-인공지능-독해력-향상-도우미/sc.artificial.lesser)

수업에 적용한다면 진단평가 및 정의적 영역 검사 등으로 학습자의 현재 인지적·정의적 영역 수준을 과학적으로 파악할 수 있다. 이를 토대로 학습결손 지점을 진단 및 보완할 수 있으며 학습에 대한 흥미와 동기를 유발하고 정서·심리 상태를 고려한 수업이 가능하다.

• 인공지능 학습 시스템에서 어떻게 구현되고 있을까?

ALEKS는 학생의 학습 수준을 파악하기 위해 초기 사전 지식을 점검할 수 있는 단계를 제공한다. 이 단계를 통해 학생의 지식 수준을 파악하고 추후 제공될 맞춤형 콘텐츠의 난이도를 결정할 근거로 활용한다. 또한 레서(Lesser)는 시선 추적 기술, 소리 반응 테스트, 음성분석 기술 등을 활용해 난독증과 같은 학습장애를 진단하고 이를 개선하는 교수전략으로 맞춤형 교육을 제공한다.

• 교사는 무엇을 해야 할까?

가장 먼저 교사는 학생 한 명 한 명에게 줌인(Zoom-In)해야 한다. 기존의 학급 단위, 학년 단위 수업이 아닌 학생 단위 개별화 수업을 하려면 학생 한 명의 수준과 특성을 파악해야 하기 때문이다. 그러나 기존의 면대면 방식으로는 오랜 시간과 노력이 소요된다. 하지만 현재 고도화된 인공지능 학습 시스템의 경우 지식 추적 모델, 예측 모델 등을 활용하면 20~30여 문항으로 개별 학습자의 지식 수준, 학습결손 지점, 차후 제공해야 할 맞춤형 콘텐츠의 내용과 유형 등을 분석 및 판단할 수 있다. 그러므로 교사는 본격적인 수업 시작 전 진단평가, 정의적 영역 검사 등 인공지능 학습 시스템 내 진단도구를 활용해 개별 학습자의 수준과 특성을 파악해야 한다. 이 데이터는 추후 개별 학습자에게 보완할 학습과정이나 내용을 제공하는 근거 자료로도 이용할 수 있다. 또한 학습 무기력 학생, 저성취 학생, 고성취 학생 등을 사전에 식별해 다양한 인지적·정서적 지원 전략을 수립할 수 있다.

3. 개별 학습자의 학습경로를 설정하라!

• 왜 필요할까?

현재 교실에서는 모든 학습자가 동일한 교육과정, 학습내용, 학습방법으로 학습에 참여하고 있다. 선수학습 수준이 다르거나 학습속도가 느린 학습자도 같은 공간, 같은 시간에 같은 내용을 공부한다. 개별화 수업의 정의에서 살펴보았듯 개별화 수업은 학습자의 지식 수준, 특성, 학습속도 등이 다르다는 전제에서 출발한다. 인공지능 기반 학습 시스템을 활용하면 학생은 자신이 지닌 사전 지식과 특성을 토대로 자신만의 학습내용과 학습속도로 수업에 참여할 수 있다. 또 학습자별로 취약 부분은 이전 학습경로로 돌아가서 교정학습을 실시해 모든 학생이 학습목표에 도달하는 완

〔그림 1-8-1,2〕 적응형 학습경로 설정

---

① 〔그림 1-8-1〕 Knewton(knewton.com/alta-features)
① 〔그림 1-8-2〕 노리 AI 스쿨 수학의 교사 LMS

전학습에 가까워질 수 있다.

- 인공지능 학습 시스템에서 어떻게 구현되고 있을까?

뉴턴 알타(Knewton Alta)는 현재 학습목표 달성에 필요하지만 누락된 필수 지식을 진단해 재교육 기회를 제공하고 지식 격차를 줄인다. 노리 AI 스쿨 수학이나 클래스팅 AI는 학생별 커리큘럼을 교사가 변경할 수 있다. 이같이 인공지능 학습 시스템 안에서는 개별 학습자의 이해 수준에 따라 융통성 있는 학습경로를 생성할 수 있다.

- 교사는 무엇을 해야 할까?

인공지능을 활용한 수업설계는 이전에 해왔던 수업설계보다 더 많은 노력과 시간을 들여야 한다. 매 차시 학습 누적 데이터를 반영해 개별 학습자에게 맞춤형 학습경로를 설정해주어야 하기 때문이다. 개별 학습자의 학습경로는 인공지능 학습 시스템 내에서 자동 또는 수동으로 설정할 수 있다. 예를 들어 중학교 소인수분해의 개념을 모른다는 증거가 포착되면 초등학교 약수와 배수의 개념을 학습하도록 학습경로를 재설정해주는 것이다. 인공지능이 고도로 적용된 학습 시스템의 경우 결손 지식을 자동 분석해 학습할 단원을 추천해준다. 그렇지 않은 경우는 누적 학습 데이터를 토대로 교사가 판단해 해당 학생에게 특정 단원을 인공지능 학습 시스템 내에서 설정하거나 수업 시작 전후 해당 단원을 학습할 기회를 제공하면 된다.

적응형 학습 시스템의 경우 이 설계 원리를 잘 적용한다면 인공지능 시스템상 학습내용, 난이도, 속도, 선수지식에 따른 개별화를 통해 완전학습에 근접할 수 있다. 물론 학습 시간이 보장되어야 하겠지만, 부족할 경우

[그림 1-9] 클래스팅 인공지능의 동영상 보충학습

인공지능 학습 시스템 내의 과제로 대체할 수도 있다. 그리고 높은 수준의 학습자는 점프 학습, 심화 연습 문제 등을 제공하는 학습경로를 설정해 보다 심도 있는 지식 구성을 도와야 한다. 이 설계 원리가 적용되면 한 교실에서 각기 다른 단원을 학습하는 무학년제 수업이 가능하다.

4. 교수학습 활동에서 교사와 AI 보조교사의 역할을 분배하라!

• 왜 필요할까?

전통적인 교실에서는 한 명의 교사가 여러 명의 학생을 대상으로 수업을 실행했다. 교사는 수업 시간에 모든 학생을 대상으로 개념 학습 강의, 하위 학습활동 운영, 스캐폴딩 및 힌트, 피드백 제공, 평가와 채점 등 많은

ⓘ [그림 1-9] 클래스팅 AI 매뉴얼(support.Ai.classting.com/student/video)

교수학습 활동을 혼자 도맡아 해야 한다. 이런 상황이니 교사가 모든 개별 학습자에게 초점을 맞춘다는 것은 거의 불가능하다. 하지만 인공지능 학습 시스템이 교실에 들어온다면 이러한 문제를 일부 해결할 것이다. 대부분의 교사는 개념 학습에 많은 시간을 할애하는데, 이를 인공지능 학습 시스템이 대체한다면 교사는 보다 양질의 교수학습 활동에 집중할 수 있다. 또한 이 시스템은 학교 수업 시간이라는 시공간적인 한계를 넘어 방과 후에도 자기주도학습을 지원하는 튜터로서 활용될 수 있다.

• 인공지능 학습 시스템에서 어떻게 구현되고 있을까?

국내외의 지능 적응형 학습 시스템에는 다소 차이는 있지만 대개 개념 강의, 맞춤형 문항 제공, 자동화된 피드백과 힌트, 스캐폴딩 제공, 자동 채점, 학습자 성취 보고 등의 기능이 포함되어 있다.

• 교사는 무엇을 해야 할까?

교사는 자신이 선정한 인공지능 학습 시스템의 기능을 파악해 AI 보조교사에게 교수학습 활동의 일부 역할을 배분해야 한다. 인공지능 학습 시스템이 교사의 교육활동 중 개념 학습, 맞춤형 문항 제공, 자동화된 피드백 등 일부를 맡는다면 교사는 이전에 비해 시간적 여유가 생겨 개별 학습자에게 맞춤형 교수학습 활동을 실시할 수 있다.

일례로 인공지능 학습 시스템에 탑재된 개념 동영상 강의로 학습내용을 전달하거나 맞춤형 콘텐츠로 자동화된 피드백, 채점과 학습자 분석을 맡길 수 있다. 그러면 교사는 맞춤형 콘텐츠를 반복해 틀린 학생을 식별하고 질문, 힌트, 피드백 등으로 학습 장벽을 넘을 수 있도록 돕는 것이 가능하다. 또한 집중력 저하, 학습 포기, 학습 무기력 등이 발견된 학생에게 맞춤형 일대일 처방으로 학습, 격려, 인정, 성공 경험 등의 인지적·정서적 지원을 제공할 수 있다. 이뿐 아니다. 자기주도학습 능력의 신장이 요구되거나 보충학습이 필요하거나 사교육을 받기 어려운 학생의 경우, 방과 후 인공지능 학습 시스템의 활용 방안에 대해 안내하고 지원해준다면 보완적 도구로도 활용할 수 있다.

5. 실시간 모니터링으로 학습과정과 학습결과를 확인하라!

• 왜 필요할까?

전통적인 교실수업 상황에서는 교사가 학습자들이 언제, 어디서, 어떤 학습 곤란을 겪는지 일일이 파악하기 어렵다. 수업 시간이 한정된 것은 물론이고 한 명의 교사가 학생들의 학습 곤란을 모두 적시에 식별하기는 매우 어렵다. 하지만 인공지능 학습 시스템을 활용하면 학습에 참여한 학습 데이터가 누적되어 교사가 학습과정이나 학습결과를 실시간으로 파악하기 쉽다. 수업 중 실시간 모니터링으로 학습의 어려움이나 장애를 겪고 있는 학생을 즉각적으로 식별할 수 있다. 또한 학습과정 중 남긴 학습 데이터를 분석해 학습장애가 발생할 수 있는 학생을 사전에 파악해 학업 실패를 예방할 수 있다.

• 인공지능 학습 시스템에서 어떻게 구현되고 있을까?

MATHia는 학습자의 학습 진행 상황에 따른 실시간 보고서를 통해 일정 기간까지 학습 진행 정도를 예측할 수 있고, 퍼듀대학교에서는 출석, 학생 정보 시스템, 가상 학습환경 데이터, 수업성적표 등의 데이터에서 학업 중도 탈락을 예측해 신호등 같은 위험 신호를 제공해준다. 또한 루밀로 프로젝트는 혼합현실 스마트 안경을 활용해 학생의 실시간 지능형 튜더

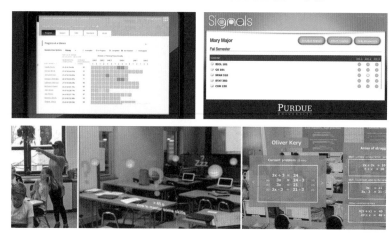

링 시스템 데이터에 접근하는 것이 가능하다. 이를 통해 인공지능 학습 시스템을 제대로 활용하고 있는지, 어떤 학생이 어려움에 처해 있는지, 어떤 과제를 하고 있는지 등의 요약 정보를 교사가 알 수 있다.[44] 이 같은 실시간 모니터링은 교사의 적절한 개입 대상과 시기를 판단하는 데 있어 중요한 신호로 작동한다.

• 교사는 무엇을 해야 할까?

인공지능 학습 시스템은 대부분 학습분석 데이터를 바탕으로 학생용과 교사용 학습 리포트를 대시보드 형태로 제공한다. 대시보드의 기능은 각 인공지능 학습 시스템별로 다르지만, 학생의 정·오답률, 풀이 시간, 접속 시간 등에 대한 데이터는 대부분의 시스템에서 수집된다. 이를 통해 인공지능 학습 시스템을 활용하고 있는 학생이 학습과정 중 반복적으로 틀리는 문항, 너무 빨리 푸는 문항(답을 찍는 행동이라 유추할 수 있음), 특정 단계 학습에서 길게 머문 시간 등의 정보가 실시간 업데이트된다. 교사는 이 대시보드를 모니터링해 해당 학습자를 식별한 후 직접 교수나 힌트, 안내, 단서 제공 등의 인지적 지원이나 공감과 지지, 격려 등의 정서적 지원을 제공할 수 있다. 그리고 예측 알고리즘으로 중도 탈락하거나 학업성취가 낮을 것으로 예측되는 학습자에게 개입하여 학습동기를 불러일으킬 수도 있다. 이를 위해 교사는 학습자별 학습 데이터가 실시간으로 업데이트되는 디바이스를 주기적으로 확인해 도움이 필요한 학습자를 식별하고 주의를 기울여야 한다.

⊕ [그림 1-10-1] Carnegie Learning(carnegielearning.com/solutions/math/mathia)

⊕ [그림 1-10-2] 퍼듀대학교 뉴스(purdue.edu/uns/x/2009b/090827ArnoldSignals.html)

⊕ [그림 1-10-3] An, P., Holstein, K., d'Anjou, B., Eggen, B., & Bakker, S. (2020). The TA framework: Designing real-time teaching augmentation for K-12 classrooms. In Proceedings of the 2020 CHI Conference on Human Factors in Computing Systems. p.4.

Chapter 5

교육 분야에서
활용되는 인공지능

교육용 인공지능의 분류

교육 분야에 활용되고 있는 인공지능의 종류는 매우 다양하며 기술 수준의 스펙트럼은 폭넓다. 선진 연구자들은 이 교육용 인공지능을 다음과 같이 분류했다. 홈스(Holmes)와 동료들은 교육에 활용되는 인공지능을 교육주의, 학습주의, 교사 지원의 관점으로 분류했다. 이에 따르면 지능형 튜터링 시스템, 대화형 튜터링 시스템, 언어학습 앱은 교육주의 관점으로, 탐구학습환경, 자동 서술형 평가, 학습 네트워크 오케스트레이터는 학습주의 관점으로, 지능형 튜터링 시스템+, 자동 쓰기 평가, AI 조교, 학생 포럼 모니터링, 학습과학을 발달시키는 인공지능은 교사 지원 관점으로 분류된다. [45]

　김현진과 동료들은 교육에 활용되는 인공지능 도구를 교육 대상, 과목, 사용자, 인공지능 기술 수준, 데이터, 서비스, 인터페이스, 활용 장소를 기준으로 분류했다. [46]

홍선주와 동료들은 인공지능의 적용 기술 수준에 따라 콘텐츠 서비스, 자동화된 서술형 평가, 콘텐츠 서비스 플랫폼, 교수학습 지원 플랫폼, 학습자 분석도구, 챗봇으로 구분하고, 범용 인공지능의 교육적 활용을 기준으로 MATHia, ASSISTments, Alta를 지능형 튜터링 시스템으로, CIRCSIM-tutor, AutoTutor, Watson Tutor는 대화형 튜터링 시스템으로, Fractions lab, Crystal Island는 탐색형 학습환경으로, Project Essay Grade(PEG), Intelligent Essay Assessor(IEA), OpenEssayist 등은 자동화된 서술형 평가로 구분했다. 그리고 센추리(CENTURY), 닥터매쓰, 클래스팅 AI, 교원 레드펜 AI 수학, 대교 노리 AI 스쿨 수학 등은 콘텐츠 서비스 플랫폼으로 분류했다.[47]

한선관과 동료들은 학습자 역량 신장도구, 지능적 교수학습 지원도구, 산출 지원도구, 인공지능 콘텐츠 도구로 교육용 인공지능을 구분했다.[48] 이자임(Ezzaim) 등은 학습자와의 상호작용 측면에서 지시적 인공지능-수신자로서의 학습자, 지원적 인공지능-협력자로서의 학습자, 자율적 인공지능-리더로서의 학습자로 구분했다.[49] 이처럼 교육용 인공지능은 보는 관점에 따라 다양한 기준으로 구분되거나 분류될 수 있다.

여기서 소개할 교육용 인공지능에 대한 정보는 해당 제품의 홈페이지 정보나 제품 설명서, 관련 연구 및 서적, 보도 기사 등을 참고해 작성했다. 각 교육용 인공지능 도구는 주요 시스템 측면에서는 추천 시스템, 탐구 학습환경 시스템, 튜터링 시스템, 적응형 학습 시스템, 지능 적응형 학습 시스템, 생성형 시스템, 서술형 자동 채점 시스템, 교사 지원 플랫폼, 행정 자동화 등의 특징을 갖는다. 또 기능 측면에서는 튜터 및 피드백, 학습진단, 맞춤형 콘텐츠, 예측 분석, LMS(학습관리 시스템) 등의 서비스를 제공한다. 이들 기능에 대해 좀 더 구체적으로 살펴보면, 튜터 및 피드백은 학생의 질문에 대해 인공지능이 응답, 힌트, 단서를 주거나 학생의 반응이나 행위에 대한 정보를 자동 제공하는 서비스를 의미한다. 학습진단은 학습자가 사전에 특정 문항을 통해 학습자의 사전 지식 수준을 확인하거나 학생 반응을 평가하는 서비스를 말한다. 맞춤형 콘텐츠는 학습진단이나 학습과정, 결과 데이터를 반영해 학습 전이나 학습 중에 적응적으로 개별 학생에게 적합한 콘텐츠를 제공하는 것을 의미한다. 예측 분석은 머신러닝, 딥러닝을 이용해 현재 학습활동 및 행동 데이터로 미래 결과를 예측하는 서비스를 말한다. 그리고 LMS 서비스는 학생 등록 및 관리, 학습 추적 관리, 학습관리 보고 및 데이터 분석 기능 등을 포함한다.

인공지능 기술과 에듀테크 산업이 급속히 발달하여 이런 시스템과 서비스에 교육 소비자의 요구를 고려한 시스템 설계, 다차원적 기능, 전인적 교육목적 등이 반영되면 점차 통합된 올인원 형태의 교육용 인공지능 도구로 발전되리라 예상된다.

교육용 인공지능 도구

1. Smart Learning Partner
- 소개 : 질문을 기반으로 한 강사와 학생 연결 플랫폼
- 적용 대상 및 과목 : 중학교 3학년, 고등학교 3학년 / 국어, 영어, 수학, 과학, 체육, 외국어 등
- 기능
  ① 질문 게시 – 학생은 토론 포럼에 글, 그림으로 질문을 게시한다.
  ② 강사 자동 매칭 – 강사의 이용 가능성, 순위, 질문, 강사 전문 영역

〔그림 1-11〕 Smart Learning Partner의 질의응답

등을 고려해 학생의 질문에 따라 강사를 연결해준다.

③ 강사의 답변 및 강의 – 학생의 질문에 강사가 답변을 달아주거나 20
여 분 동안 온라인 수업을 받는다.

• 특징 및 활용 사례 : 포괄적인 온라인 Q&A는 학교와 학군의 경계를 허
물고 교외 및 농촌 지역의 학생들이 언제 어디서나 강사와 연결되도록
한다. 베이징시 교육위원회와 베이징사범대학에서 고등학교, 대학 진
학 시험을 준비하는 학생을 위해 일정 자격을 갖춘 강사가 참여하여 학
교와 지역 경계를 넘어 학습할 기회를 제공하고 있다.

2. X5Learn

• 소개 : 개방형 교육자료(Open educational resources, OER)를 분석해 사용

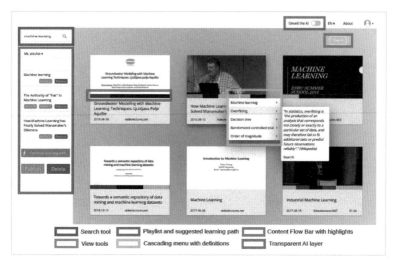

	Search tool		Playlist and suggested learning path		Content Flow Bar with highlights
	View tools		Cascading menu with definitions		Transparent AI layer

자의 학습 요구사항에 맞춰 학습자료를 추천해주는 평생 학습자용 인공
지능 기반 검색 플랫폼

- 적용 대상 및 과목 : 대학생, 성인 / 모든 교과
- 기능
  ① 연결 – 전 세계 개방형 교육자료 저장소를 단일 네트워크로 통합, 연결한다.
  ② 번역 – 학습자료를 자동 번역해준다.
  ③ 발견 및 추천 – 개방형 교육자료 유형, 라이선스, 언어 등을 주요 매개 변수로 해 개인화된 교육자료를 추천해준다.
  ④ 비디오 자동 추출 텍스트 – 콘텐츠 흐름 표시 줄에 일정한 크기의 세그먼트별 키워드를 추출해준다.
- 특징 및 활용 사례 : 수백만 건의 개방형 교육자료에 신속히 접근하기

란 쉽지 않고 원하는 부분을 찾으려면 시간이 많이 소요된다. 그런데 X5Learn 플랫폼을 활용하면 관련 콘텐츠와 비디오 세그먼트별로 자동 추출되는 텍스트로 검색 시간을 절약할 수 있다. 또한 사용자의 코스 재생목록, 메모 등을 공유해 학습을 지원할 수 있다. 페레스 오르티스(Pérez-Ortiz)와 연구진들은 28명의 참가자를 대상으로 기계학습, 기후변화에 대해 가르치는 데 사용할 수 있는 18개의 비디오 세트 중 관련 있는 부분을 선택하라고 요청했다. 그 결과 참가자들은 비디오 추출 텍스트가 관련 주제에 대한 비디오 클립을 더 쉽게 검색하는 데 유용하다고 말했다.[50]

3. Crystal Island

- 소개 : 학습자가 과학자의 역할을 하면서 과학적 탐구 방법을 습득하는 게임 기반 학습 시스템
- 적용 대상 및 과목 : 중학교 2학년 / 과학, 독해
- 기능
  ① 몰입형 학습환경 – 1인칭 시점의 가상 몰입형 환경에서 학습한다.
  ② 가상 실험실 – 잠재적인 전염원에 대한 가설을 검증할 수 있다.
  ③ 교육과정 반영 – 미생물학을 위한 노스캐롤라이나 필수 표준 코스를 반영했다.
  ④ 동료 에이전트 지원 – 가상의 동료 에이전트는 대화 기반 상호작용

⊕ [그림 1-12] María Pérez-Ortiz, Claire Dormann, Yvonne Rogers, Sahan Bulathwela, Stefan Kreitmayer, Emine Yilmaz, Richard Noss and John Shawe-Taylor(2021, April), X5Learn: A Personalised Learning Companion at the Intersection of AI and HCI, In 26th International Conference on Intelligent User Interfaces-Companion, p.71.

〔그림 1-13〕 Crystal Island 시연 장면[51]

을 통해 학습자에게 맞춤형 설명과 피드백을 제공한다.

- 특징 및 활용 사례 : 학습자는 1인칭 시점으로 자유롭게 식당, 연구실, 거주 구역 등의 공간을 탐색하며 NPC(Non-Player Character)와 대화를 나눈다. 또한 책, 기사 등을 읽어 관련 정보를 수집 및 분석해 증거 수집, 가설 검증, 데이터 분석 등의 과학적 탐구 방법을 습득한다. Crystal Island는 지능형 튜터링 시스템의 테스트베드가 되기도 하므로 과학 및 문해력 습득, 학습 참여 등의 경험적 연구 수행을 할 수 있도록 지원한다. Crystal Island 소개 내용에 따르면 노스캐롤라이나 지역 학교에 다니는 4,000명 이상의 학생이 이 교육용 게임을 사용했고 이와 관련된 연구 간행물이 40개 이상 출판됐다고 한다.

4. Betty's Brain

- 소개 : 가상 에이전트에게 가르치면서 학습하는(learning by teaching) 교수 모델을 적용한 대표적인 탐색적 학습환경
- 적용 대상 및 과목 : 중학생 / 과학
- 기능
  ① 하이퍼텍스트 자료 및 도구−학습자가 과학적 현상에 대한 읽기 자료 및 편집 도구를 이용해 학습한다.

〔그림 1-14〕 Betty's Brain의 쿼리창[52]

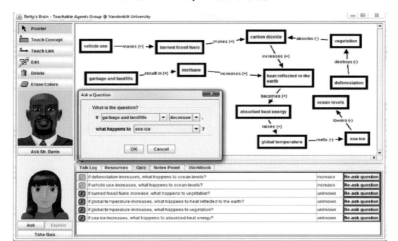

〔그림 1-14〕 Betty's Brain의 쿼리창[52]

② 개념 지도 편집기 – 학습자가 Betty에게 가르친 내용을 개념 지도 형태로 나타내준다.

③ 가상 튜터 – 퀴즈를 내 Betty의 개념 이해 수준을 평가하고 지식 체계에 대해 피드백을 제공해준다.

• 특징 : 학습자가 Betty에게 지식을 가르치면서 학습자원을 읽고, 모델링하여 계획하고 모니터링하는 등의 활동으로 자기조절학습을 경험한다. 이는 메타인지 및 학습전략 개발에 도움을 준다.

⤓ 〔그림 1-13〕 Taub, M,et al.(2020). The agency effect: The impact of student agency on learning, emotions, and problem-solving behaviors in a game-based learning environment. p.2.

⤓ 〔그림 1-14〕 Segedy,J.R, et al.(2020). The effect of contextualized conversational feedback in a complex open-ended learning environment. Educational Technology Research and Development, 61, p.73.

5. Fractions Lab

- 소개 : 분수의 개념과 원리를 지능적으로 탐색하는 직관적인 상호작용 수학 실험실
- 적용 대상 및 과목 : 초등학생 / 수학
- 기능
  ① 상호작용적 인터페이스—학습자가 다양한 도구를 선택해 분수의 개념을 이해하고, 덧셈, 뺄셈 등을 익힌다.
  ② 음성 인식—학습과정에서 학생의 말하기를 유도해 수집된 음성을 분석하여 적절한 힌트, 동기부여, 피드백 등을 제공한다.
  ③ 상황별 피드백 제공—학습자에게 개입할 피드백의 수준을 적절히 조절해 학습활동을 돕는다.
- 특징 : 학습자의 인지 과부하를 줄이기 위해 시각적 도구를 활용해 개념 형성에 도움을 준다. 음성 인식 기능을 활용해 상황에 따라 정서적

〔그림 1-15〕 Fractions Lab의 분수 실험

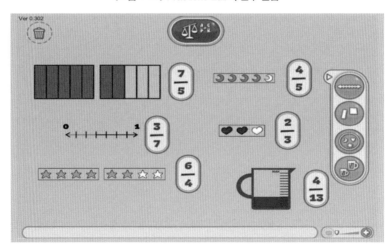

피드백을 제공한다는 장점이 있다.

6. 챗GPT

- 소개 : 인간의 언어로 자연스럽게 대화하는 인공지능 챗봇
- 적용 대상 및 과목 : 13세 이상 학습자 / 모든 과목
- 기능
  ① 질문 답변-언어, 코딩, 과학, 수학, 사회 및 역사 등 다양한 지식과 주제에 대한 질문의 답변을 제공한다.
  ② 자연어 인식-학습자와 자연어로 대화한다.
  ③ 응답 생성-학습자의 요구에 따른 응답을 생성한다.
- 특징 및 활용 사례 : 사용자가 요구하는 결과물을 생성해주는 인공지능의 일종으로 사용자의 프롬프트 입력에 대해 응답을 생성해주는 대규모 언어모델이다. 방대한 양의 데이터에 의해 학습된 챗GPT는 GPT 모델의 기능을 활용해 사용자의 프롬프트 입력에 대해 대화 형태의 자연스러운 답변을 제공한다.[53] 학습된 데이터를 기반으로 한 답변은 물론 생성형 AI답게 사용자의 질문에 대해 인간다운 답변을 생성해내 인간-인공지능의 새로운 협업의 장을 열었다.

  하지만 국내외 학교현장에선 학생들이 챗GPT을 이용해 에세이나 컴퓨터 코딩 과제, 온라인 시험 문제의 답을 해결하는 사례가 늘면서 챗GPT 활용이 오히려 학생의 사고력을 저하시킬 수 있다는 우려의 목

↓ [그림 1-15] Fractions Lab의 개선 사항에 대한 업데이트(italk2learn.com/an-update-on-the-improvement-of-fractions-lab)

〔그림 1-16〕 챗GPT와의 질의응답

소리도 커지는 상황이다. 또한 챗GPT는 사실이 왜곡되거나 오류가 포
함된 수많은 데이터들도 학습했으므로 가짜 정보를 인용하거나 그럴싸
한 거짓말로 결과를 제공하기도 해 교육적 활용에 유의해야 한다.

7. DALL·E 2

- 소개 : 인간의 언어로 사실적이며 창의적인 이미지를 생성하는 인공지능
- 적용 대상 및 과목 : 모든 학생 / 이미지 활용 수업이 가능한 과목
- 기능

  ① 이미지 생성 – 사용자의 텍스트에 따라 이미지를 생성한다.

〔그림 1-17〕 DALL · E 2로 그린 체스하는 고양이

② 이미지 변형 – 생성한 이미지 중 선정한 이미지를 다양한 구도로 변형할 수 있다.

③ 아웃·인 페인팅 – 생성한 이미지를 자동적으로 확장해 연결된 이미지를 생성하거나 이미지에 추가 요소를 합성할 수 있다.

• 특징 및 활용 사례 : OpenAI에서 출시한 DALL·E 2는 대규모 데이터 세트에서 언어와 이미지를 연결하는 CLIP(Contrastive Language-Image Pretraining)과 노이즈 데이터를 추가 및 제거하는 확산 모델을 사용해 고해상도의 창의적 이미지를 생성하는 인공지능이다. DALL·E 2는 텍스트 설명으로 이미지를 생성하고 이미지의 개념, 속성, 스타일 등을 결합하거나 변형 및 수정한다.

DALL·E 2와 유사한 인공지능 시스템으로 Midjourney, Stable Diffusion, Bing Image Creator 등이 있다. 이 시스템들을 활용하면 아이디어나 이미지 표현에 미숙한 사용자도 쉽게 이미지를 창작할 수 있다. 하지만 일부 이미지 생성형 AI는 자동화된 표절에 불과하다는 비판을 받기도 한다.

8. Watson Tutor

• 소개 : 인공지능과 대화를 통해 지식을 심화시키고 학습을 강화하는 대화형 튜터링 시스템

• 적용 대상 및 과목 : 초등학교 고학년~성인 / 발달심리학, 생리심리학, 이상심리학, 사회학, 커뮤니케이션

⊕ [그림 1-16] ChatGPT(chat.openai.com)
⊕ [그림 1-17] DALL·E 2로 그린 체스하는 고양이(labs.openai.com/e/5XHipEyVr1zNsPklBeQgVryr)

〔그림 1-18〕 Watson Tutor와의 대화

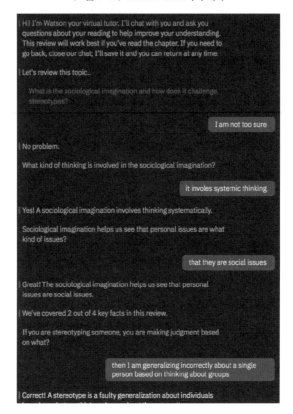

- 기능

  ① 질문/답변/주장/힌트–소크라테스식 접근법으로 학습목표를 달성한
     다. 먼저 Watson Tutor가 학습목표와 관련된 내용을 질문하면 학습
     자가 답변하는 형태로 학습이 이뤄진다. 답변에 담긴 주장에 대해 힌
     트 질문을 계속함으로써 이상적인 답변에 이르도록 이끈다.

  ② 숙달 미터기–학습자의 답변을 바탕으로 학습목표 도달 정도를 평가
     하고 도달 정도에 따라 맞춤형 대화를 제공한다.

③ 빈칸 채우기-핵심 키워드를 빈칸으로 두어 질문함으로써 학습자의 이상적인 답변을 유도한다.

- 특징 : Watson Tutor의 답변은 피어슨(Pearson) 교과서 내용을 자동으로 분석 및 추출해 학습자에게 제공하는 단순 지식이 아니다. 습득한 지식을 심화시키는 방법인 소크라테스식 접근법을 통해 학습자의 답변에 따라 이상적인 정답에 가까워지도록 힌트와 피드백을 제공한다.[54]

9. Speak

- 소개 : 원어민이 필요 없는 24시간 프리토킹 AI 튜터
- 적용 대상 및 과목 : 초등학교 고학년~성인 / 영어

〔그림 1-19〕 Speak의 영어 음성 데이터 학습

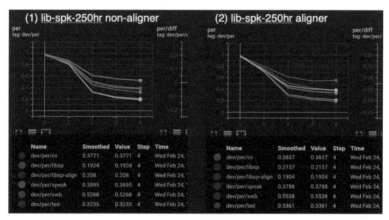

ⓓ [그림 1-18] Afzal, S., Dhamecha, T. I., Mukhi, N., Sindhgatta, R., Marvaniya, S., Ventura, M., & Yarbro, J. (2019). Development and Deployment of a Large-Scale Dialog-based Intelligent Tutoring System. In Proceedings of NAACL-HLT. p.114.

ⓓ [그림 1-19] 스픽(speak.com/ko/technology)

- 기능
  ① 음소 단위 분석과 실시간 피드백-인식된 학습자의 발음과 모범 발음을 실시간 비교 분석해 정확한 피드백으로 원어민의 발음과 유사해지도록 지원한다.
  ② 자동 문장 교정-학습자가 말한 문장에 대해 자연스러운 답변을 제공해주고 문장을 문법에 맞게 교정해준다.
  ③ 주제 및 상황별 롤플레이-햄버거 주문하기, 호텔 체크인 등 실생활에서 발생할 수 있는 상황과 영화, 면접, 식당 등의 주제별 프리토킹으로 학생이 경험할 수 있는 구체적인 상황을 미리 연습할 수 있다.
- 특징 : 챗GPT를 개발한 OpenAI의 생성 모델을 활용한 스픽은 오늘의 수업, 스피킹 연습, 실전 대화 이렇게 3단계로 구성되어 있다. 원어민이 없어도 언제 어디서나 인공지능과 자유롭게 영어로 대화할 수 있다.

10. Reading Progress
- 소개 : 유창한 외국어 발음 능력을 지원하는 읽기, 말하기 연습도구
- 적용 대상 및 과목 : 초등학교 고학년~성인 / 영어, 프랑스어, 독일어 등 90여 개 외국어
- 기능
  ① 발음 민감도 조절-학습자의 발음을 듣고 오류 추정 감지 정도를 조절할 수 있다.
  ② 리딩 코치-제출한 리딩 과제 중 학습자가 어려워했던 단어를 집중 연습할 기회를 제공하며, 리딩 활동에 대한 피드백을 제공해준다.
  ③ 리딩 평가-정확한 읽기 발음 비율과 생략, 잘못된 발음, 오류 단어

등을 자동 감지해 학습자의 리딩 과제 점수를 준다.

- 특징 및 활용 사례 : 영어뿐만 아니라 중국어, 그리스어, 아프리카어, 힌디어 등 쉽게 배울 수 없는 90여 개국 언어의 읽기, 말하기 연습을 지원한다. 인천교육청은 마이크로소프트와 협약해 지역 내 초등학생과 다문화 학생의 읽기, 말하기 연습에 도움을 줄 예정이라고 밝혔다.

〔그림 1-20〕 Reading Progress의 발음 평가

11. AI 펭톡

- 소개 : 공교육용 영어 말하기 연습 애플리케이션
- 적용 대상 및 과목 : 초등학교 3~6학년 / 영어
- 기능
  ① 토픽 월드–교육과정과 교과서 내용을 바탕으로 말하기 연습 기회를 제공하고 원어민과 학습자의 발음을 시각적으로 비교할 수 있다.
  ② 스피킹–일상생활에서 자주 사용하는 대화를 주고받으며, 상황에 따른 의사소통과 주요 표현을 배울 수 있다.

↓ 〔그림 1-20〕 Reading progress(support.microsoft.com/en-au/topic/getting-started-with-reading-progress-in-teams-7617c11c-d685-4cb7-8b75-3917b297c407)

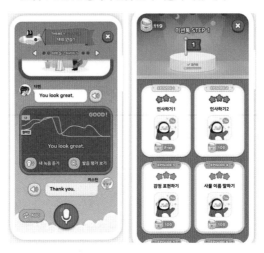

〔그림 1-21〕 AI 펭톡의 발음 인식 기능과 자유 대화

③ 렛츠톡–주제별로 자유로운 상황을 설정해 대화하며 영어 실력을 향
  상시킬 수 있다.

④ 스캔잇–비전 인식 기술을 활용해 촬영한 사물에 대한 영어 단어 카
  드를 수집할 수 있다.

⑤ 스쿨톡–토론 주제를 제시하면 대화방에서 영어 문장으로 자신의 의
  견을 작성할 수 있다.

• 특징 및 활용 사례 : 한국인 발음에 대한 딥러닝 모델을 생성한 AI 펭
  톡은 친근한 캐릭터와 게임 요소로 학습 동기를 유발하고 자기주도학
  습을 유도한다. 특히 발음에 대한 실시간 개별 피드백은 교실에서 개별
  학생에게 피드백을 주기 어려운 상황에 대한 현실적인 대안이 될 수 있
  다. 최근 전북교육청에서는 지역 내 초등학교에 AI 펭톡 활용 영어 수
  업을 확산하려 하고 있다.

12. ASSISTments

- 소개 : 완전학습을 지향하는 방과 후 과제 솔루션
- 적용 대상 및 과목 : 초등학생~고등학생 / 수학
- 기능

  ① 학습 참여 유도－문제해결을 위해 즉각적 피드백과 힌트를 제공한다.

  ② 온라인 과제 할당－커리큘럼에 따라 문제 세트를 할당하거나 교사가
  제작한 문제를 Google Classroom, Canvas 등으로 학생과 공유한다.

〔그림 1-22〕 ASSISTments 과제 풀이[55]

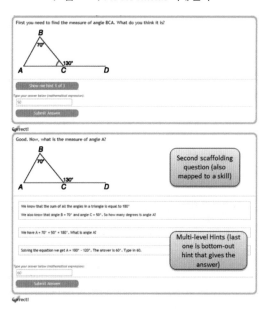

⊕ [그림 1-21] AI 펭톡 학생용 이용 가이드

⊕ [그림 1-22] Maria ofelia z. San Pedro et al.(2020), Predicting College Enrollment from Student Interaction with an Intelligent Tutoring System in Middle School. In S.D'Mello, R. Calvo & A. Olney (Eds.), Proceedings of the 6th International Conference on Educational Data Mining (EDM 2013), p.179.

③ 학습 데이터 보고–학생의 과제 진도, 과제 수행 세부 정보, 평균 점수 등을 대시보드 형태로 제공한다.
- 특징 : 학생들의 다양한 성취 수준을 인정하고 학습에 어려움을 겪는 학생들에게 집에서 과제 형태로 학습할 기회를 제공해 학습목표에 도달할 수 있도록 지원한다.

13. Riiid Tutor

- 소개 : 정답 문항 수와 문제풀이 소요 시간 등의 데이터를 바탕으로 개별화 학습을 제공하는 맞춤형 토익 학습 솔루션
- 적용 대상 및 과목 : 대학생 및 성인 / 토익
- 기능
  ① 학습결과 예측–최소 문항으로 학습자의 토익 점수를 실시간으로 예측하고 토익 실력을 분석해준다.
  ② 개인화된 최단 학습경로–학습진단을 통해 취약 유형을 집중 학습시

〔그림 1-23〕 Riiid Tutor의 학습자 대시보드

켜 학습 시간을 단축시킨다.

③ 목표 점수 설정-학생별로 자신의 목표 점수를 설정해 그에 맞는 문항 제공 및 난이도 설정으로 개별화 학습경로를 제공한다.

④ 튜터 코멘트-학생의 약점을 분석해 학습할 내용과 학습전략 등 처방적 피드백을 제공한다.

- 특징 및 활용 사례 : 3억 건 이상의 문제 풀이 데이터로 학습한 딥러닝 모델을 이용해 최단 학습경로를 추천하는 알고리즘으로, 현대사회의 바쁜 학습자 요구를 반영한 효율적 학습을 목표로 한다. 동강대학교 국제교류원에서는 이 플랫폼을 이용해 학생들의 기초 어학 실력 향상을 위한 토익 프로그램을 운영하고 있다.

14. 똑똑! 수학탐험대

- 소개 : 게임 방식을 활용한 초등 수학 개념 학습도구
- 적용 대상 및 과목 : 초등학생 / 수학
- 기능

① 교과활동-수학 교과서의 단원과 차시에 따라 관련 문제를 제공받아 수학 개념과 원리를 학습한다.

② 인공지능 추천활동-초기 수 감각, 기초 연산 등의 진단평가를 통해 개별 학습자 맞춤형 추천활동으로 자기주도학습이 가능하다.

③ 탐험활동 및 자유활동-멸종 위기 동물 또는 해양 생물 구출하기 등의 미션을 통해 학습내용을 복습한다. 이 과정에서 보상받은 카드로

⊕ [그림 1-23] 산타토익(aitutorsanta.com/kr/b2b-enterprise-organization)

〔그림 1-24〕 똑똑! 수학탐험대 활동

마을을 꾸미거나 생물을 수집하고, 사칙연산 등의 기초 수학 원리를
다양한 미니게임으로 학습할 수 있다.

④ 디지털 가상 교구−수 막대, 시계, 칠교놀이 등의 교구를 활용해 수
학적 원리를 직관적으로 이해하도록 돕는다.

⑤ 평가−학습자의 학습 정도를 파악할 수 있는 수시평가, 단원평가,
진단평가 등은 평가 유형에 맞춰 자동 채점해 결과를 바로 확인할 수
있다.

• 특징 및 활용 사례 : 학습 시간, 평가 결과 등 학습자 개별 데이터를 바
탕으로, 교육과정과 교과서를 기반으로 실계한 과제를 인공지능 기반

추천 학습으로 제공해준다. 독해력이 낮은 초등학교 저학년을 위해 음성 지원도 가능하다. 2019년에 개발된 '똑똑! 수학탐험대'는 2020년 9월 초등학교 1~2학년을 대상으로 1차 서비스를 시행했고, 2022년부터 초등학교 3~4학년까지 확대·운영되고 있다. 교육부 보도자료(2021.12.27.)에 따르면 수학탐험대 서비스를 사용한 연구학교의 효과성을 확인한 결과, 수학 성취도가 향상되고 수학에 대한 흥미와 자신감이 높아졌다. 그리고 교사의 약 70%가 '유용하다'고 했으며 학부모의 약 80%가 '만족했다'고 답변했다.

15. 클래스팅 AI

- 소개 : 수준별 맞춤 학습과 게이미피케이션으로 주요 과목의 학습 동기를 강화해주는 통합형 패키지 서비스
- 적용 대상 및 과목 : 초등학생~고등학생 / 국어, 수학, 사회, 과학, 영어
- 기능
  ① 맞춤형 진단평가 – 학습자의 수준별 평가지가 생성되어 해당 단원과 개념에 대한 성취도를 진단할 수 있다.
  ② 동영상 보충학습 – 각 단원의 핵심 개념별 동영상 강의 코스로 부족한 개념을 보충하거나 전체 내용을 복습할 수 있다.
  ③ 게이미피케이션 – 인공지능 퀴즈 배틀과 인공지능 여정 맵, 랭킹 도전 등 게임 요소로 자기주도학습을 유도한다.

ⓛ [그림 1-24] 교육부 홍보 자료(moe.go.kr/boardCnts/viewRenew.do?boardID=340&lev=0&statusYN=W&s=moe&m=020201&opType=N&boardSeq=92478)

④ 학습분석 리포트—과목별, 단원별, 정답률과 학습량, 성취도 변화, 학습 패턴, 일일 학습 시간 등 실시간 학습 현황을 파악할 수 있는 리포트를 제공해준다.

• 특징 : 클래스팅 AI에서는 교과서 출판사에서 제공하는 문제와 동영상 보충 강의를 통한 예습, 복습으로 부족한 개념에 대한 반복학습이 가능하다.

16. 아이캔두

• 소개 : 메타버스 속에서 자신의 아바타와 유명인의 실사형 인공지능 튜터를 활용한 홈스쿨링 서비스
• 적용 대상 및 과목 : 초등학생 / 국어, 수학, 사회, 과학, 코딩

[그림 1-26] 아이캔두 특징

* 기능

  ① 학습 코스 추천-학습 데이터, 아이 트래킹(Eye Tracking), 학습 행동 로그 등의 데이터를 멀티 모달 분석해 맞춤형 학습경로를 제공한다.

  ② 실시간 맞춤 문항 및 취약 개념 추천-학습결과를 실시간으로 분석하여 학습자 수준을 진단한 후 문항의 난이도를 조정하거나 성취도가 낮은 개념은 재학습을 추천한다.

  ③ AI 튜터-음성 및 영상 합성, 자연어 처리, 음성 인식 기술 등을 융합해 학습자의 질문에 AI 튜터가 답변해준다.

  ④ 학습 종합 리포트-학습 습관 및 문제풀이 결과 등을 분석해 학습자의 학습 습관 개선 방법을 안내한다.

⊕ [그림 1-25] 클래스팅 AI 러닝(classting.ai)

⊕ [그림 1-26] 아이캔두(kyowonedu.com/KEP/OPEN/Aicando.jsp)

- 특징 : 아이캔두는 마이크로 러닝 단위의 콘텐츠를 제공하며 맞춤형 학습분석, 취약 개념 재학습 추천, 멀티모달 분석으로 학습 티칭, 감성 코칭, 학습 습관을 관리해준다. 이 서비스의 가장 큰 특징은 학습자의 눈동자를 인식하는 기술인 아이 트래킹을 활용해 학습 태도를 분석하고 학습자가 집중하도록 안내한다는 점이다.

17. 아이스크림 홈런

- 소개 : 학습분석 기술을 활용해 맞춤형 진단 및 처방으로 공부하는 습관을 길러주는 홈러닝 서비스
- 적용 대상 및 과목 : 초등학생, 중학생 / 전 과목
- 기능

  ① AI 튜터-'아이뚜루'는 학습목표 외치기, 미완료 학습 파악 등 학습 동기 및 관리를 지원한다. 집중을 못 하거나 오랜 시간 학습하면 격

〔그림 1-27〕 아이스크림 홈런의 학습분석

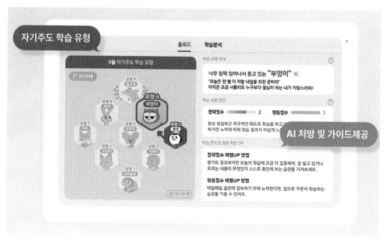

려나 칭찬 등 정서적 반응을 제공한다. 퀴즈, 스트레칭, 노래 부르기 등으로 분위기를 환기해주며 간단한 음성 검색도 가능하다.

② 다양한 학습 콘텐츠-학교 공부 예·복습, 평가학습, 인성 및 창의성 교육, 소프트웨어 교육, 진로교육 등 300만여 개에 달하는 다양한 종류의 방대한 콘텐츠를 제공한다.

③ 인공지능 생활기록부-학습 리포트, 학습 습관, 집중도, 학습심리, 취약점 분석, 처방 및 가이드 등을 제공한다.

• 특징 : 학습자의 학습 습관과 성향에 따라 AI 튜터의 스타일을 다르게 적용하고, 누적된 학습 빅데이터로 유사 패턴 그룹이 선호하는 학습과 수행률 상위 10%의 그룹이 선호하는 학습을 추천해준다. 자기주도학습을 돕기 위한 지원 요소가 있으며 학습 문제점을 진단 및 추론해 학습자의 성취를 향상시킬 수 있는 학습전략과 행동 처방을 제공한다.

18. MATHia

• 소개 : 개인 교사처럼 가르치는 맞춤형 수학 코치

• 적용 대상 및 과목 : 초등학교 6학년~고등학생 / 수학

• 기능

① 일대일 코칭-교사가 학생을 가르치듯 개별 학습자의 상황에 맞는 적시적 피드백과 힌트를 제공한다.

② 라이브 랩-문제를 풀지 않는 학습자, 도움이 필요한 학습자, 문제를 풀고 있는 학습자 등을 파악해 효율적인 수업 관리를 지원한다.

⊕ [그림 1-27] 아이스크림 홈런의 AI 드림마블(home-learn.co.kr/homelearn/system/Airecod.html)

〔그림 1-28〕 MATHia의 튜터링

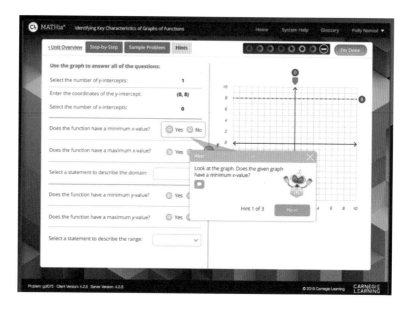

③ 실시간 학습분석-진행률 측정기를 활용해 진행 상황을 시각적으로
표시한 학생 보고서와 세션, 기능, 세부 사항 등 학습자의 학습 상태
를 보여주는 교육자 보고서를 제공한다.
• 특징 및 활용 사례 : 문항 반응 이론과 인지 모델링을 기반으로 개발됐
으며 일대일 코칭으로 성적이 낮은 학생을 더 효과적으로 지원한다.

19. ALEKS
• 소개 : 지식 공간 이론을 기반으로 개별 맞춤형 경로를 제공하는 지능
적응형 튜터링 시스템
• 적용 대상 및 과목 : 초등학생~대학생 / 수학, 화학, 통계, 회계
• 기능

〔그림 1-29〕 ALEKS 체험용 교수자 대시보드

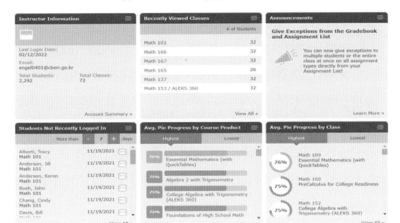

① 사전 지식 진단 – 진단평가를 통해 학습자의 사전 지식 수준을 파악한
다.

② 개념 영상 제공 – 학습내용에 대한 개념 영상을 단원별로 제공한다.

③ 맞춤형 콘텐츠 제공 – 학습자가 알고 있는 주제와 모르는 주제를 식
별해 학습이 필요한 주제에 관한 콘텐츠를 제공한다.

④ 실시간 학습 보고 및 알림 – 학습자들의 학습결과 데이터를 파이 형
태로 보여준다. 교사의 적시적 개입을 위한 ALEKS Insights는 학습
을 중단하거나 미루는 등 비정상적으로 학습하는 학습자에 대한 알
람을 제공한다.

• 활용 사례 : ALEKS는 20~30문항의 적응형 질문으로 학생의 지식 습

ⓛ [그림 1-28] 카네기 러닝의 MATHia(carnegielearning.com/solutions/math/mathia)
ⓛ [그림 1-29] ALEKS(aleks.com)

득 정도를 평가하고 부족한 영역에 대해 학습할 기회를 주며, 학습한 내용이 장기기억에 남도록 주기적으로 재평가한다.

아주대학교에서 기초 화학, 확률과 통계 등의 과목에 ALEKS를 활용한 바 있다. 그 결과 다른 연도에 비해 해당 과목의 A학점을 받은 학생이 늘어나고 C학점을 받은 학생이 감소한 것을 확인했다. 한동대학교에서는 학생들의 기초학력 증진과 학습적 필요를 충족시키기 위해 ALEKS를 활용해 개별 학습자의 현재 지식 상태를 파악한 뒤 그에 대한 학습을 제공한다. 그리고 선후배 간 튜터링을 통해 핵심 개념에 대한 이해를 돕는다.

20. WA³I

- 소개 : 학생 글쓰기 향상 지원, 교사 서술형 자동 채점 지원 프로그램
- 적용 대상 및 과목 : 초등학생~고등학생 / 사회, 과학
- 기능

　① 서술형 평가 연습—사회, 과학 관련 문제를 제공해 학습자가 자신의 생각을 서술형으로 작성하도록 한다.

　② 피드백 및 도움 생각 제공—학생의 글쓰기 상태를 평가해 피드백과 도움 생각을 제공하여 작성된 내용 수준을 향상시켜 이해를 심화시킨다.

　③ 서술형 자동 채점—교사가 생성한 문제에 대한 학생의 글쓰기 진행률, 작성 횟수를 제시하고 교과 전문가의 채점 결과를 훈련된 채점 양식으로 사용해 정답 여부를 자동 채점한다.

　④ 응답 분석—바이그램(Bigram) 기능을 활용해 학습자들이 답변한 단어의 빈도수를 도출하고, 토픽(Topic) 모델링 기능으로 응답한 내용

[그림 1-30] WA³I ver. 1 학습 도움말

을 주제별로 분류한다.

- 특징 : 학생의 문제 해결력, 의사소통능력, 창의력 등 고등 사고능력을 신장시키기 위해 서술형 문항의 확대가 요구되고 있다. 하지만 채점과 피드백의 한계 때문에 교실에서 적용하기가 쉽지 않은데, 이 프로그램 은 이런 점을 보완해준다. 학생에게는 자신이 작성한 서술형 응답에 대

ⓘ [그림 1-30] 하민수 외(2019). 학습도구로서의 서술형 평가 그리고 AI의 활용: WA³I 프로젝트 사례. 현장과학교육, 13(3), p.280

해 "왜?"라는 의문을 논리적으로 설명할 수 있도록 지원하고, 교사에게 서술형 문항을 생성해 자동 채점할 수 있도록 지원한다.

21. WriteToLearn

• 소개 : 학습자의 작문 실력과 독해 능력을 증진하기 위한 온라인 에세이 채점 지원도구

• 적용 대상 및 과목 : 초등학교 고학년~고등학생 / 글쓰기 및 읽기 활동이 포함된 교과

• 기능

① 에세이 자동 채점–과제의 초점, 아이디어 발전, 구성, 언어 및 스타일 등으로 에세이를 평가하고 철자, 문법 등의 오류를 확인한다.

[그림 1-31] WriteToLearn의 읽기 요약 피드백

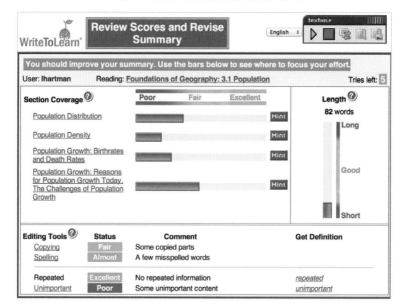

② 에세이 프롬프트 및 피드백 제공–학습자가 글쓰기에 집중할 수 있도록 단서를 제공하며 평가 결과를 토대로 부족한 부분에 대한 피드백을 제공한다.

③ 읽기 요약–교사가 할당한 읽기 자료를 학생이 읽고 요약하며 철자, 텍스트 복사, 정보 반복 등에 대한 피드백을 받는다.

④ 보고서 제공–개별 학생의 진행 상황, 과제 수행, 어휘 연습, 포트폴리오 등의 세부 정보와 학급 평균 성과를 표시해준다.

- 특징 : WriteToLearn은 읽기 요약과 에세이 쓰기 두 가지 요소로 구성되어 있다. 자체 개발한 KAT(Knowledge Analysis Technologies) 엔진은 잠재 의미 분석(Latent Semantic Analysis)을 활용해 전체 내용과 학습자가 읽고 요약한 내용 간 상관관계를 파악한다. 에세이 쓰기는 인간이 채점한 300여 개의 훈련 세트와 비교해 평가된다.

22. Branching Minds

- 소개 : 학습자의 인지, 학업, 사회정서 발달 문제를 식별하고 교사의 연구 기반 개입을 지원하는 플랫폼
- 적용 대상 및 과목 : 중학교 2학년 / 읽기, 쓰기, 수학, 행동
- 기능

① 지원 필요 학습자 식별–인구통계학적 데이터, 평가 데이터, 사회정서적 기술 설문 등을 수집 및 분석해 학습 지원이 필요한 학습자를 식별한다.

---

④ [그림 1-31] Pearson Education, Inc. (2013) WriteToLearn CCSS Curriculum Guide, p.1

② 관찰 기반 학습자 프로파일 생성-교사들이 수집한 관찰 데이터를 바탕으로 각 학습자의 강점과 문제점에 대한 관찰 내용을 추출한다.

〔그림 1-32〕 Branching Minds의 MTSS/RTI

③ 증거 기반 개입-효과적인 증거 기반 학습 라이브러리를 연결해 개입이 필요한 학습자에게 교사가 연구 기반 중재를 계획, 수행하도록 돕는다.

• 특징 및 활용 사례 : 학교나 교육구 단위에서 활용되고 있으며, 다중 지원 체계(Multi-Tiered System of Supports)와 중재 반응 모형(Response to Intervention)을 활용해 학교 단위의 성장을 도모한다. 교사뿐만 아니라 관리자에게도 평가 성장 보고서로 통찰력을 제공한다. 대규모 사례 연구에서 이 플랫폼을 활용한 마이애미스버그 학군, 이스트 세인트루이스 학군 189, 브라이언 독립 교육구 하위권 학생들의 읽기, 수학의 성취 수준이 향상됐다고 보고했다.

23. 질 왓슨(Jill Waston)

• 소개 : 미국 조지아 공대 컴퓨터과학 온라인 석사과정 수업 인공지능 조교

• 적용 대상 및 과목 : 대학생 / 컴퓨터 및 행정 지원

• 기능
  ① 질문 답변-시험, 과세, 평가, 프로젝트와 관련된 학생의 질문에 응

답한다.

② 학습내용 피드백-학생이 짠
프로그래밍 코드에 대해 피
드백을 제공한다.

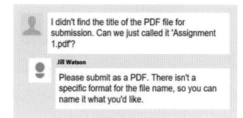

〔그림 1-33〕 질 왓슨과의 대화 장면

I didn't find the title of the PDF file for submission. Can we just called it 'Assignment 1.pdf'?

Jill Watson

Please submit as a PDF. There isn't a specific format for the file name, so you can name it what you'd like.

• 특징 : 질 왓슨은 1만 개 이상
의 질문을 24시간 처리하는데,
학생들의 질문 의도를 잘못 이해하는 경우는 거의 없었다. 심지어 비속
어까지 사용하며 학생들과 자연스럽게 의사소통한다. 정체가 공개되기
전까지 많은 학생은 질 왓슨이 박사과정에 재학 중인 20대 백인 여성일
것이라 추측했으며, 인공지능 챗봇임을 인지하지 못했다고 한다. 하지
만 이 AI 조교는 초기 재학생의 인구통계학적 특성 때문에 성 편향성이
있었음이 확인됐다.

24. 에이다(Ada)

• 소개 : 학생과 교직원의 캠퍼스 디지털 비서
• 적용 대상 및 영역 : 대학생, 성인 / 학사 및 행정 지원
• 기능

① 출석 및 행정 지원-학생 프로필 기반으로 시간표 및 강의실 정보,
장학금, 캠퍼스 시설 등 반복되는 학생 지원 질문에 응답한다.

② 예측 제안-질문 전 잠재 질문, 조치 목록 등의 예측 제안을 함으로

⊕ 〔그림 1-32〕 Branching Minds RTI/MTSS(capterra.ca/software/1024477/branching–minds–rtimtss–platform)
⊕ 〔그림 1-33〕 Eicher, B., Polepeddi, L., & Goel, A. (2018). Jill Watson doesn't care if you're pregnant: Grounding AI ethics in empirical studies. In Proceedings of the 2018 AAAI/ACM Conference on AI, Ethics, and Society. p.89

써 사용자의 시간을 절약해준
다.

③ 학업 지원-시간표, 코스워크
(coursework), 학사 일정, 커리큘
럼 콘텐츠 등의 학업 관련 정보
뿐만 아니라 개인 성적, 교수와
상담 시기 등과 같은 개인화된
정보도 제공한다.

④ 교수 지원-교수들에게는 워크
숍 리스트나 특정 학생의 성적
등에 대한 정보를 제공한다.

〔그림 1-34〕 에이다의 학생 지원

• 특징 및 활용 사례 : 볼턴대학교에서 개발한 에이다는 코딩 없이 사용
자가 개인화된 상호작용 환경을 구축할 수 있다. 또 머신러닝에 의해 응
답을 점차 개선하며 학기 시작 날짜, 도서관 이용 시간 등의 학내 정보
를 안내하고 출석 및 교육과정, 성적 등에 대한 학생의 구체적인 질문에
응답한다.

　이와 유사한 사례로 영국 스태퍼드셔대의 비컨(Beacon)은 단순 정보
제공을 넘어서 학생 상담, 성적 분석 등 쌍방향 소통이 가능하다. 이와
같은 AI 조교 서비스는 24시간 교육 행정 업무를 지원해 교수자의 업
무량을 감소시키는 데 기여하고 있다.

ⓘ [그림 1-34] CY2의 챗봇 서비스(cy2.com/chatbot-development)

PART
2

인공지능 활용 교육
실행과 성찰

당신은
인공지능을 수업에
활용할 준비가
되어 있는가?

교육 분야에서 인공지능 활용에 관한 논의가 활발히 이루어지고 있지만, 막상 수업에 적용하는 일은 쉽지 않다. 왜냐하면 수업설계의 복잡성 증가, 교실에 맞지 않는 인공지능 등 다양한 문제가 현실적으로 존재하기 때문이다. 앞으로 교육용 인공지능의 발전과 정책 지원이 이뤄지면 점차 이러한 문제가 극복되리라 생각한다. 이를 위해서는 현재의 수업 상황을 정확히 진단하는 일이 선행되어야 한다.

이에 2부에서는 4개의 인공지능 활용 교육 사례를 제시하였다. 다양한 실행연구를 통해 현재 활용되는 인공지능이 지닌 긍정적 측면과 부정적 측면을 함께 제시하고자 노력했다. 수업의 설계, 실행, 성찰 과정은 다음과 같이 구성했다.

첫 번째는 교사와 인공지능의 만남이다. 교과의 지식 구성 측면, 교수학습 방법적 측면에서 인공지능을 도입한 이유, 처음 인공지능에 대한 기대, 인공지능에 대한 안정성 및 윤리성 검토 등을 제시했다. 두 번째는 교사와 인공지능의 협력 방안이다. 성취기준과 인공지능의 연계, 개별화 수업설계와 관련해 실제적 수업 설계 및 평가계획 등을 제시했다. 세 번째는 인공지능과 함께하는 수업 실행이다. 수업의 실행 과정을 구체적으로 나열하고, 인공지능을 활용한 학습 및 상호작용 촉진 전략을 제시했다. 그리고 인공지능 활용 교육의 현실적인 어려움을 구체적으로 언급했다. 또 독자의 이해를 돕기 위해 다양한 방식으로 학습효과를 제시했다. 네 번째는 성찰과 타협이다. 인공지능 활용 교육에서 기대와 현실의 차이를 밝히고 타협 과정을 제시했다. 그리고 현재 수준에서 교사와 인공지능의 역할을 제시하고 관련 지원방안을 제언했다.

Chapter 1

수학적 자기효능감을 높이는 '똑똑! 수학탐험대' 활용 수업

교사와 인공지능의 만남

지능정보화 사회에 발맞춰 학교교육에서 에듀테크 활용이 가속화되고 있으며 최근 인공지능 기술 활용에 초점을 둔 교육이 주목받고 있다. 교육 분야에서의 인공지능에 대한 접근은 '교육의 내용으로서의 인공지능'과 '교육의 도구로서의 인공지능'으로 구분된다.[56] 홈스와 동료들은 교육에서의 인공지능을 '인공지능과 함께하는 학습(Learning with AI)'과 '인공지능에 대한 학습(Learning about AI)'으로 분류해 개념을 정의했다.[57]

인공지능의 개념과 원리를 이해하고 관련된 기술과 태도를 기르기 위한 '교육내용으로서의 인공지능'에 대한 교육의 궁극적 목표는 무엇일까? 그 목표는 인공지능의 교육적 활용 가능성을 이해하고 인공지능을 교육의 도구로 적절히 활용함으로써 학습자의 학습 능력을 향상시키고 나아가 실생활 문제해결에 기여하는 것이다. 특히 교수학습 상황에서 인공지능을 다양한 교과 영역에서 교육의 도구로 활용할 때 교육의 내용과 교육의 도구로서의 인공지능을 통합적으로 체험하는 것이 가능하다. 즉 인공지능과 함께하는 유의미한 학습경험은 인공지능에 대한 이해와 활용을 촉진하고, 이는 다시 교육내용으로서의 인공지능에 대한 학생들의 다양한 학습역량을 증진시키는 데 기여할 수 있다.

최근 몇 년 사이 교수학습 상황에서 인공지능을 교육의 도구로 활용할 수 있는 다양한 애플리케이션이 등장했다. 영어(외국어) 교과에서 활용할 수 있는 언어학습과 관련된 도구, 수학 문제를 풀거나 과학적 이해를 지원하는 도구는 물론이고 음악, 미술, 체육과 같은 예체능 교과를 포함해 다양한 교과에서 활용 가능한 인공지능 서비스들이 제공되고 있다. 이러한 교과교육에서 이루어지는 인공지능 활용 교육은 주로 교과의 특정 활동이나 학습을 인공지능 서비스를 통해 지원하거나 보조하는 제한적인 역할을 담당한다. 한편 인공지능 기술이 발전함에 따라 새로운 데이터가 꾸준히 유입·분석되어 학습자마다 새로운 학습환경과 다양한 피드백을 제공받을 수 있는 진화형 인공지능의 발전 또한 가속화되고 있다.[58]

교육부는 2020년부터 '똑똑! 수학탐험대'(이하 '수학탐험대')라는 인공지능 학습 튜터링 지원 시스템을 통해 초등학생들이 스스로 자신의 수학학습을 진단하고 이에 따라 학습자의 수준에 적합한 학습을 이어나갈 수 있도록 지능형 튜터링 서비스를 제공하고 있다. 수학탐험대는 기초수학능력 향상을 위한 진단학습과 차시별 학습 콘텐츠, 다양한 수학 학습도구를 제공하고 LMS을 통해 학습관리가 가능한 인공지능 지원 교수학습 플랫폼이다. 특히 수학탐험대는 교육부가 공교육 최초로 인공지능 기술을 활용해 개발한 초등 수학 수업 지원 시스템이자 인공지능 지원 학습환경으로, 인공지능이 학습 플랫폼으로서 교수학습에 적극적으로 기여할 수 있다는 방향성을 제시했다는 데 의미가 있다.

수학탐험대는 지난 2020년 9월부터 초등 1~2학년 대상으로 운영을 시작했으며 2022년 9월에는 3~4학년까지 확대해 운영하고 있다. 수학탐험대는 인공지능 알고리즘을 활용해 학생들의 현재 수준을 진단하고 학습결과를 분석해 학습자 수준을 고려한 맞춤형 학습활동을 제공한다. 실제 교실수업에서는 교사가 학생 개개인의 수준에 적합한 맞춤형 콘텐츠의 상시적 제공에 한계가 있다는 점에서 수학탐험대의 수준별 맞춤형 학습 지원은 교사의 교수와 학생의 학습에 큰 변화를 가져올 것으로 기대된다.

수학탐험대는 학생들이 인공지능 기반 학습 시스템을 바탕으로 초등학교 단계에서부터 공교육을 통해 수학 역량을 기르는 데 목표를 둔다. 초등학교 수학 교과의 목표는 수학의 기초적인 개념, 원리, 법칙을 이해하는 것이다. 또한 수학학습의 즐거움을 느끼며 학습자로서 바람직한 태도와 실천 능력을 갖출 것을 강조한다. 따라서 초등학생의 수학학습에서는 기초·기본학습에서 심화학습으로 나아갈 수 있도록 수학의 기본 개념에 대한 이해와 수학에 대한 긍정적 태도를 심어주어야 한다. 나아가 수학 문제 해결에 대한 자신감을 바탕으로 수학을 잘할 수 있다는 수학적 자기효능감을 갖도록 이끄는 일이 무엇보다 중요하다.

수학적 자기효능감이란 어떠한 상황에서든 적절한 행동을 할 수 있다는 자신의 능력에 대한 기대와 신념을 의미하는 자기효능감(Self efficacy)[59]을 수학적 상황으로 제한한 것을 일컫는다. 이는 수학 영역에서 학생들의 후속 수행과 동기에 중요한 역할을 담당한다. 그러므로 교사는 수학적 자기효능감을 비롯해 학생들이 갖는 자기 신념에 대해 관심을 가져야 한다.[60] 여러 연구에서 수학적 자기효능감은 수학을 대하는 태도, 수학 관련 과제 수행과 연관이 있는 것으로 나타났다. 특히 수학 성취도와 수학 문제 해결에 직접적인 영향을 미친다고 보고되고 있다. 실제로 학생들의 수

똑똑! 수학탐험대

똑똑! 수학탐험대는 인공지능을 활용해 학생 개인에게 필요한 학습을 추천해주고, 학습 이력을 관리해주는 '인공지능 활용 초등 수학 수업 지원 시스템'으로 교실수업과 학생의 자기주도학습에 활용할 수 있다.

똑똑! 수학탐험대의 프로그램 구성

- [교과활동] 차시별 학습 영상 콘텐츠를 보고 주어진 문제를 풀어가며 스스로 학습을 진행할 수 있다.
- [탐험활동] 구출탐험(1~2학년)과 해양탐험(3~4학년)의 탐험 미션에 성공하면 멸종 위기 동물과 해양 생물을 구출할 수 있다.
- [교구] 수학학습에 필요한 12종의 가상 교구(수막대, 레켄렉, 시계, 지오보드 등)를 제공한다.
- [자유활동] 게임 형식으로 즐겁게 수학 문제를 해결할 수 있게 구성되어 있다.
- [평가] 차시평가, 수시평가, 진단평가, 단원평가로 구성되어 있으며, 자동 채점이 되어 결과를 바로 확인할 수 있다.
- [인공지능 추천활동] 학생 개개인에게 맞는 맞춤형 학습 콘텐츠를 추천해 학생들이 부족한 점을 채울 수 있게 도와준다.

[그림 2-1] 똑똑! 수학탐험대 메뉴 구성

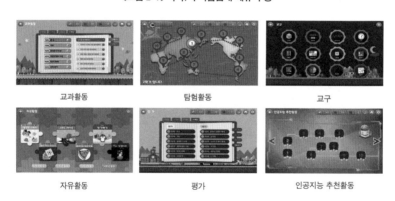

교과활동 · 탐험활동 · 교구

자유활동 · 평가 · 인공지능 추천활동

⊕ [그림 2-1] 똑똑! 수학탐험대(toctocmath.kr)

학에 대한 낮은 흥미도와 자신감은 보통 수학 문제 해결과 관련된 부정적 경험에서 비롯된다. 즉 반복적으로 수학 문제를 성공적으로 해결하지 못함으로써 '수학은 어려워', '나는 수학을 원래 잘하지 못해', '수학은 재미없어', '나는 이 문제도 해결하지 못할 거야' 등의 관념이 고착되는 것이다. 그리고 이렇게 고착된 관념이 수학에 대한 자기효능감 결여로 나타난다. 수학적 자기효능감의 결여는 학생이 가진 수학적 학습 역량이나 가능성에 관계없이 수학학습에 부정적 영향을 끼친다.

앨버트 반두라(Albert Bandura)에 따르면 자기효능감은 과제의 성공 또는 실패 경험 누적으로 강화되거나 약화될 수 있다.[61] 따라서 쉬운 과제에서 반복적인 성공 경험을 쌓고 점진적으로 과제 난도를 높여나가는 방식은 자기효능감 증진을 위한 효과적인 전략이 될 수 있다. 수학탐험대에서 제공하는 진단평가를 통한 진단분석과 인공지능 추천활동은 학생의 수준에 적합한 과제를 제시함으로써 문제해결 경험을 증가시키고 문제해결 능력을 키워 학생들이 수학학습에서 성공 경험을 갖게 하는 데 유용하다. 또한 자유활동, 탐험활동과 같은 게임 기반 학습은 수학에 대한 흥미를 유발하고 지속적인 학습 참여를 유도하는 효과적인 방안이 된다. 즉 수학탐험대는 수업 안에서의 작은 성취들을 통해 성공 경험을 증가시키고 수학적 자기효능감을 증대하는 적극적인 장치가 될 수 있다.

교사와 인공지능의 협력 방안

수학탐험대 서비스의 특징을 반영해 경기도 내 초등학교 4학년 학생 25명을 대상으로 수학탐험대가 수학적 자기효능감에 미치는 영향을 탐색하는

예측설계도

예측설계도는 수업설계 장면에서 설계의 주요 요소와 요소들 간의 관계와 영향으로 구성
되고 순환반복의 연구 실행을 통해 개선된다. 예측설계도의 반복적 작성은 학습자의 학습
경로를 파악하고 최적의 문제해결 절차와 이론 형성의 과정을 보다 정확하게 식별할 수
있게 함으로써 연구 과정을 과학적으로 드러낼 수 있다. 예측설계도는 수업 맥락에서의
연구 수행에서 잠정적 해결안-수업설계-문제해결의 과정 증거-실행 결과로 구성된다.
예측설계도는 설계 요소들 간의 인과관계의 과정을 파악하고 요소들 간의 상호작용을 통
해 원하는 효과가 어떻게 발생하는지를 설계하고 이해하는 데 활용의 중점을 둔다.

① 잠정적 해결안: 어떤 연구나 실험을 수행하기 전에 가설이 진술되듯이 연구에서 수행
하고자 하는 하나의 가설로, 잠정적인 해결책을 진술한다.
② 수업설계: 수업설계는 잠정적 해결안이 수업설계를 통해 문제해결의 과정 증거를 나
타내거나 유도함으로써 실행 결과로 이어질 수 있도록 수업을 설계하는 단계. 학습
활동 구조, 도구와 자료, 학습자의 상호작용 구조 등 수업에 영향을 미치는 학습환경에
대한 전반적인 설계 사항을 작성한다.
③ 문제해결의 과정 증거: 수업설계는 실행 결과로 바로 이어지는 것이 아니라 중간 과정
을 거치는데, 문제해결의 과정 증거는 수업설계로부터 수업 실행의 결과를 예측할 수
있는 학생들의 활동 과정 또는 중간 산출물을 설계하는 단계. 즉 수업 실행을 통해
학생들이 목표를 성취할 수 있게 됐다면 무엇을 통해 이를 확인할 수 있는지를 추정해
설계하는 과정이다.
④ 실행 결과: 잠정적 해결안에 따라 학습자가 구체적으로 수업에서 무엇을 성취해야 하
는지에 대한 성취 결과를 예측해 작성한다. 실행 결과에는 연구 맥락에 따라 단위 차시
의 학습목표나 흥미·동기 요소, 또는 잠정적 해결안에서 의도한 결과를 작성할 수 있다.

〔그림 2-3〕 예측설계도[65, 66]

수업연구를 실행했다. 연구에 참여한 학급은 도시 지역이지만 학급 내 학생들간의 수학 학습격차가 크고, 대다수 학생이 이러닝 콘텐츠를 활용한 수학 학습경험이 없었다. 더욱이 인공지능을 활용해 학생들 수준에 적합한 수준별 콘텐츠를 제공하는 맞춤형 학습 경험은 전무했다.

이에 수학탐험대를 통해 자기주도학습을 지원하고 인공지능 활용 개별화 학습 지원 시스템을 경험할 수 있는 기회를 제공함으로써 학생들의 수학적 자기효능감을 향상시키고자 했다. 수업연구 실행을 위해 설계기반연구(Design-Based Research)의 방법론적 접근과 예측설계도(Conjecture Map)를 활용해 학생들의 수학적 자기효능감 향상 방안을 설계하고 실행했다.

설계기반연구는 실제 교실수업 상황에서의 연구 수행과 연구 수행의 맥락적 특성을 반영한 설계·재설계·순환반복의 연구 과정을 강조하는 연구방법론이다. 이는 교사의 수업연구를 통한 이론 산출에 적합하다. 설계기반연구는 이론 기반의 연구 문제 설정 및 초기 설계 단계, 수업 실행과 자료수집·측정·분석, 설계 조정 및 재실행의 순환반복, 축적된 연구 결과에 따른 연구 보고와 이론 형성으로 구성된다. 설계기반연구 모형은 [그림 2-2]와 같이 교수설계와 연구 방법을 중심으로 설계와 연구를 통합하고 학습경로와 연구경로를 제시해 실제 수업 실천 맥락에서 어떻게 연구가 이루어져야 하는지에 대한 구체적인 과정과 절차를 잘 보여준다.[62]

예측설계도는 설계기반연구 수행에서 설계 관계와 연구 목표를 상세화하고 연구 설계의 구성요소 간 인과관계와 체제성을 구체적으로 드러내기 위해 제안된 것이다. 이론 기반의 가설이 실제로 어떻게 구현되고 실행되는지를 예측해 추정함으로써 연구 설계를 체계적이며 체제적으로 실행 및 검증 가능하도록 작성하는 표현 양식이다.[63]

〔그림 2-2〕교수설계와 연구 방법이 결합된 설계기반연구의 수행 과정

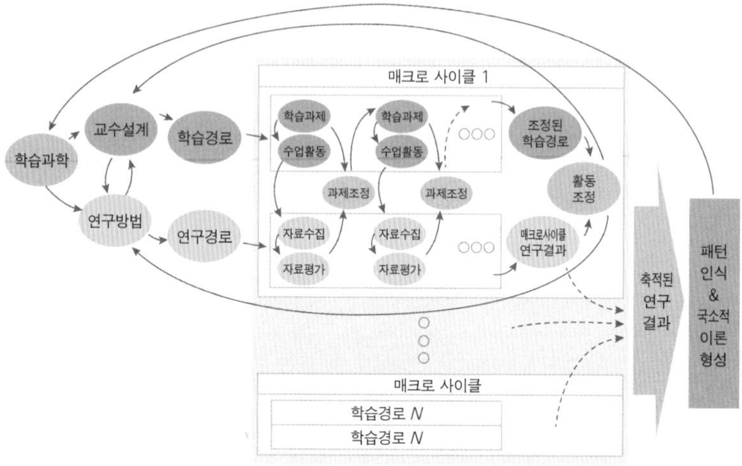

인공지능과 함께하는 수업 실행

1회기 연구 실행

수업연구는 설계기반연구 방법론을 토대로 2회기에 걸쳐 수행했다. 1회기 연구 실행에서는 '초등학생의 수학적 자기효능감 검사지(4점 리커트 척도)[64]를 활용해 사전 검사를 실시한 후 수학탐험대의 평가활동과 인공지능 추천활동 및 차시별 콘텐츠를 학생 스스로 활용할 수 있도록 하는 방

⊕ [그림 2-2] Jonassen, D. H., Cernusca, D., & Ionas, G. (2007). Constructivism and instructional design: The emergence of the learning sciences and design research. In R. A. Reiser, & J. V. Dempsey (Eds.), Trends and issues in instructional design and technology, p.45-52.

안을 고려했다. 수학탐험대의 인공지능 학습 지원은 평가 및 인공지능 추천활동 등 다소 제한적인 서비스 특성을 나타낸다. 하지만 인공지능 학습 환경의 특성을 적극적으로 활용한다는 측면에서 학생이 학교나 가정에서 자율적, 상시적으로 학습에 참여할 수 있도록 연구 과정을 설계했다.

1회기 연구 실행에서는 학생들이 수학탐험대를 쉬는 시간에도 상시적으로 활용할 수 있도록 학생 개개인의 스마트폰을 활용했다. 스마트폰을

〔그림 2-4〕 1회기 연구 실행 과정

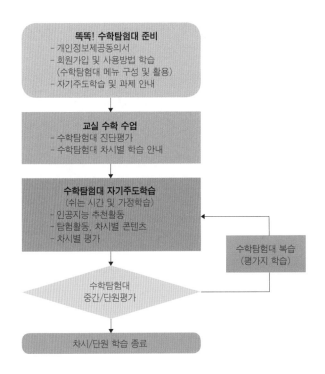

활용하게 된 이유는 아직까지 연구 대상 학교의 4학년 학생들에게는 1인 1태블릿이 제공되고 있지 않았기 때문이다. 스마트폰이 없는 학생의 경우 학교에서 보유하고 있는 태블릿을 제공해 학습에 참여할 수 있도록 했다.

1회기 연구 실행에서는 먼저 수학탐험대에서 제공하는 평가 및 인공지능 추천활동, 차시별 학습이 학생들의 수학적 자기효능감 향상에 영향을 미칠 것이라는 잠정적 해결안을 설정했다. 그리고 이를 효과적으로 지원할 수 있는 학습환경 설계를 위해 예측설계도를 작성했다. 1회기 연구에서는 인공지능 학습과 수학적 자기효능감의 관계를 탐색하기 위해 수학탐험대와 학생들의 직접적인 상호작용에 초점을 맞추었다. 그리고 학생들의 참여도 및 차시별 학습결과를 통해 학습관리 및 학습성취도를 파악했다.

약 4주에 걸쳐 진행한 1회기 연구의 종료에 맞춰 학생 면담을 진행했다. 면담 결과, 수학 기초학습이 부족했던 학생들에게 평가활동을 통한 인공지능 추천활동은 학생 스스로 부족한 부분을 파악하고 수준별 반복학습을 통해 수학의 기초·기본 학습 능력을 습득할 수 있는 의미 있는 지원이 이루어진 것으로 나타났다. 이때 평가(진단평가, 차시평가, 수시평가, 단원평

〔그림 2-5〕 1회기 예측설계도

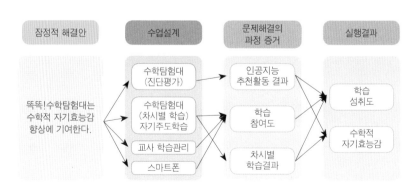

가) 결과에 기초한 인공지능 추천활동은 수학의 기초·기본 학습 능력의 습득에 초점을 두고 있다. 따라서 기본학습 능력이 갖춰진 학생들에게는 '나에게 맞는 추천활동' 제시가 이루어지지 않아 보다 다양한 수준에서의 학습 처방을 마련할 필요가 있다.

학습 수준과는 별개로 대부분의 학생은 그래픽 기반의 학습환경과 게임 기반의 탐험활동에 대한 흥미를 느꼈다. 또한 인공지능이 자신의 학습을 진단하여 적정 수준의 문제를 추천해주고, 스스로 하나하나 수를 입력해보는 활동을 통해 정답을 찾아가도록 학습 참여를 유도하는 문제 환경에 대해 긍정적으로 인식했다. 학생들에게 수학탐험대는 기존에 경험하지 못했던 새로운 유형의 학습 접근이었다. 이러한 신기성 효과(Novelty Effect)는 학생들의 학습 참여를 유도하는 데 긍정적인 효과를 나타낸 것으로 보인다. 다만 학생들은 수학탐험대 활용 과정에서 로그인이 원활하지 않거나 학습 중 프로그램 오류 발생, 학습 이력이 정상적으로 기록되지 않는 문제, 메뉴 구성과 작동 등의 인터페이스 측면에서 아쉬움을 나타냈다.

한편 1회기 연구 수행에서 평소 수학 성취 수준이 낮은 학생은 교실수

[그림 2-6] 개별 학생 및 전체 학생의 영역별 진단분석 결과

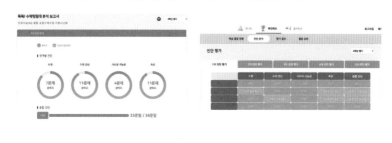

⊕ [그림 2-6] 똑똑! 수학탐험대(toctocmath.kr)

〔그림 2-7〕 '똑똑! 수학탐험대' 활용 소감

업과 마찬가지로 평가활동에서 제한된 시간 안에 문제를 제대로 해결하지 못하거나 해결했더라도 성취 수준이 여전히 낮게 나타나는 문제가 발생했다. 현재의 수학탐험대는 인공지능을 기반으로 학생의 수준에 맞는 수준별, 유형별 문제를 제시하고 있다. 그러나 이러한 접근만으로는 학생의 기초 수학 능력을 형성하고 문제해결 능력을 직접적으로 향상시키기에는 한계가 있었다. 따라서 학생이 어려움을 겪는 지점마다 이를 지원할 수 있는 적절한 스캐폴딩이 이루어져야 한다.

이러한 문제는 수학탐험대가 학생들의 수준을 보다 세심하고 체계적으로 파악해 적절한 수준의 문제를 제시할 수 있도록 개선이 필요하다는 사실을 보여준다. 또한 일부 문제들은 음성이나 텍스트를 활용한 부가적인 문제 해설 또는 인공지능 기반의 대화형 상호작용을 통해 해결할 수 있을 것이다. 초등학생, 특히 기초 수학 능력이 부족한 학생들에게는 정확한 수준 파악과 세심한 관찰, 문제 이해 및 문제해결 과정에 대한 접근 방식 등 다각도에서의 지원이 필요하기 때문이다.

그뿐 아니다. 수학탐험대 활동 참여가 학생들의 자율성에 기초하다 보니 자기주도학습에서의 참여도가 낮게 나타나는 학생이 발생했고, 수학 문제해결 능력이 보통 이상인 학생의 경우에도 평가 결과에 나타난 성취 수준이 낮은 경우가 있었다. 왜 이러한 결과가 나타난 것일까? 수학탐험대 평가활동이 교실에서 이루어지는 수행평가나 지필평가가 아니다 보니 틀려도 괜찮다는 인식 때문인 것으로 보인다.

수업 성찰과 개선

2회기 연구 실행

1회기 연구 실행에서 나타난 여러 문제점과 수학탐험대의 한계를 개선해 2회기 연구 실행에서는 [그림 2-8]과 같이 수업 맥락에서의 동료학습의 활용, 수업 장면에서의 수학탐험대 활용과 교사의 지원을 강화했다.

2회기 연구 실행에서는 1회기 당시 낮은 성취도의 학습자 지원과 자기주도학습의 어려움을 해결하는 데 초점을 두었다. 먼저 숙제나 쉬는 시간, 자투리 시간 등을 활용했던 수학탐험대는 성취도가 낮은 학생의 경우 적극적인 참여와 지속적인 활용에 있어 비교적 낮은 참여도를 나타냈다. 따라서 이러한 문제를 개선하고 자기주도학습을 지속적으로 수행할 수 있도록 수업 맥락에서의 수학탐험대 활용 경험을 높이고자 했다. 또한 수학탐험대의 상시적 활용과 학생의 자기주도학습을 강화하고자 블렌디드 러닝

(Blended-Learning)을 통해 끊김 없는 학습이 이루어질 수 있도록 했다.

2회기 연구 실행에서는 기초학습 능력이 부족한 학생들을 강화하고자 학생-학생 간 협력, 학생-교사 간 상호작용을 통한 긍정적 학습경험 확대를 계획했다. 성취도가 낮은 학생을 위해 교사가 수학탐험대 활용 방법을 보다 구체적으로 안내하고(모델링), 학생의 문제해결 과정에도 필요에 따라 도움을 제공했다(코칭). 또한 학생들이 동료학습을 하면서도 개념적 이해와 문제해결에 어려움을 겪을 때는 시간을 할애해 학생이 파악한 내용과 어려움을 겪는 지점을 확인하고 보다 적극적으로 지원했다(스캐폴

〔그림 2-8〕 2회기 연구 실행 과정

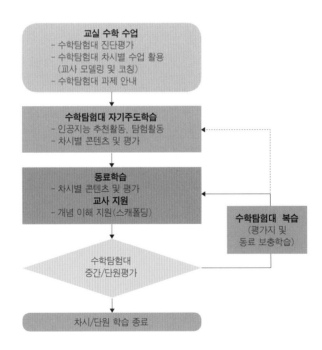

딩). 또한 수학 시간에 학급의 모든 학생이 활용 가능한 태블릿을 확보해 동료학습에 활용하고, 이를 통해 학생 간 상호작용을 더욱 촉진하는 계기로 삼았다. 1회기의 수업 실행에서 부족했던 점을 보완해 [그림 2-9]와 같이 예측설계도를 작성했다.

2회기 연구 실행에서의 두드러진 특징은 교실수업에서 성취도가 낮은 학생들이 또래와 함께 수학탐험대의 차시학습과 평가활동을 학습하면서 수학적 문제해결 과정에 대한 이해가 가능해졌다는 점이다. 또한 또래와의 상호작용은 수학탐험대 활동의 지속적인 참여 요인이 됐다. 사실 수학에 관한 대화가 일상적으로 이루어지긴 어려운데, 교실 환경에서 또래와 함께 수학 문제를 공유하고 문제를 해결할 기회를 가진 것은 큰 도움이 됐다. 이는 학업성취도 향상뿐만 아니라 동료학습에 대한 긍정적인 관심으로까지 이어졌다.

2회기의 수업 실행 후 여섯 명의 학생을 대상으로 수학 성취도 수준에 따라 두 그룹으로 나눠 면담을 진행했다. 성취 수준이 낮은 그룹의 경우

〔그림 2-9〕 2회기 예측설계도

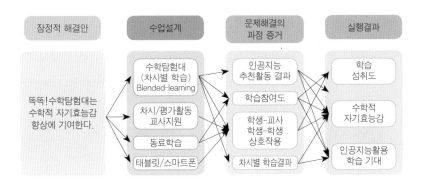

수학탐험대가 제공하는 문제와 콘텐츠가 이해하기 쉬워서 보다 쉽게 수학 공부를 할 수 있었고, 또래와 교사의 도움으로 이해가 가지 않는 부분을 잘 이해할 수 있게 됐다고 보고했다. 인공지능 추천활동에서 안내된 문제에 대해서는 문제를 완벽하게 해결한 것은 아니지만 자신이 모르는 부분이 무엇인지를 알 수 있는 기회가 됐다고 했다. 특히 탐험활동과 같은 게임 활동은 문제를 어떻게든 해결해야겠다는 생각에 이것저것 고려하고 시도해보는 계기가 됐다고 했다. 성취 수준이 높은 그룹도 수학탐험대 학습이 도움이 되었다고 했다. 특히 수업 시간에 공부했던 내용을 차시별 동영상을 통해 확실히 이해하고 넘어갈 수 있었으며, 자신이 알고 있는 내용을 또래에게 알려주면서 스스로 개념을 더 분명하게 이해하게 됐다고 진술했다.

두 그룹의 면담에서 공통으로 나타난 결과는 무엇일까? 학생들이 수학탐험대를 꾸준히 공부하면 수학 공부를 잘할 수 있게 될 것이라는 기대감을 내비쳤다는 점이다.

수학탐험대 학습이 수학적 자기효능감에 미치는 영향을 알아보기 위해 학생들에게 두 번의 수학적 자기효능감 검사를 실시했다. 첫 번째는 수업 연구 실행의 준비 단계에서 진행했고, 두 번째는 약 8주간에 걸쳐 진행된 1, 2회기의 수업연구 후에 실시했다. 수학탐험대를 활용한 프로그램의 효과를 알아보기 위해 두 종속표본 t검정에 의해 사전과 사후 수학적 자기효

〔그림 2-10〕 성취도 현황에 따른 동료학습 지원

능감을 비교한 결과는 다음과 같다.

[표 2-1] 수학적 자기효능감 t검정 결과

	수업연구 전 검사	수업연구 후 검사
평균(4점 만점)	2.88	2.91
표준편차	0.49	0.52
사례 수	25	25
t 유의확률	-2.69* .013	

* $p < 0.05$

수업연구 전과 후 수학적 자기효능감의 차이에 대한 통계적 유의성을 검정한 결과 유의 수준 .05에서 수학탐험대 프로그램에 의해 학생들의 수학적 자기효능감에 차이가 나타난 것으로 분석됐다. 이를 통해 수학탐험대를 활용한 수학학습 프로그램은 학생들의 수학적 자기효능감 향상에 효과적인 방법이 될 수 있음을 알 수 있다.

앨버트 반두라는 자기효능감이 성공 경험, 대리적 경험, 언어적 설득, 생리적·정서적 상태 등 네 가지 요소에 영향을 받아 형성된다고 보았다. 그중에서도 성공 경험이 가장 큰 영향을 미친다고 했는데, 수학탐험대의 가장 두드러진 특징 중 하나가 인공지능 기반의 맞춤형 학습을 통한 성공 경험의 제공이다. 또한 이번 연구를 통해 수학탐험대의 활용은 교사와 또래와의 상호작용을 통한 대리적 경험, 언어적 설득과 격려, 정서적 지원을 통해 수학적 자기효능감 형성에 긍정적 환경이 될 수 있음을 알 수 있었다.

이번 수업연구는 2개월이라는 비교적 짧은 기간 동안 수행된 연구이기 때문에 수학탐험대가 수학적 자기효능감 향상에 미치는 영향을 일반화하기에는 다소 무리가 있다. 그러나 교사와 인공지능의 협력이 학생의 수학적 자기효능감 및 수학학습에 미치는 영향을 수업설계 과정을 중심으로 탐색했다는 점에서는 의미가 있다.

똑똑! 수학탐험대, 똑똑하게 탐험하기!

수학탐험대는 교실환경뿐만 아니라 교실 밖 환경, 즉 가정에서의 자기주도학습에 활용할 수 있다. 초등학교 저학년, 중학년을 대상으로 개발된 수학탐험대는 교사의 관리와 과제 부여 없이는 적극적인 참여를 끌어내기가 쉽지 않다. 인공지능 기술이 진보함에 따라 학생의 학습관리 또한 보다 적응적이며 적극적인 시스템으로 변모할 것이다. 그러나 현재 수준에서는 '학생-수학탐험대'의 연결보다는 '학생-교사-수학탐험대'의 연결을 통해 학생들이 수학탐험대를 보다 효과적으로 활용할 수 있다.

한편 지능형 튜터링 시스템의 특징을 갖는 수학탐험대는 교사에게 학생의 교과 지도 및 맞춤형 학습, 평가, 자기주도적 학습과 학습관리를 지원해주는 협력교사로 기능할 수 있다. 협력교사와 함께 하는 협력수업이 효과적으로 이루어지기 위해서는 실제 교사들이 진행하는 협력수업과 마찬가지로 교사와 수학탐험대 사이의 호혜적이며 상호보완적인 협력적 교수설계가 이루어져야 한다.

AI 교사의 교수 효과는 교사의 수업설계를 통해 구체화될 수 있기에 교사와 AI 교사 상호 간의 협업은 필수이다. 실제 학생들을 지도하는 교사와 AI 교사의 협력수업은 교사의 주도적인 수업설계와 AI 교사의 적극적인 수업 지원으로 활성화될 수 있다. 이를 위해 교사는 학생들의 학습 수준 진단과 교육적 요구는 물론 수학탐험대가 지닌 인공지능의 가능성과 한계 또한 분명하게 파악해야 한다. 이후 교사는 AI 교사가 제공하는 학습의 지원, 진단평가 및 진단분석을 통한 인공지능 추천 학습과 맞춤형 학습 제공, 즉각적인 피드백 등 활용 가능한 기능을 수업설계에 적용해야 한다. 또한 교사는 학생의 학습과 참여를 AI 교사의 내외부에서 지속적으로 관리·지원함으로써 학습자의 학습경험을 강화하고 확대할 수 있다. 결론적으로 학생이 '똑똑! 수학탐험대'를 똑똑하게 탐험하기 위해서는 무엇보다 인간 교사의 똑똑한 탐험 설계가 이뤄져야 한다. 수학탐험대는 학생의 기초 · 기본 수학 능력의 향상에 초점을 두고 있다. 따라서 교사는 수학 문제해결 능력이 부족한 학생에 대한 원인 분석과 인지적 · 정의적 영역에서 어떤 지원이 요구되는지를 보다 세심히 파악하고, 수학탐험대라는 AI 교사가 학생에게 지원가능한 범위와 역할이 무엇인지를 파악하여 이를 모두 수업설계에 반영해야 한다. 즉 교사와 AI 교사가 가진 각각의 가능성과 한계 속에서 상호보완적인 관계를 형성해 서로가 잘할 수 있는 영역에 보다 더 집중할 수 있도록 하는 체제적이며 유연한 수업설계 접근이 요구된다. 또한 교사의 이러한 설계 과정 사례를 모아 인공지능 시스템에 반영함으로써 서비스 개선에 어떤 요소들이 필요한지를 실질적으로 파악할 수 있을 것이다.

똑똑! 수학탐험대, 똑똑한 수학탐험대로!

구성주의 학습 관점에서 바라보는 학습환경은 '학습자들이 학습 목적과 문제해결 활동을 달성하기 위해 다양한 도구와 정보 자원을 활용하면서 함께 공부하고 서로 도와줄 수 있는 공간'[67]으로 정의한다. 이러한 측면에서 최근 등장하는 다양한 에듀테크는 학습자 중심 학습환경의 특징을 갖는다. 학습 콘텐츠 제공뿐만 아니라 정보처리, 조작 활동이 가능하고 의사소통과 협업 등 다양한 수준에서의 상호작용과 학습을 불러일으키는 공간이기 때문이다. 수학탐험대 또한 인공지능 기술을 활용하여 수학 학습의 진단과 처방뿐만 아니라 학생들이 실제적 문제 해결을 위해 생각을 공유하고 협업할 수 있는 학습자 중심 학습환경으로 발전할 것이다.

수학탐험대를 시작으로 학생의 학습을 총체적으로 지원할 수 있는 인공지능 학습관리 시스템이라는 거시적인 학습 플랫폼의 개발 또한 요구된다. 추후 모든 교과의 인공지능 맞춤형 학습의 제공과 함께 에듀테크와의 결합을 통한 다채로운 교육활동, 교실 내외에서의 학습과 평가, 학습 이력 관리를 통한 학습분석 및 진단, 상담 활동 등을 통해 실제적이며 적극적인 학습 지원이 이루어질 수 있는 고도화된 학습 플랫폼에 대한 적극적인 논의가 이루어지기를 기대한다.

똑똑! 수학탐험대의 '똑똑'은 단단한 물체를 가볍게 잇따라 두드리는 소리를 의미한다. 또한 '똑똑'은 또렷하고 분명하거나 사리에 밝고 총명함을 나타내는 '똑똑하다'의 어근이다. 즉 소리의 '똑똑'과 총명함의 '똑똑'을 의미하는 중의적 표현으로 보인다. 똑똑! 수학탐험대는 똑똑 두드려 그 안에 들어가서 수학탐험을 시작하면 이내 곧 똑똑해질 것 같은 끌림이 있는 이름이다. 똑똑! 수학탐험대는 오늘도 성장하고 있으며 똑똑한 수학탐험대로 계속해서 성장해나가길 바란다.

1. '똑똑! 수학탐험대 함께 학습지' 활용하기

똑똑! 수학탐험대를 학습하는 학생 중 실력이 부족한 학생들에게는 똑똑! 수학탐험대에서 제공하는 '똑똑! 수학탐험대 함께 학습지'를 출력해 제공한다. 이 학습지는 똑똑! 수학탐험대에서 공부했던 주요 개념을 이미지 중심으로 제시해 학생 스스로 탐색해보면서 문제를 해결할 수 있다. 이처럼 반복적 문제풀이 활동을 통해 주요 개념을 이해하고, 자연스럽게 문제해결 능력을 키울 수 있다. 또한 각 문제 페이지 상단에 QR코드를 제공하고 있어 해당 문제와 관련된 주요 개념을 동영상을 통해 곧바로 학습할 수 있다.

[그림 2-11] 학습지 활용

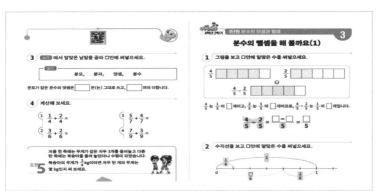

2. '똑똑! 수학탐험대' 교구 활용하기

똑똑! 수학탐험대에서 제공하는 디지털 교구는 교사가 수학 개념과 원리를 설명하는 데 유용하게 활용할 수 있다. 또한 학생이 직접 조작 가능하기 때문에 교구를 통해 다양한 시도를 해보면서 수와 연산, 도형, 측정 등에 대한 기초적 개념을 쉽게 이해할 수 있다.

[그림 2-12] 교구 활용

 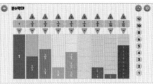

Chapter 2

인공지능과 생태교육이 만나는 'ECO With AI' 프로젝트 수업

교사와 인공지능의 만남

인공지능 기술이 우리 삶의 한 부분을 차지하고 있는 현실에도 불구하고 우리는 인공지능 기술에 대한 서로 상충되는 감정인 기대감과 불안감을 동시에 느끼고 있다. 이러한 감정은 인공지능 교육에도 영향을 미친다. 교육의 본질적 목적에 미칠 인공지능 교육의 영향보다 인공지능 자체의 이해와 사회적 영향, 교과목에서의 인공지능 활용에 관심을 두게 되는 것이다. 그 결과 교육과정의 방향성마저 그렇게 맞춰지게 되었다. 이러한 원인으로 인공지능 교육의 긍정적 또는 부정적 인식에 대한 연구는 충분히 이루어지지 않았다. 이런 상황에서 한편에서는 기후이변, 새로운 바이러스 출현 등으로 생태계의 위험이 급증하자 생태전환교육에 대한 중요성이 부각되고 있다. 하지만 인공지능과 생태전환교육은 서로 접점을 찾지 못한 채 평행선을 달리고 있다.

인공지능 기술을 잘 활용하면 생태환경을 보존하고 발전시키는 데 많은 도움을 줄 수 있다는 점을 간과해서는 안 된다. 학생들에게 프로젝트 학습을 통해 이런 두 영역의 조화가 가능함을 인식시킬 수 있다면 인공지능 교육에 대한 새로운 방향을 정립하는 데 도움이 될 수 있다는 생각을 하게 됐고, 이에 따라 'ECO With AI' 프로젝트 수업을 진행했다. 또한 2022 개정 교육과정의 핵심역량인 자기관리 역량, 지식정보처리 역량, 창의적 사고 역량, 심미적 감성 역량, 협력적 소통 역량, 공동체 역량을 기르는 데 이 수업이 어떤 영향을 미치는지 알아보고자 했다.

이 수업을 위해 물리적 수업환경을 다음과 같이 개선했다.

첫째, 교실에 설치된 무선 와이파이, 1인 1태블릿 기기를 활용한 인공지능 학습, 생태학습을 위한 검색, 기록, 저장, 공유 활동이 가능하도록 했다. 둘째, 마이크로비트를 활용해 인공지능 센서를 활용한 교육이 가능하도록 했다. 셋째, 웹캠을 활용해 컴퓨터 비전에 대한 개념을 이해하고 적용할 수 있도록 했다. 넷째, 수분 센서를 활용해 인공지능 기반 생태교육과 사물인터넷의 개념과 활용방법을 이해하도록 했다. 다섯째, AI 식물재배기를 통해 빛, 수분, 양분의 필요성을 인식하고, 인공지능 기술이 어떻게 적용되어 작동하는지 이해할 수 있도록 했다. 여섯째, 구글 클래스룸을 활용해 인공지능 활용 수업 및 생태전환 수업을 진행했다. 그리고 그 과정에서 작성된 학생들의 포트폴리오 자료를 공유하는 활동을 통해 다양한 아이디어를 나누는 수업이 이루어지도록 했다. 일곱째, 인공지능 기술 기반의 메타버스 플랫폼을 이용해 학생들 스스로 인공지능 기술을 적용한 가상환경을 구성하고 운영했다. 여덟째, 텃밭과 교실 화분에 센서 기반 기술을 적용함으로써 인공지능 기술의 도움을 통해 생태환경을 과학적으로 관리할 수 있는 방법을 이해하도록 했다. 또한 다음과 같은 인공지능 기반 프로그램을 활용했다.

엔트리

엔트리는 네이버 커넥트재단에서 운영하는 비영리 교육 플랫폼이다. 생각하고, 만들고, 공유하는 과정을 통해 학습하도록 고안됐으며 인공지능과 데이터 분석, 피드백을 제공한다. 엔트리 프로그램은 학생들이 인공지능을 활용해 생각한 내용을 코딩을 통해 만드는 저작도구다.

해당 플랫폼의 경우 프로그램은 장면, 블록, 모양, 소리, 속성으로 구성되어 있으며 제작한 내용을 장면을 통해 확인할 수 있다. 'ECO With AI' 수업에서는 '인공지능 블록' 중 '기본 인공지능 블록'과 '인공지능 모델 학습 블록'을 활용했다.

〔그림 2-13〕 엔트리 실행 화면

⊥ [그림 2-13] 엔트리(playentry.org)

네이버 데이터랩

네이버 데이터랩은 네이버에서 운영하는 플랫폼으로 주제어 검색을 통해 입력된 단어가 네이버 검색 엔진에서 얼마나 검색되는지 관련 데이터를 제공하는 웹 기반 서비스다. 해당 플랫폼의 특징은 다음과 같다.

- 입력한 주제어별로 검색된 내용을 그래프로 보여준다.
- 주제는 최대 5개까지 설정할 수 있으며, 한 주제당 최대 20개의 검색어를 추가할 수 있다. 2개 이상의 주제어는 콤마(,)로 구분한다.
- 기간을 정해 주제어에 대한 데이터 변화 추이를 알 수 있다.
- 모바일, PC의 범위를 정해 데이터를 검색할 수 있다.

〔그림 2-14〕 네이버 데이터랩이 제공한 인공지능 관련 검색어의 데이터 변화

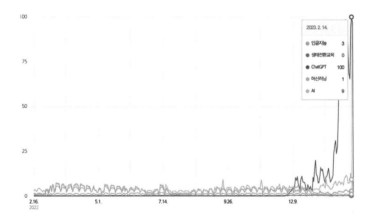

[그림 2-14] 네이버 데이터랩(datalab.naver.com)

- 여성, 남성 등 성별을 구분해 데이터를 검색할 수 있다.
- 12세 미만부터 60세 이상까지 총 11개의 연령 설정에 따른 검색값을 구할 수 있다.

슬라이도

슬라이도(Slido)는 웹엑스 플랫폼의 데이터 마이닝 프로그램이다. 간단한 Q&A 및 투표 도구를 통해 사용자가 질문하고 투표와 토론에 참여할 수 있도록 돕는 앱 및 웹 기반 도구다. 해당 플랫폼의 특징은 다음과 같다.

- 학습내용의 핵심 키워드를 정확하게 이해했는지 확인하고 분석하는 데 용이하다.
- 학생들이 학습주제에 대해 공감하는지 알아보고 결정을 내리는 데 사용 가능하다.
- 학생과 교사 모두 질문하고 마음에 드는 질문에 투표해 토론 주제의

〔그림 2-15〕 인공지능 핵심 키워드 관련 슬라이도 화면

우선순위를 정하거나 공감하는 주제를 선택하는 데 활용할 수 있다.

- 실시간 투표를 통해 학습과 관련된 대화를 시작하거나 지식을 확인하고 피드백을 받는 데 편리하다.
- 모둠별 프로젝트를 결정하거나 주요 학습내용을 요약할 때 학생들의 아이디어를 수집하고 선별할 수 있다.
- 구글 스프레드시트, 파워포인트, 유튜브, MS 팀즈 등을 활용해 연동할 수 있다.

교사와 인공지능의 협력 방안

효과적인 프로젝트 수업을 위해 설계한 교육과정은 다음과 같다.

1. 교육과정 재구성 중점 사항

- 교육과정 재구성을 통해 인공지능 및 생태환경 기본소양 교육에 역점을 두었다.
- 주제통합 프로젝트를 통한 아이디어 창출 및 구현에 역점을 두었다.
- 교과 및 창의적 체험활동의 재구성을 통해 교육 시수를 확보했다.

2. 교육과정에서의 'ECO With AI' 프로젝트 수업 운영을 위한 시수 편성

시수는 영역별로 교과수업과 창의적 체험활동으로 나누어 운영했으며

⤵ [그림 2-15] 슬라이도(slido.com)

교과 수업의 세부 영역으로는 생태전환교육(10시간), 인공지능의 사회적 영향(10시간), 프로젝트 학습(10시간)으로 구성해 운영했다. 창의적 체험활동 수업은 인공지능 기본교육(18시간)으로 운영했다.

3. 'ECO With AI'의 개념

'ECO With AI'의 알파벳 이니셜은 Experience(체험), Cooperate(협업), Organize(적용), Write(제작), Assistant(인공지능 활용), Intelligence(문제해결 능력)의 의미를 담고 있으며, 다음의 주제에 적용했다.

- 인공지능 체험하기
- 생태환경 체험하기
- 인공지능 활용해 코딩해보기
- 생태환경의 중요성에 대해 함께 고민해보기
- 인공지능의 개념을 이해하고, 생활 속 인공지능 적용 사례 찾기
- 생태전환교육의 개념을 이해하고, 생활 속 인공지능 적용 사례 찾기
- 인공지능 기반 생태교육 프로젝트 설계하기
- 인공지능을 활용한 생태 환경 가꾸기 프로젝트 적용하기
- 인공지능 알고리즘의 개념 이해하기
- 주어진 문제 상황을 분해하기
- 인공지능 블록 코딩 기반 간단한 문제를 해결하는 프로그램 만들기
- 머신러닝의 개념 이해하기
- 인공지능의 긍정적 영향 알아보기
- 인공지능의 부정적 영향 알아보기
- 인공지능 기반 문제해결 방안 알아보기
- 실생활에 필요한 인공지능 기반 프로그램 만들기

4. 'ECO With AI' 프로젝트 학습을 위한 기본교육 내용

'ECO With AI' 프로젝트 학습을 위한 기본교육은 크게 인공지능 기본교육과 생태환경 기본교육으로 구분해 운영했으며, 세부 지도 내용은 다음과 같다.

- 생활 속 인공지능의 기술 알아보기
- 강AI와 약AI의 활용하기
- 데이터 분석하기
- 머신러닝 기술로 인공지능 프로그램 만들기
- 인공지능 딥페이크 기술과 사회적 영향
- 인공지능 개발자와 사용자가 지켜야 할 윤리
- 탄소발자국으로 알아보는 탄소중립
- 탄소중립 실천 방법 알고 실천 다짐하기
- AR기술로 만나는 멸종위기 동물

5. 'ECO With AI' 프로젝트 수업

인공지능 및 생태전환 기본교육 과정을 수행하고 복합적인 내용을 융합할 수 있도록 구성했다. 이에 따른 프로젝트 학습개념, 지도 내용, 평가 방법은 다음과 같다.

• 'ECO With AI' 학습개념

다음의 [그림 2-16]은 'ECO With AI' 프로젝트 수업의 학습개념을 정리한 것이다. 최종 목표인 프로젝트 학습에 도달하기 위해 학생들은 인공지능 기본교육 프로그램과 생태환경 기본교육 프로그램을 수행하게 된다.

〔그림 2-16〕 'ECO With AI' 프로젝트 학습 흐름도

  인공지능 기본교육 프로그램은 인공지능의 개념을 이해하고 인공지능에 대한 필요성을 인식하도록 돕는 '인공지능의 의미' 교육, 인공지능이 적용된 도구를 활용해 데이터의 중요성과 다양한 센서를 인식하고 분류하는 방법을 알아보는 '인공지능 활용' 교육, 인공지능을 효과적으로 활용하기 위한 역할과 권한을 부여하고 인공지능을 올바르게 이용하는 방법을 알고 실천하는 '인공지능의 사회적 영향' 교육으로 구성했다. 생태환경 기본교육 프로그램은 우리 생활에서 나타나는 기후의 문제를 알아보는 '기후위기의 의미' 교육, 생태계의 중요성을 알아보는 '생물의 다양성' 교육, 온실가스로 인한 문제점을 알아보는 '탄소중립의 의미와 실천 방안' 교육으로 구성했다. 최종 목적지인 프로젝트 학습은 위에서 제시한 2개의 기본 프로그램을 수행하고 생태환경을 보존하기 위해 인공지능 기술을 적용해보는 학습으로 구성했다.

• 인공지능 기본교육의 지도 내용, 핵심 성취기준, 지도 요소, 세부 내용

지도 내용	• 인공지능의 의미를 알고, 생활 속 사물에 활용되고 있는 인공지능 기술 사례를 발견하도록 지도한다. • 인공지능의 3대 분야인 컴퓨터 비전, 자연어 처리, 추천 시스템에 대해 알아보고 어떻게 생활 속에 적용할 수 있는지 생각하도록 지도한다.		
핵심 성취기준	[AI의 이해-사회-활용] 우리 주변의 사물에 AI 기술을 적용할 수 있다.		
지도 요소	**주요 학습개념**	O, I	**핵심역량** 기술활용 비판능력
	• AI의 의미 및 원리 이해		• 생활 속 사례에 적용된 AI 기술 이해 및 적용 방법 알기
세부 내용	**교수학습 활동**		**학생 중심 활동 내용**
	• AI의 의미에 대해 생각나는 내용 적어보기 • AI에 대한 영상을 보고 AI의 특징 정리하기 • AI의 기술(이미지 인식, 문자 인식, 동작 인식, 음성 인식)을 이해하고 생활 속에서의 편리함 알기 • 생활 속에서 사용하고 있는 사물에 AI 기술 적용하기 • 생활 속 사물에 AI 기술 더하여 생각하고 만들고 싶은 사물 그리기 • 내가 상상한 AI가 적용된 사물을 친구들에게 공유하고 AI 기술이 실생활에 주는 긍정적인 부분 생각하기		

• 인공지능 기본교육의 과정중심평가 및 일반화 전략

과정중심평가	• AI의 의미를 이해하고 생활 속에서 어떻게 활용될 수 있는지 친구들에게 설명할 수 있는가? • 생활 속 사물에 AI 기술을 어떻게 적용할지 구상할 수 있는가?
일반화 전략	• AI의 여러 가지 기술을 적용한 생활 속 사물을 각 기술별로 분류하고 이를 정리해 학생들과 공유할 수 있도록 한다. • 생활 속 사물에 AI 기술을 더하기 위한 아이디어를 자유롭게 내도록 하되 AI의 3대 분야의 기술 원리가 들어갈 수 있도록 지도한다.

• 생태환경 기본교육의 지도 내용, 핵심 성취기준, 지도 요소, 세부 내용

지도 내용	•탄소중립이 무엇인지 이해하고 탄소중립을 생활 속에서 실천하기 위한 방안에 대해 고민하고 정부, 기업, 우리가 실천할 수 있는 방법을 중심으로 지도한다. •탄소중립 실천 방안에 대한 공익광고를 웹툰 형식으로 제작하고 전시하여 감상함으로써 탄소중립에 대해 생각해보는 시간을 충분히 가질 수 있도록 지도한다.		
핵심 성취기준	〔탄소중립-의미〕 탄소중립의 의미를 이해할 수 있다. 〔탄소중립-방안〕 탄소중립 방안을 알고 생활 속에서 실천할 수 있다.		
지도 요소	주요 학습개념	C. ○	핵심역량 〔기술활용〕〔창의〕
	•탄소중립의 의미를 이해하고 이를 실천하기 위한 방안 마련		•탄소중립 공익광고 웹툰 제작하기
세부 내용	교수학습 활동		학생 중심 활동 내용
	•탄소중립에 관한 영상을 본 후 탄소중립의 의미가 무엇인지 생각해보기 •탄소중립이 실현되기 위한 조건 두 가지에 대해 이야기해보기 •정부, 기업, 우리가 실천할 수 있는 탄소중립 방법 정리하기 •내가 영양사가 되어 직접 '그린 급식의 날' 식단표 짜기 •탄소중립 공익광고 웹툰 콘티 디자인하기 •AI 웹툰 저작도구(투닝: tooning.io)를 이용해 탄소중립 공익광고 웹툰 제작하기 •친구들이 제작한 탄소중립 공익광고 웹툰 감상하고 나누기		

• 생태환경 기본교육의 과정중심평가 및 일반화 전략

과정중심평가	•탄소 중립의 의미를 이해하고 이를 실천할 수 있는 방법으로 직접 그린 급식 식단표를 알맞게 짤 수 있는가? •탄소중립 공익광고 웹툰을 취지에 맞게 효과적으로 제작하고 이를 친구들과 공유하고 감상할 수 있는가?
일반화 전략	•탄소 배출량의 심각성을 학생 스스로 인식할 수 있도록 자료를 구성하고, 우리의 생활에서 실천할 수 있는 현실적인 방법들에 대한 힌트를 단계적으로 제시한다. •AI 웹툰 저작도구는 훈련이 미리 되어야 학생들이 쉽게 제작할 수 있으므로 해당 차시 이전에 기본소양(계정, 기능, 제작) 교육을 진행하도록 한다.

• 프로젝트 학습의 지도 내용, 핵심 성취기준, 지도 요소, 세부 내용

지도 내용	1. 인공지능 활용 식물재배 사례 알기 → 2. 비생물 요소 이해, 식물재배 환경 파악 → 3. 인공지능 식물 재배기 사용 및 적용 → 4. 인공지능으로 기른 식물 활용		
핵심 성취기준	[AI 원리와 활용–인식–인식방법] 다양한 센서를 통해 입력받은 정보를 컴퓨터가 인식하는 방법을 설명할 수 있다. [AI의 이해–윤리–사용] AI를 올바르게 사용하는 방법을 알고, 생활 속에서 실천할 수 있다. [생물의 다양성–중요성] 기후위기로 인한 생태계 파괴의 실태를 이해하고 생물이 다양하게 살아가야 하는 이유를 알 수 있다. [탄소중립–방안] 탄소중립 방안을 알고 생활 속에서 실천할 수 있다.		
지도 요소	**주요 학습개념**	C, A	**핵심역량** 의사소통 기술활용
	• AI 식물 재배 사례 및 원리 이해 • 비생물 요소, 식물이 잘 자라는 환경		• AI 식물 재배기 사용 및 적용하기 • AI로 기른 식물 활용하기(식물 토양 수분 측정)
세부 내용	**교수학습 활동**		**학생 중심 활동 내용**
	• 생활 속 AI를 활용한 식물 재배 사례를 알아보고 재배 원리 이해하기 • AI를 활용한 식물 재배 사례들의 공통점, 차이점 파악하고 식물을 가꿀 때 필요한 필수 요소(온도, 습도 등) 이해하기 • 비생물 요소(햇빛, 물, 흙 등)가 생물에 미치는 영향을 알고, 식물이 잘 자라기 위한 환경을 설명하기 • 교실 화분 및 학교 텃밭에 토양습도 측정 프로그램 제작 방법 알아보기 • 교실에서 AI 식물 재배기 사용 방법을 익히고 식물이 잘 자랄 수 있도록 AI 기능을 적용하기 • 마이크로비트 코드블록을 활용하여 교실 화분 및 학교 텃밭에 토양습도 측정 프로그램 제작하고 발표하기		

• 프로젝트 학습의 과정중심평가 및 일반화 전략

과정중심평가	• 생활 속 AI를 활용한 식물 재배 사례 및 식물이 잘 자랄 수 있는 온도, 습도 조건 등을 이해하여 토양수분 측정 프로그램을 설계할 수 있는가? • 마이크로비트 코딩블록으로 토양수분 측정 프로그램을 제작하고 발표할 수 있는가?

일반화 전략	• 토양수분 측정을 위한 기초 소양으로 마이크로비트 기본 코딩블록을 다룰 수 있도록 지도해야 한다. • 마이크로비트와 토양수분을 측정하는 모듈을 연결하는 과정에서 센서의 원리와 작동방법에 대해 잘 설명한 후에 2번 이상 반복하여 스스로 연결 및 작동 상태 여부를 확인하도록 지도해야 한다.

인공지능과 함께하는 수업 실행

인공지능 기본교육

초등 교육과정에 인공지능의 원리가 내재된 프로그램을 다양하게 접함으로써 인공지능이 무엇인지에 대해 느끼고 이해할 수 있는 체험의 기회가 많이 제공되어야 한다. 학습주제인 '데이터 활용 자료 만들기'에서는 여러 가지 데이터가 인공지능의 기본이 된다는 것을 이해시키고자 여러 데이터를 넣어 이를 인공지능이 구현해내는 방식에 대해 학습하도록 구안했다.

먼저 네이버 데이터랩의 사용 방법을 익히고 이 도구에 주제와 관련된 데이터를 입력한 후 이를 시각화해 나타낼 수 있도록 했다. 이 과정에서

〔그림 2-17-1,2〕 빅데이터(earth nullshcool, Datalab, Natural Earth) 활용 학습활동

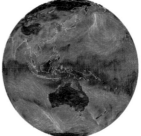

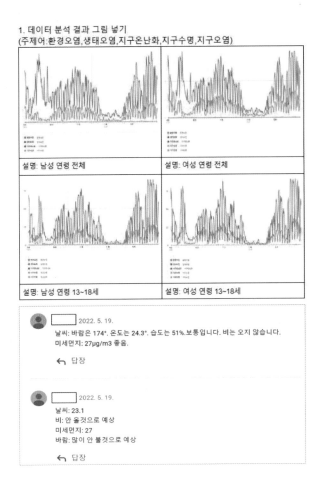

1. 데이터 분석 결과 그림 넣기
(주제어:환경오염,생태오염,지구온난화,지구수명,지구오염)

설명: 남성 연령 전체	설명: 여성 연령 전체
설명: 남성 연령 13~18세	설명: 여성 연령 13~18세

2022. 5. 19.
날씨: 바람은 174°. 온도는 24.3°. 습도는 51%.보통입니다. 비는 오지 않습니다.
미세먼지: 27µg/m3 좋음.

↰ 답장

2022. 5. 19.
날씨: 23.1
비: 안 올것으로 예상
미세먼지: 27
바람: 많이 안 불것으로 예상

↰ 답장

나의 특징이 잘 드러나게 시각화되어 구현된 결과물을 서로 비교하고 공
유할 수 있는 시간을 가졌다. 그렇게 함으로써 인공지능에서 데이터의 중

⤓ [그림 2-17-1] Earth Nullshcool(earth,nullschool.net)
⤓ [그림 2-17-2] 네이버 데이터랩(datalab.naver.com)

요성을 인식할 수 있도록 했다.

다음으로 기상 데이터를 예측하기 위해 '어스 널스쿨(Earth Nullshcool)' 프로그램을 체험하는 수업을 진행했다. 이 과정에서 학생들은 수많은 기상 데이터로 앞으로 일어날 일기를 이해하고 데이터 예측의 중요성이 갖는 의미를 인식하도록 했다.

생태환경 기본교육

기후위기가 심각해지면서 세계적으로 탄소중립에 대한 필요성이 대두

〔그림 2-18〕 AI 웹툰 저작도구 투닝 활용 탄소중립 실천 학습활동

되고 있다. 수업을 통해 탄소중립의 의미와 필요성에 대해 알아보고 구체적인 탄소중립 실천 방법을 다짐하고 실천하도록 하는 것을 목표로 잡고 6차시로 구안했다.

첫 수업에서는 탄소발자국을 통해 탄소중립의 개념을 이해하고자 '하루 동안 나의 탄소발자국을 추적하는 활동'을 계획했다. 이 활동을 통해 나의 생활 습관을 돌아보고 탄소배출량을 줄일 수 있는 방법을 고민하고 실천 의지를 단단히 하는 시간을 갖도록 했다. 영상을 통해 실천 사례를 알아보도록 하고, 쓰레기 분리배출, 샤워 짧게 하기, 육식 줄이기 등 쉽고 구체적인 방법도 제시해주었다.

두 번째 수업에서는 탄소중립 실천 방법을 정부, 기업, 국민 등 주체별로 정리해보고 육식을 줄인 '그린 급식의 날' 식단표 짜기 활동을 계획했다. 심화활동으로 인공지능 웹툰 저작도구인 투닝을 이용해 '탄소중립 공익광고 웹툰' 제작하기 활동을 구성하고 전시 및 감상하도록 했다. 웹툰 만들기 활동을 통해 학생들이 탄소중립 실천 방법에 대해 깊이 고민해보고 실천 다짐을 내재화할 수 있도록 구안했다.

프로젝트 학습

지금까지 학습한 인공지능 기본교육 3개 주제와 생태교육 3개 주제를 기반으로 마련된 프로젝트는 '인공지능과 함께하는 식물 키우기'다. 이 주제에서는 인공지능을 기반으로 한 식물 키우기 사례를 알아보고 교실에 AI 식물재배기를 설치해 여러 가지 식물을 함께 키우고 활용하는 데 중점을 두었다.

이번 프로젝트는 총 2차시로 계획했다. 1차시 수업에서는 식물재배기 사용 방법을 익히고 식물을 가꾸고 관리하는 데 필요한 기본적인 기능을

〔그림 2-19〕 AI 식물재배기(틔운 미니), 센서(마이크로비트 수분 센서) 활용 프로젝트 학습활동

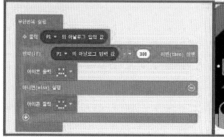
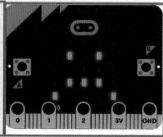

익히도록 했다. 2차시 수업에서는 식물 관찰일지 작성법을 알아본 후 식물재배기에 심은 루꼴라를 관찰하고 기록하는 활동으로 구성했다. 식물 관찰일지는 매일 한 번 이상 수시로 기록하도록 안내해 학생들이 관심을 갖고 식물 가꾸기를 실천하도록 하는 것에 중점을 두었다. 이 과정에서 AI 식물재배기에 관심을 갖고 우리 반에서 어떠한 인공지능 기술을 활용해 식물을 재배할지 고민할 수 있는 시간을 갖도록 의도했다.

인공지능 기반 식물 키우기 심화 수업에서는 습도 센서를 이용해 학생이 직접 인공지능 프로그램을 코딩하고 제작해보기로 계획했다. 심화과정을 통해 식물이 자라는 데 필요한 생물 요소와 비생물 요소를 인공지능으로 통제하고 조작했다. 그렇게 함으로써 식물 가꾸기 활동이 식물 관찰에 그치지 않고 학생이 주체가 되어 실천해보는 활동이 되도록 했다.

수업 성찰과 개선

인공지능 도구를 활용한 생태교육 프로젝트 학습결과에 따른 검증은 통계적 수치에 따른 양적 검증 및 빅데이터를 활용한 질적 검증 방식으로 진행했다. 양적 검증은 학년별 전체 학생에 대한 변화를, 인공지능 역량 5개 영역, 생태 인식 역량 5개 영역에 대해 분석했다.

1. 6학년(3개 반) 양적 검증 결과

〔표 2-2〕 대응표본 T 검정 활용 역량 분석 결과

6학년 인공지능 및 생태인식 역량 변화	대응표본 통계량			
	요인	평균	표준편차	표본의 크기
	사전	3.67	0.409	20(문항 수)
	사후	4.02	0.280	66(학생 수)
	대응표본 검정				
	요인	평균	표준편차	표준오차	t	t 임계값
	사전–사후	-0.345	0.261	0.058	-5.922	˙093
	유의확률	0.0003				
	검정결과	t≤-2.093 or t≥2.093 5% 유의 수준에서 유의미한 차이가 있음				

양적 검증 해석
전반적인 역량 향상에 유의미한 결과를 나타냈으며, 인공지능 역량 중 문제해결 역량, 창의적 사고력, 기술활용 능력, 비판적 사고력에서 향상된 결과를 나타냈다. 생태 역량 중 문제해결 능력, 비판적 사고력에서 향상된 결과를 나타냈다.

2. 인공지능 역량 및 생태 역량 지식 수준의 변화

'인공지능의 의미' 수업 전 학생들에게 '인공지능' 하면 떠오르는 단어를 물은 결과 로봇, 알파고, AI, 똑똑해 등의 단어를 가장 많은 학생이 공통으로 이야기한 것으로 나타났다. 그러나 수업 후에는 '인간을 모방', '인간을 모델링'이라는 단어가 나타났다. 이는 인공지능의 의미인 '컴퓨터를 사용해 인간을 모델링하는 기술'의 의미가 학습 후 인지된 결과로 보인다.

〔그림 2-20〕 '인공지능의 의미' 학습 전후 지식 수준의 변화

'탄소중립 이해' 수업을 하기 전에는 탄소중립의 의미를 묻는 질문에 나무, 수소자동차, 대중교통, 나무 심기 등 학교의 환경보호 수업에서 배운 단어들이 주로 나타났다. 특히 나무라고 답한 학생이 가장 많았다. 이것은 학생들이 탄소중립을 실천하는 방법으로 나무 심기(탄소 흡수량 늘리기)를 가장 많이 알고 있음을 보여준다. 한편 수업 후 설문에서는 절약, 재활용, 채식, 나무 심기 등 단어의 종류가 다양해졌다. 탄소중립 실천 방법에 대한 인식이 다양해진 것을 알 수 있다. 절약, 채식, 재활용, 분리수거 등 탄소 배출량을 줄일 수 있는 방법과 관련된 단어는 수업 전 설문에서는 나오지 않았기 때문이다. 이를 통해 학생들이 탄소중립 실천을 두 가지 영역, 즉 탄소 배출량 줄이기, 탄소 흡수량 늘리기의 관점에서 인식하게 됐음을

확인할 수 있다.

〔그림 2-21〕 '탄소중립의 이해' 학습 전후 지식 수준의 변화

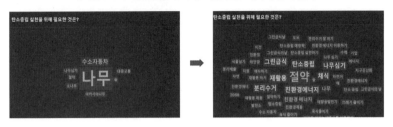

'인공지능 기반 산불 예방' 프로젝트를 진행하기 전 학생들에게 산불 예방을 위해 할 수 있는 방법을 질문하자 헬리콥터, 감시, 물 뿌리기 등 매스컴이나 경험을 통해 알고 있는 단어를 말했다. 인공지능 센서 모델링 기반 코딩 수업 후 학생들은 컴퓨터 비전, 온도센서, 드론, 비디오 감지 센서 등의 단어를 언급했다. 이는 자신이 제작한 '센서' 기반 도구를 이용해 산불을 예방할 수 있다는 것을 인식하고 있음을 알 수 있다.

〔그림 2-22〕 '인공지능 기반 산불 예방 프로젝트' 학습 전후 지식 수준 변화

'인공지능 기반 식물 키우기' 프로젝트를 진행하기에 앞서 식물을 잘 키우기 위한 방법에 대한 설문도 진행했다. 이 설문에는 물 주기라는 답이 가장 많았다. 즉 식물을 잘 키우기 위해서는 물을 잘 주어야 한다는 인식이 강하다는 결과였다. 그러나 프로젝트 수업 후 학생들의 대답은 많이 달랐다. 식물을 잘 키우기 위한 방법으로 수분 센서, 토양 센서, 공기 센서, 빛 센서 등의 대답이 나온 것이다. 이를 통해 식물이 잘 자라는 데 필요한 요소를 제대로 이해하고 있음은 물론 특히 식물을 잘 키우는 데 센서를 이용하는 방법을 인식하게 됐음도 확인할 수 있었다.

〔그림 2-23〕 '인공지능 기반 식물 키우기 프로젝트' 학습 전후 지식 수준 변화

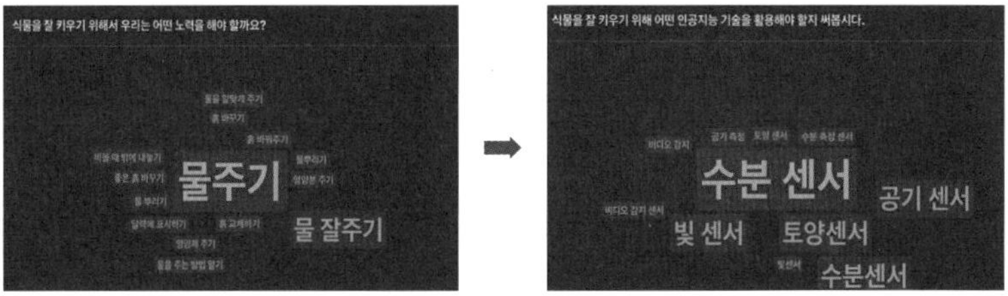

인공지능 도구를 활용한 생태교육 프로젝트 학습을 통해 학생들의 역량이 어떻게 변화되는지 알아보고자 했다. 양적, 질적 분석 결과를 살펴보면 다음과 같다.

① 기후위기 및 탄소중립의 의미와 중요성을 학습하는 과정을 통해 생태계의 소중함을 깨닫고 탄소중립을 실천할 수 있는 역량이 향상됐다.
② 인공지능의 의미, 인공지능의 사회적 영향, 인공지능 기술의 이해를 통해 인공지능을 활용할 수 있는 역량이 향상됐다.

③ 인공지능과 생태교육을 융합하는 프로젝트 학습을 통해 미래 핵심역량 (문제해결 능력, 창의성, 의사소통, 기술활용, 비판 능력)이 향상됐다.

④ 인공지능 기반 교육이 단계별 융합수업으로 진행될 때 효과가 높다는 것을 알게 됐다. 이러한 학습을 통해 미래교육 역량을 키우는 데 효과가 있을 것으로 기대한다.

인공지능 도구 기반 수업의 도입을 생각할 때, 긍정적 측면과 더불어 학습에 적용하는 데 고려해야 할 점을 정리해보았다.

① 학생들에게 인공지능 교육을 실시하기 위해서 교육과정 재구성은 가장 중요한 측면이다. 학교교육과정에서 각 교과목을 융합해 운영하는 것이 초등 과정에서는 가능한 편이나 중·고등 과정에서는 어려움을 초래할 수 있다.

② 인공지능 기반 교육을 언제 시작해야 하는지에 대한 성찰이 이루어져야 한다. 초등학교, 중·고등학교의 수업에 적용하기 위해서는 용어의 이해 정도, 인공지능 도구의 활용 접근성, 디지털 리터러시 능력 등 학습자 분석이 이루어진 후 철저한 준비를 통해 진행되어야 한다.

③ 데이터 학습에서는 데이터 편향에 대한 문제가 발생할 수 있다. 이번 프로젝트에서는 네이버의 '데이터랩'을 활용했다. 카카오 트렌드, 구글 트렌드, 공공데이터 포털 등의 다양한 데이터를 활용해 나라별, 기업별 특성을 분석했다. 이런 분석을 통해 수업에 맞는 데이터 분석도구를 선정해 운영할 필요가 있다. 더불어 데이터에 대한 무한 신뢰보다는 학생들에게 비판적 사고를 통해 데이터가 어떤 영향을 받을 수 있는지, 로우 데이터(Rawdata) 생성과 필터링에 대한 문제를 어떤 관점에서 바라봐야

하는지에 대해 지도해야 한다.

④ 인공지능 코딩을 학습할 때 개인정보 및 생체정보가 입력되지 않도록 세심한 지도가 필요하다. 인공지능 코딩 기반 제공 도구들은 '컴퓨터 비전' 기술을 활용함으로써 다양한 시각적 정보를 입력받아 처리하는 구조이다. 따라서 학생들의 개인정보나 생체정보가 입력되지 않도록 수업설계부터 철저한 점검과 지도가 필요하다.

⑤ 인공지능 수업을 위한 수업도구 및 수업 플랫폼을 활용하는 데 필요한 개인정보는 반드시 학부모의 동의를 받아야 한다. 미비한 식별정보라도 제3자에게 제공되는 만큼 학기 초에 학부모에게 동의를 얻는 절차가 필요하다.

1. 교사를 위한 수업도구 설명하기

슬라이도(slido)의 워드클라우드는 데이터 마이닝 도구로 학습결과 데이터를 분석할 수 있다. 활용법은 다음과 같다.

① 학생이 수업에 대한 핵심 개념을 이해하고 있는지 확인하는 데 활용할 수 있다.
② 오개념에 대한 요인을 분석해 피드백을 줄 수 있다.
③ 학습 전 선지식의 숙지 정도를 파악할 수 있다.
④ 수업 전과 수업 후에 학습 이해 정도를 분석할 수 있다.

〔그림 2-24〕 인공지능의 의미에 대한 워드 클라우드

2. 인공지능 모델링 학습하기

사회, 과학, 실과 교과 융합 프로젝트 수업을 설계했다. 학생들은 블록형 코딩 프로그램을 이용해 학습한 내용을 실제 생활 속에서 구현할 수 있는 프로그램을 직접 제작하는 활동을 했다.

① 첫 번째 사진은 '산불 예방 프로젝트' 수업 장면으로 학생들이 직접 그림을 그리고 산불을 인식할 수 있는 컴퓨터 비전 기반의 인공지능 모델링을 구현해 실행하는 모습이다.
② 두 번째 사진은 '인공지능으로 식물 키우기 프로젝트' 수업 장면으로 수분 측정 키트를 마이크로비트와 연결해 수분이 부족할 경우 알려주는 센서 기반 모델을 구현해 실행하는 모습이다.

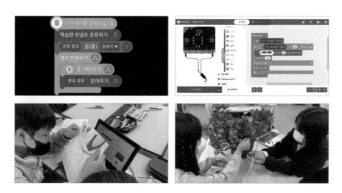

〔그림 2-25〕 인공지능 모델링 학습

Chapter 3

리딩 프로그레스를 활용한 소통형 읽기 수업과 평가

교사와 인공지능의 만남

영어 읽기 수업은 영어 수업에서 많은 부분을 차지하지만 다양한 평가 방식을 도입하기가 어려워 대체로 교사 주도의 단방향 수업이 이루어진다. 교사는 읽기 지문을 한 줄씩 설명해주고, 학생은 문장 구조 분석과 해석을 열심히 필기하는 형태의 수업이 우리에게 익숙한 이유다. 영어 읽기 능력을 함양하기 위해서는 학생들이 다양한 읽기 전략을 경험해야 한다. 교사는 그 과정에서 개별 학생들이 어떤 부분에 어려움을 겪는지 정확하게 파악하고 피드백을 제공해야 한다. 그렇다면 학생들이 실시간 소통형 도구로 교사와 함께 글을 읽고, 인공지능 도구가 학생의 읽기 과정에 개별 피드백을 제공한다면 어떨까? 그렇게 해서 교사가 학생 한 명 한 명의 학습 상황을 정확히 평가할 수 있다면 조금 더 본질적인 목표에 다가갈 수 있지 않을까?

영어 읽기 수업의 과정을 조금 더 자세히 나눠서 살펴보니 인공지능과 교사의 역할을 나눌 수 있는 영역이 보였다. 학생이 영어로 된 글을 처음 읽고 대략의 내용을 파악하는 과정, 중요한 문장 구조를 분석하는 과정, 다시 글을 여러 번 소리 내어 읽으며 글의 의미를 자세히 파악하는 과정, 글의 이해도를 점검하는 형성평가 과정으로 전체 수업의 흐름을 설계했다.

학생들이 글을 여러 번 소리 내어 읽는 차시에서 '리딩 프로그레스(Reading Progress)'라는 인공지능 기반 프로그램을 활용하기로 했다. 이로써 학생의 글 읽기 과정을 자동으로 분석한 피드백을 제공했다. 영어과에서 활용할 수 있는 인공지능 기반 도구에는 소리를 듣고 글씨로 바꿔주는 형태(Speech To Text), 글자를 소리로 바꿔주는 형태(Text To Speech), 번역기, 챗봇 등이 있다. 다양한 에듀테크 도구 중 MS 팀즈(MS Teams)의 리딩 프로그레스를 선택한 이유는 교사가 가진 텍스트를 업로드하면 학생들의 읽기 유창성을 자동으로 분석하고 학습과정을 대시보드 형태로 분석해서 보여주기 때문이다.

교사가 리딩 프로그레스를 활용해 함께 학습했던 본문을 읽도록 하는 개별 과제를 학생들에게 배부하면, 학생들이 본문을 읽은 결과가 자동으로 분석되어 대시보드 형태로 피드백이 제공된다. 또한 과제가 끝난 즉시 리딩 코치(Reading Coach) 기능을 통해 학생이 읽기 어려워했던 단어를 다시 음절별로 듣고 따라 읽도록 도와준다. 리딩 코치는 MS 팀즈 플랫폼 내의 과제 기능이어서 이미 학년 초 학생 및 학부모에게 개인정보 동의를 얻었던 터라 바로 수업에 적용할 수 있었다. 또한 학생의 과제 수행 장면을 첨부할 때 녹음 방식과 녹화 방식 중 원하는 것을 선택할 수 있어 학생들의 초상권 보호 범위를 조절할 수 있는 장점이 있다.

리딩 프로그레스

리딩 프로그레스는 마이크로소프트에서 개발한 인공지능 도구로 자연어 처리 기술과 음성 인식 기술을 기반으로 학생들의 글 읽기 유창성 향상을 지원하기 위해 개발됐다. 주요 기능은 다음과 같다.

- 교사가 직접 텍스트 과제 입력(Word 또는 PDF 파일) 및 수정
- 어휘 수준별 샘플 텍스트 제공(ReadWorks)
- 학생 읽기 녹음 음성 분석(속도, 정확도)
- 수행 향상도 및 오류 단어 자동 분석

해당 플랫폼의 특성은 다음과 같다.

- MS 팀즈 플랫폼 내 과제 기능의 하위 기능으로, 해당 프로그램만 별도로 사용할 수는 없다.
- 학생의 과제 수행 영상 첨부 여부, 제한 시간, 시도 횟수, 리딩 코치 기능 활성화 여부를 교사가 선택할 수 있다.
- 노트북, 태블릿, 휴대폰 모두에서 사용할 수 있다.(Web/App)

[그림 2-26] 리딩 프로그레스

⊕ [그림 2-26] 마이크로소프트의 테크커뮤니티(techcommunity.microsoft.com/t5/education-blog/reading-progress-in-microsoft-teams-improve-student-reading/ba-p/2315377)

교사와 인공지능의 협력 방안

우리 학교 영어과의 교수학습 평가계획의 목적에서는 상호작용과 피드백을 강화한 학생 참여형 수업을 강조한다. 특히 읽기 영역의 평가 방향과 방침에서는 학생들이 능동적으로 읽기 과정에 참여하며 기초적인 영어 읽기 전략을 사용하고, 기능 통합적 수업을 통해 학생의 영어 활용 능력을 종합적으로 발달시키고자 한다. 또한 읽기 수업과 평가 과정에서 학생들이 반드시 자신의 사고 과정에 대한 근거를 제시할 수 있도록 한다. 그리하여 교사가 학생이 주어진 글을 올바르게 읽고 사고하는지 판단할 수 있는 평가를 하도록 했다.

중학교 1학년을 대상으로 한 읽기 평가에서 성취기준으로 다음 세 가지

[그림 2-27] 1학년 2학기 영어과 교수학습 평가계획 중 목적

교수학습평가 계획

1. 교수학습계획

■ 목적

• 상호작용의 활성화를 도모하고 피드백을 강화한 형태의 블렌디드 수업을 운영한다.

• 참여형 수업 디자인을 통해 학생의 내적동기를 함양하고 교육격차를 해소한다.

• 21세기 미래인재역량을 함양할 수 있는 다양한 유형의 언어 학습 과업(task-based)들을 제시하고, 입체적이고 다각적인 평가방식을 활용하여 양적/질적 피드백을 모두 제시함으로써 학생들의 전인적 발달을 도모한다.

• 실생활과 관련된 다양한 형태의 텍스트를 기반으로 읽기 및 듣기 능력을 향상하고, 맥락에서 제공하는 세부 정보 및 주제를 분석하는 능력을 함양하도록 한다.

• 텍스트를 비판적 관점에서 이해할 수 있도록 함으로써 주어진 정보를 기계적으로 수용하기보다는 가용한 정보들을 적극 활용하여 근거 중심의 독해 및 사고방식을 체화할 수 있도록 한다.

• 친숙하고 일반적인 주제의 말하기와 쓰기 능력 배양을 강조하여 자신의 삶과 연관된 다양한 문장을 쓰고 말할 수 있도록 한다.

〔그림 2-28〕 1학년 2학기 읽기 영역 방향 및 방침

■ 방향 및 방침

- 읽기는 능동적 읽기(active reading)를 할 수 있도록 지도하며, 기초적인 읽기 기술 (scanning, skimming, guessing the unknown words from the context)을 배양할 수 있도록 한다. 또한, 기능 통합 수업(skill integration)을 통해 영어의 4가지 기능을 체계적으로 연계하여 학습할 수 있도록 한다. 텍스트 내용에 대한 정확한 사실적 이해 (factual understanding)를 기본으로 근거에 입각한 비판적 사고(evidence-based critical thinking)가 가능하도록 한다.

를 선정했다. '문장을 의미 단위로 끊어 읽으면서 의미를 파악할 수 있다', '일상생활이나 친숙한 일반적 대상, 주제에 관한 글을 읽고 세부 정보를 파악할 수 있다', '일상생활 혹은 친숙한 일반적 주제의 글을 읽고 줄거리, 주제, 요지를 파악할 수 있다'가 그것이다.

단어나 어구 단위를 소리 내어 읽는 것은 초등학교 읽기 성취기준에 포함되어 있어서, 중학교 성취기준의 선수지식으로 판단한다. 그러나 실제로 읽기 활동을 진행해보면 상당수의 학생이 주어진 단어를 적절하게 발음해서 읽는 데 부족함을 보였으며, 긴 문장을 의미 단위로 구분해 읽는 것에는 더 많은 어려움을 겪고 있음을 알 수 있었다.

자유학년제 기간 중의 평가였으므로 수행 결과를 점수로 산출하지는 않았다. 하지만 각 성취기준의 수행 수준을 다섯 단계로 나누어 학생마다 구체적인 피드백을 제공했다. 리딩 프로그레스의 학생 수행 결과 피드백은 교사의 피드백과 함께 학생에게 추가로 제공했고, 평가계획에는 포함하지 않았다.

[표 2-3] 1학년 2학기 읽기 영역 교수학습 평가계획

평가단원	5. Styles Around the World 6. People at Work 7. Discover Korea	평가내용	Reading
평가시기	9월~11월	평가방법	독해 후 지필 시험 및 이해점검 인터뷰 (분석적 독해 과정 확인을 위한 구술평가)
성취기준	[9영03-01] 문장을 의미 단위로 끊어 읽으면서 의미를 파악할 수 있다. [9영03-02] 일상생활 혹은 친숙한 일반적 대상이나 주제에 관한 글을 읽고 세부 정보를 파악할 수 있다. [9영03-04] 일상생활 혹은 친숙한 일반적 주제의 글을 읽고 줄거리, 주제, 요지를 파악할 수 있다.		

평가요소	채점기준	수준
주어진 문장의 의미를 파악할 수 있는가?	① 주어진 문장을 의미 단위로 끊어 읽으면서 문장 전체의 의미를 정확히 파악해 설명함 ② 주어진 문장의 일부 의미를 파악했으며 맥락을 추측해 문장 전체의 의미를 설명함 ③ 주어진 문장의 일부 의미를 파악했으나 부정확하게 설명함 ④ 주어진 문장의 일부 의미를 파악했으나 설명을 포기함 ⑤ 주어진 문장의 의미를 전혀 파악하지 못했으며 설명을 포기함	① Outstanding ② Good ③ Satisfactory ④ Needs Improvement ⑤ Unsatisfactory
일상생활이나 친숙한 일반적 대상, 주제에 관한 글을 읽고 세부 정보를 파악할 수 있는가?	① 주어진 글의 세부 정보를 정확히 파악해 설명함 ② 주어진 글의 세부 정보를 일부 파악해 설명함 ③ 주어진 글의 세부 정보를 일부 파악했으나, 부정확하게 설명함 ④ 주어진 글의 세부 정보를 일부 파악했으나, 설명을 포기함 ⑤ 주어진 글의 세부 정보를 전혀 파악하지 못했으며, 설명을 포기함	① Outstanding ② Good ③ Satisfactory ④ Needs Improvement ⑤ Unsatisfactory
일상생활이나 친숙한 일반적 주제의 글을 읽고 줄거리, 주제, 요지를 파악할 수 있는가?	① 주어진 글의 줄거리, 주제, 요지를 정확히 파악해 설명함 ② 주어진 글의 줄거리, 주제, 요지를 일부 파악해 설명함 ③ 주어진 글의 줄거리, 주제, 요지를 일부 파악했으나, 부정확하게 설명함 ④ 주어진 글의 줄거리, 주제, 요지를 일부 파악했으나, 설명을 포기함 ⑤ 주어진 글의 줄거리, 주제, 요지를 전혀 파악하지 못했으며, 설명을 포기함	① Outstanding ② Good ③ Satisfactory ④ Needs Improvement ⑤ Unsatisfactory

피드백 계획	<ul><li>수업 시간에 학습한 어휘나 문법 지식을 활용해 기초적인 문장이나 글의 의미를 파악할 수 있는지를 확인하기 위한 문항으로, 학생의 성취기준 도달 여부를 1차적으로 점검한다.</li><li>학생은 문항별 채점 직후 스스로 문항별 이해도에 대해 문항별 자기평가와 성찰을 작성한다.</li><li>이후 문항별 보충 학습 시간을 제공한 뒤, 교사와 '이해점검 인터뷰'의 형식으로 개별 문항의 정확한 이해도를 점검한다. 이해점검 인터뷰에서 교사는 학생의 현재 수준에 대한 정확한 판단을 위해 여러 추가 질문을 한다. 그리고 이를 통해 학생이 추후 보충해야 할 지식 요소를 파악해 필요한 학습내용 및 방법을 안내한다.</li><li>이해점검 인터뷰에서 교사는 학생에게 구두 피드백, 서술형 피드백을 모두 제공하며 서술형 피드백은 추후 학부모와 공유한다.</li></ul>

인공지능과 함께하는 수업 실행

교과서 본문 읽기 수업은 '단어 학습-내용 이해-소리 내어 읽기' 순으로 진행했다. 단어 학습과 내용 이해는 실시간 소통형 프레젠테이션 도구인 페어덱(PearDeck)을, 소리 내어 읽기는 리딩 프로그레스를 활용했다.

단어의 의미를 알아보기 위해 먼저 교사는 이미지를 기반으로 단어의 의미, 구조, 활용 예시, 용법 등을 추측하고 알아보는 활동을 학생들과 진행한다. 그리고 나서 페어덱을 활용해 단어 학습의 이해도를 확인한다. 단어는 한 화면에 6개씩 나타나며, 학생들에게는 5개의 물음표가 주어진다. 학생들은 각자의 스마트 기기를 활용해 단어를 살펴보고, 모르는 단어가 있다면 물음표를 드래그해 모르는 단어 위에 올린다. 교사는 학급 학생들이 읽기 활동 전에 어떤 단어를 모르는지 한눈에 파악한 후 전체 학생들에게 주요 키워드 단어를 다시 한번 설명한다.

단어 확인이 끝나면 학생들은 교사와 함께 본문의 의미를 문단 단위로

[그림 2-29] 페어덱을 활용한 읽기 활동 전 단어 지식 확인

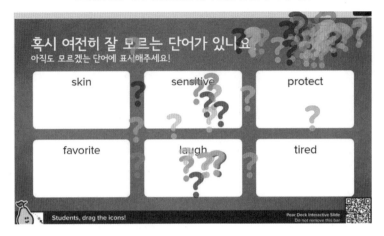

살펴본다. 교사는 학생들에게 5개의 체크 마크를 부여한다. 그리고 학생들에게 글의 주요 내용과 세부 정보를 묻는 질문을 던진다. 예를 들어 "주인공이 어느 나라 학생인지 찾아서 빨간색으로 표시해볼까? 3, 2, 1… 정답은?" 하고 물을 수 있다. 교사가 이렇게 물으면 학생들은 각자의 기기에서 눈으로 빠르게 본문을 훑어보며 자신이 정답이라고 생각한 곳에 체크 마크를 표시한다. 대부분의 학생이 같은 답을 고를 때도 있고, 다른 답을 고르는 경우도 있다. 교사는 학생들의 생각을 실시간으로 파악하며 본문을 끝까지 함께 훑어본다.

본문 전체를 읽고 나면 학생들은 친구들과 함께 풀어볼 참, 거짓 문제를 출제한다. 글의 내용에 관한 문제를 스스로 출제해봄으로써 글의 주

↓ [그림 2-29] Pear Deck(peardeck.com)

[그림 2-30] 페어덱을 활용한 본문 주요 내용, 세부 정보 확인 활동

A Day at an
Elephant Home

My name is Tanga. I'm a middle school ___nt in So___th
___a. Las___day, my volunteer club went to an elephant
home ___school. There were many ___ephants in the
elephant home. We helped them.

Students, drag the icons!

Pear Deck Interactive Slide
Do not remove this bar

요 내용을 다시 한번 점검하도록 했다. 그리고 모든 학생이 출제한 문제의 참, 거짓 여부를 전체 학생들이 함께 판단해보며 본문 이해도를 다시 한번 점검한다. 이때 반드시 학생들이 교과서 본문을 옆에 펼쳐 놓고, 판단의 근거 문장 또는 단어를 찾도록 한다. 이는 인터뷰형 형성평가에서 학생들이 교사에게 답을 하고 근거를 설명하는 과정과 일치한다.

내용 이해 중심 읽기 수업 후에는 글의 주요 구문과 문법 요소가 포함된 문장을 분석적으로 학습한다. 교사는 학생들이 유의해야 할 문장들을 화면에 띄우고, 학생들과 함께 주어, 동사 등 문장 구조를 파악하거나 개별 구문을 설명한다. 글의 구조 파악이 끝나면 학생들은 각자의 속도대로 '소리 내어 읽기' 활동을 진행한다.

우선 교과서 본문 전체 플래시 동영상을 듣고 따라 읽어보며 연습을 진행한다. 그리고 준비가 완료된 학생은 교사가 부여한 리딩 프로그레스 과제를 수행한다. 교사는 학생들이 배운 교과서 본문을 세 번 반복해서 읽을

[그림 2-31] 리딩 프로그레스 학생 수행 결과 분석 화면

것을 과제로 부여한다. 학생들은 과제를 클릭하고 마이크와 영상 녹화를 점검한 뒤, 화면에 나타나는 텍스트를 자신의 속도대로 읽고 녹화한 과제를 제출한다. 과제를 완료하는 즉시 학생들에게는 '리딩 코치' 기능이 제공된다.

리딩 코치는 학생들에게 개별화된 피드백을 제공하는 부가 기능이다. 이 기능은 글 읽기 과제 수행 과정에서 학생이 올바르게 발음하지 못한 단어 중 5개의 단어를 자동으로 추출해 해당 단어의 올바른 발음을 음절별로 학생이 다시 듣고, 전체 단어의 발음을 다시 녹음하도록 한다. 학생의

⊕ [그림 2-30] Pear Deck(peardeck.com)
⊕ [그림 2-31] 마이크로소프트의 테크커뮤니티(techcommunity.microsoft.com/t5/education-blog/reading-progress-in-microsoft-teams-improve-student-reading/ba-p/2315377)

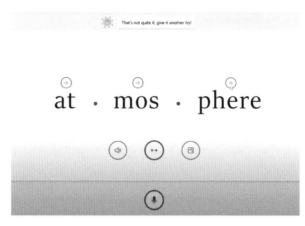

〔그림 2-32〕리딩 코치 기능으로 단어의 음절별 발음 듣기

발음이 여전히 이해 가능한 수준에 도달하지 못할 경우, 다시 소리를 듣고 따라 하도록 한다. 그리고 별 그림을 활용해 학생이 재녹음한 발음의 수준을 간단하게 평가해준다.

이 과정을 거쳐 제출된 학생의 읽기 음성 데이터는 자동으로 분석되어 학생들이 1분당 읽는 단어(유창성)와 정확도가 자동으로 계산된다. 정확도는 부정확한 발음, 생략된 단어, 반복 등의 하위 요소가 분석되어 계산된다. 학생들이 여러 번 읽기 과제를 시도하면 자동으로 각 수행별 성취도의 변화가 분석되어 학생별 대시보드가 제공된다. 대시보드 안에는 학생의 수행 결과를 학급 평균치와 비교한 그래프와 함께 학생이 읽기 어려워했던 단어가 워드클라우드 형태로 제시된다.

개별 읽기 과제가 끝난 학생들은 교실 앞으로 나와서 교사와 일대일 피드백을 위한 짧은 면담 시간을 가진다. 이때 교사는 피드백 대시보드를 보는 방법을 설명해주고, 학생이 잘못 읽은 단어로 이루어진 워드클라우드 전부를 교사 앞에서 한 번 더 읽게 한다. 학생들은 읽기 과제가 끝난 후 이

〔그림 2-33〕 리딩 프로그레스 학생 수행 결과 대시보드(일부)

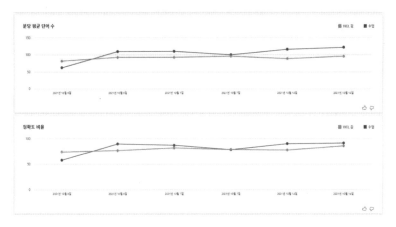

〔그림 2-34〕 워드클라우드 형태의 대시보드(일부)

미 리딩 코치 기능을 통해 음절별로 올바른 소리를 들어보는 인공지능의 피드백을 받았다. 하지만 많은 학생이 올바른 발음을 듣더라도 어떤 부분이 잘못된 것인지를 정확히 몰라 자신의 오류가 더 도드라지게 발음하는 모습을 보인다. 이때가 바로 교사가 필요한 순간이다.

교사는 학생이 읽는 단어를 듣고, 여전히 올바르게 발음하지 못하는 원인을 학생이 이해할 수 있는 언어로 설명해준다. 예를 들어, 장모음과 단모음을 제대로 이해하지 못해서 발음을 구사하지 못하는 학생에게는 어떤 부분을 길게 발음해야 하는지 알려준다. 악센트를 정확하게 발음하지 못하는 학생 역시 교사의 간단한 피드백으로 정확하게 발음을 교정받을 수 있다. 또한 읽기 과정에서 추가로 어려운 부분은 없었는지 간단하게 면담하는 것만으로도, 학생들은 단어와 구절, 문장 단위의 읽기 과업에 많은 자신감을 얻게 된다. 면담까지 끝난 학생은 문장별 해석 학습지를 받아간 뒤 자신의 속도대로 본문 전체를 다시 한번 해석하며 내용을 정리한다.

이 모든 과제가 끝나면 교사는 읽기 이해도 점검을 위한 형성평가를 진행한다. 평가문항은 읽기 영역 성취기준에 근거해 글의 주요 내용 이해도, 세부 정보 이해도, 그림과 연계된 글 이해도를 점검하기 위한 문항으로 구성했다. 일반적인 읽기 평가와의 차이점은 각 문항마다 답을 도출한 근거를 설명하도록 하는 하위 문항이 함께 있다는 점이다. 학생들은 본문의 어느 부분을 보고 어떤 사고 과정을 거쳐 답을 도출했는지를 문항마다 추가로 작성해야 한다. 또한 시험지 마지막 부분에는 영역별 성찰란을 제공해 학생들이 해당 단원에서 잘한 점과 아쉬운 점을 스스로 성찰할 수 있도록 했다.

또 하나 재미있는 부분은 형성평가 시험지를 미리 예고한다는 것이다. 시험문제를 숨기지 않는다. 학생들이 학습한 내용 중 어떤 것을 중점적으로 다시 복습해야 하는지, 읽기 능력을 어떤 문항으로 측정할지를 알게 되면, 단순히 본문을 암기하는 형태의 공부를 하지 않을 것이다. 이를 통해 긍정적인 환류 효과가 일어날 것으로 기대했다.

읽기 형성평가 시험이 종료되면 학생들은 스스로 자신의 시험지를 채점하고, 본격적으로 '이해점검 인터뷰'를 준비한다. 이해점검 인터뷰는 교사와 학생이 일대일로 대면해 진행하는데, 이때 교사는 학생이 읽기 형성평가 시험에서 문제를 오개념 없이 이해하고 맞혔는지 여부를 확인한다. 확인을 위해 추가 질문을 던지고 학생은 이에 대답한다. 틀린 문항은 학생이 먼저 왜 틀렸는지, 채점 후 다시 공부하니 정답은 무엇이고 그 이유는

〔그림 2-35〕 형성평가 시험문제 예고(좌) 및 실제 형성평가 시험지(우)

〔그림 2-36〕 일대일 이해점검 인터뷰 뒤 학생에게 제공된 피드백

학번	1				2021년 2학기 평가계획에 따른 읽기 능력 피드백 자료		
이름	김○○				5,6,7단원 본문학습 후 진행한 읽기 평가를 1:1 개별 면담으로 평가 안내를 점검 피드백 자료입니다. 세분화된 평가 요소를 적용하여 정확한 현재 학습 상황에 대한 정보와 함께 추후 학습 안내를 제공하는 것을 목적으로 합니다. 학생이 수행한 읽기 평가 시험지와 해당 피드백 자료를 함께 보시어 학생의 성장을 위한 추후 학습의 계획을 세우시길 권장합니다.		
단원(주제)	평가 항목	평가요소	3=우수,2=보통,1=부족	평점(수준)	피드백	구분
형성평가	문장 의미 파악	어휘	2	Good	문장을 이루고 있는 어휘 중 일부를 정확하게 알고 있으며, 일부 어휘를 정확한 의미를 일치 못함. 주어진 문장의 문장 구조(주어, 동사, 목적어, 보어 등)를 파악하여 정확하게 문장의 의미를 파악함. 주어진 문장이 기본적인 구조(특히 주어, 동사 부분)를 구분할 수 있으나, 그 외 문장 구조는 정확하게 파악하지 못함.	현재 수준
		문장 구조 이해	3		일부 어휘의 정확한 뜻을 설명하지 못하며, 일부 문장 해석을 어려워 할 해석을 위해 문 구조를 철저히 분석하는 측면에서 특별히 부족한 점은 없음. 동사와 문장구조에 대한 이해가 일부 부족하며, 새로운 문장에 적용하는 것을 어려워 함.	부족한 점
		문장 해석	3		교과서 내의 어휘를 다시 복습하며, 단어의 다양한 뜻을 정확하게 복습해야 함. 복지 내에서 적절한 의미를 파악할 수 있으며 다양한 문장과 함께 단어를 학습해야 함. 복잡한 문장 구조를 가진 다양한 문장을 볼 때, 문장이 구조를 정확히 파악하는 것을 자습자료를 활용하여 충분히 연습한 뒤 1학기 보다 다양한 동사, 문장구조에 대한 개념을 다시 정확한 개념학습 후 적용하는 연습하고, 간단한 교과서 본문부터 문장분석을 통해 연습하길 바랄 추천함.	추후 학습 안내
	세부 정보 파악	문제 요구사항 이해	3	Excellent	문제에서 요구하는 내용을 정확하게 파악하였고, 본문을 읽으면서 어떤 내용을 파악하여야 하는지에 대한 목표가 명확하며, 필요한 내용을 정확하게 찾음. 문장 각 요소를 정확하게 파악하여, 문제에서 요구하는 세부정보를 찾는 측면에서 요소(대명사가 지칭하는 개념, 접속사 연결 등)을 정확하게 이해하여 글의 흐름에서 세부정보를 정확하게 파악함.	현재 수준
		세부 정보 파악(문장 단위)	3		세부 정보를 파악하는 과정에서 특별히 어려운 점은 없음. 문장단위의 의미를 파악하는 데에 어려움은 없음. 문단 단위의 의미 해석하는 데에 특별한 어려움은 없음.	부족한 점
		세부 정보 파악(문단 단위)	3		많은 정보를 찾아야 하는 경우 핵심까지 섬도록 많은 정보들을 본문에 정리하는 습관을 많이 않은 글에 자습자를 활용해 정확한 정보를 찾는 것으로도 충분히 학습 가능함으로 이러한 부분을 근거로 세부정보를 포인트하를 정확하게 파악하는 다양한 접근 방식의 글 등을 정보를 많이 담긴 연습과 다양 사실 정보를 다양한 형태 등의 의미적, 구조적 연결을 다양 이해를 바탕으로 다양한 주제의 긴 글을 많이 연습을 추천함.	추후 학습 안내
	줄거리, 주제, 글의 요지 파악	단락별 요지 파악	3	Excellent	각 문단의 정확한 내용(요지)을 파악함. 글 전체의 주제를 종합적으로 정확하게 파악함. 글을 읽고 이해한 내용을 조리있게 자신의 언어로 설명함.	현재 수준
		본문 주제 파악	3		단락 단위의 요지를 파악하는 데에 어려움은 없음. 본문의 전반적인 주제를 파악하는 데에 어려움은 없음. 전체 글의 핵심과 내용을 이해하고 자신의 언어로 표현하는 데에 어려움 없음.	부족한 점
		파악한 내용 정리 및 이해	3		각 단락별 요지를 자신만의 문장으로 요약해보는 연습을 지문단 문단별 독해에 앞서 단어 능력 신장해 있음을 볼 때 앞선 이야기에 위에서 파악한 정보를 자신만의 언어로 다시 쓰기(paraphrasing)하여 문단의 요지(summary)적인 연습을 추천함. 글에서 내용을 중심 글을 읽어내는 키워드를 활용하여 본문에서 이해한 내용을 설명하는 문장을 써보는 연습을 추천함.	추후 학습 안내

무엇인지를 설명해야 한다. 이러한 과정이 끝나면 교사는 학생별로 개별
화된 피드백을 상세하게 제공할 수 있다. 인터뷰 과정에서 교사는 학생에

게 구두 피드백을 통해 잘한 점, 현재 갖고 있는 오개념, 추후 학습에 대한 안내, 학습과정 격려 등을 제공한다. 그 후 학생과 학부모가 알아야 하는 피드백 내용을 상세하게 기록한 뒤 인쇄해 제공한다.

> "매우 구체적이고 정확한 근거를 들어서 자신이 정답을 고른 이유를 설명함. 그러나 문항마다 정답 여부를 체크하거나 본문에 근거를 표시하지는 않아 독해 과정에서 실수가 발생하므로, 이를 예방하기 위한 습관이 필요함. 2번 문제에서는 her report와 reporter라는 단어를 혼동해 '그녀의 기자들'이라고 잘못 해석했음. 3번 문제의 보기 didn't try to clean up 부분에서 동사 try를 정확하게 해석하지 못했으며, 교사의 도움을 받아 해당 문장을 정확하게 해석함. 비교급이 포함된 논리 관계를 묻는 문항에서도 자신의 논리를 자신감 있게 설명함. 일부 단어의 뜻을 정확하게 확인하고 문장 해석을 정확하게 하는 연습을 병행한다면 더욱 발전할 것으로 기대함."
>
> —학생 개별 추가 피드백

수업 성찰과 개선

매 학기말 진행되는 수업에 관한 학생 설문은 상당히 흥미로운 시사점을 보여준다. 2022학년도의 1학년 학생들 모두 학습과정에서 가장 도움이 되는 수업 요소로 '형성평가 후 선생님과 이해점검 인터뷰하기'를, 그다음으로 '형성평가 후 제공받는 선생님의 피드백'을 꼽았다. 학생들이 평가와 피드백의 순기능을 이해하고, 자신들의 추후 학습에 피드백을 반영해 스스로 성장하는 느낌을 받았다는 점에서 1학년 영어 수업은 큰 의미가 있었다. 자유학년제였음에도 다양한 형성평가와 총괄평가가 있었다. 이 과

〔그림 2-37〕 학년말 수업 성찰 설문

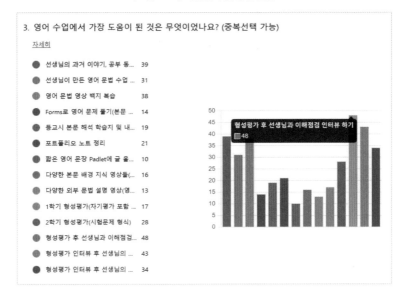

정에서 학생들은 교사와 대면 평가를 통해 가장 유의미한 피드백을 제공 받았음을 알 수 있다.

　　"시험으로만 봐서는 놓치는 부분들이 많은데, 선생님과 일대일로 이해 점검을 받으니까 내가 준비했던 것 이상으로 더 생각과 고민을 해보게 되어서 좋은 것 같다. 선생님이 그 자리에서 바로바로 내가 어디가 부족하고 어디를 잘하는지를 알려주시니까 무엇을 더 노력해야 하는지 알게 된다. 피드백 종이로만 봤을 때는 '그러려니' 하는데 선생님께서 직접 얼굴을 보고 말씀해주시니까 공부에 대한 자극을 더 받게 되고, 칭찬도 기분이 좋은 것 같다."
　　　　　　　　　　　　　　　　　　　　　　　　　　－2021학년도, J학생

현재의 리딩 프로그레스 프로그램은 단어 수준의 발화 오류를 분석하기 때문에 중·고등학교 수준의 성취기준에 적합하게 사용하기에는 한계가 있다. 오히려 중학교 학생들이 미달성한 초등학교 성취기준을 보충학습하는 데 더 큰 도움이 될 것으로 생각한다. 그러나 곧 진행될 제품 업데이트를 통해 문장 단위 수준의 억양(Intonation)과 멈춤(Pause) 활용 부분을 측정하는 것도 가능해질 것이다. 이렇게 인공지능 기반 프로그램이 의미 단위로 문장을 끊어 읽는 것을 판단할 수 있게 된다면 중학교와 고등학교에서 학생들의 읽기 교수학습 평가 과정에 더욱 다양한 형태의 프로그램을 활용할 수 있을 것으로 기대한다.

〔그림 2-38〕 Numbers 앱을 활용한 학생 자기평가 시각화 예시

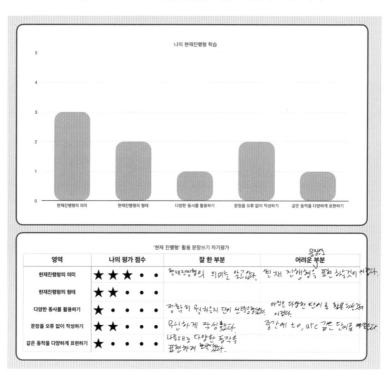

"(소리 내어 읽기를 반복하니) 문장의 악센트나 강조할 부분을 잘 찾게 됐고, 문맥에 알맞게 해석하는 능력도 향상됐다." —2021학년도, P학생

"글을 소리 내어 읽지 않을 때는 해석을 하는 데 오류가 좀 있고 어딘가 부자연스러웠습니다. 그런데 소리 내면서 읽어보니까 해석이 자동으로 되는 것 같아서 도움이 된다고 생각했습니다." —2022학년도, L학생

교사가 제공했던 피드백은 대시보드 형태로 이루어져 있지 않아서 학생들이 직관적으로 자신의 학습 상황을 파악하기는 어려웠다. 물론 상세한 피드백을 글로 읽을 수 있는 장점은 있었다. 다음 학기 읽기 평가 피드백은 '문장 단위 글쓰기' 수행평가에서 사용하는 넘버스(Numbers) 활용 피드백 시각화 방법을 적용하고자 한다. 학생이 별점으로 자신의 수행을 평가하고, 성찰 내용을 직접 작성하면, 교사가 만들어놓은 그래프 칸에 자동으로 그 결과가 시각화되는 방식이다. 이를 읽기 평가의 각 평가 영역에 적용하여 영역별 피드백을 제공한다면 학생과 대면 피드백을 할 때도 더욱 효과적일 것으로 기대한다.

TIP!

리딩 프로그레스를 활용한 수업

1. Phonics 학습하기

리딩 프로그레스의 결과를 분석해주는 통찰 기능은 학생들이 틀린 단어를 워드클라우드로 제공한다. 2022년도 하반기에는 이 워드클라우드 중 학생이 자주 틀리는 음소를 분석해주는 기능과 '도전 과제 생성하기' 기능이 추가됐다. 이를 활용해 기초학력 지도 학생별 오류 패턴을 쉽게 파악할 수 있으며, 교사는 특정 음소를 골라서 개별화된 추가 단어 읽기 과제를 부여할 수 있다.

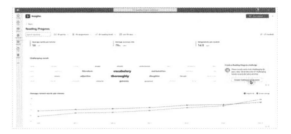

〔그림 2-39〕 Insights 기능을 활용한 학생 오류 분석 결과

2. Project 발표 연습하기

2023년도 상반기 중 리딩 프로그레스에 학생의 억양을 측정해주는 기능이 추가될 것이라고 한다. 이를 활용하면 학생이 글을 읽거나 발표할 때 어떤 부분을 강조하고, 어떤 부분에서 쉬어야 하는지 등을 파악할 수 있다. 학생별로 과제 내용을 달리할 수 있는 장점을 살린다면 개별 학생의 프로젝트 발표 대본을 읽기 과제로 부여해 학생들이 반복적으로 과제를 수행하며, 자신의 발표 준비 과정을 관리할 수 있을 것으로 기대한다.

〔그림 2-40〕 학생의 오류 패턴을 음소별로 분석한 결과 및 도전 과제 만들기 화면

〔그림 2-41〕 학생 발화의 높낮이와 멈춤 구분 기능

Chapter 4

비토미 AI를 활용한
핵심 내용 요약 수업

교사와 인공지능의 만남

교육은 항상 미래를 지향한다. 학교는 코로나19를 겪은 이후 지속가능한 삶의 문제를 중심에 두고 디지털 학습환경에서 내일을 살아가는 힘을 키우는 역량교육을 강조하고 있다. 에듀테크, 인공지능을 활용해 예측 불가능한 상황을 준비하는 배움의 과정에서 모두의 가능성을 발견하고 만족을 이끄는 것이 바로 미래교육이다. 학교교육과정에서 에듀테크 활용 교육과 인공지능 활용 교육이 새롭고 낯선 과업이 아닌, 일상에서 함께 나누는 수업으로 자연스럽게 느껴지는 점도 이러한 이유다.

　에듀테크 활용 교육은 다양성이 보장되고 주어진 조건과 환경에서 최적의 교육활동을 추구할 때 교육목표에 도달하는 효과를 기대할 수 있다. 이를 위해 학교는 과학적인 절차와 방법을 통해 확보된 증거를 기반으로 에듀테크를 선정하고 도입하며 활용하는 '에듀테크 실증'을 운영해야 한다. 그래야만 교육과정에서 최적의 교육적 유용성과 효과성을 기대할 수 있다. 더하여 최첨단 에듀테크를 활용하는 인공지능 활용 교육은 교육과정 전반에서 맞춤형 개별학습을 실현할 수 있는 강점이 있다.

인공지능 활용 교육이 최적화되려면 초개인화의 학습환경 조성, 감성과 창의력 신장, 모두에게 공평한 기회가 선행되어야 한다. 하지만 역설적으로 이전의 학습환경보다 더 교육의 본질을 추구하고 기본에 충실해야 한다. 미래교육의 실천 과정에서 인공지능 기반 에듀테크 활용 수업, PBL 기반 학생 중심 수업, CPS(Creative Problem Solving) 프로젝트 활동과 같은 수업이 유행하고 있다. 하지만 적용에 앞서 교육을 바라보는 교사의 관점과 요구 분석의 최적이 우선되고, 수업방법과 학습자원의 연결, 피드백과 스캐폴딩, 평가 방법이 수업설계 및 실천과 조화를 이룰 때 그 효과를 기대할 수 있다.

평소 학습 부진 학생과 맞춤형 개별화 교육에 관심을 두고 에듀테크를 활용해 교육활동을 진행하고 있다. 에듀테크를 활용한 맞춤형 학습은 학습 부진을 개선하고 개별 학생의 만족을 이끌 수 있는 장점이 있다. 하지만 기존의 교과와 창체 수업에서 에듀테크 서비스와 기능에 대한 단순 활용식의 접근으로는 교육적 효과를 기대하기 어려웠다. 또한 적용 과정과 결과에서 실패의 쓴맛을 자주 경험했다. 이에 대한 개선책으로 에듀테크를 실증한 후 단계적으로 적용하며 인공지능 기반 에듀테크를 활용했다. 특히 학생에게 사용성 경험을 바로 제공하는 것보다 교육 목적에 도달하기 위한 도구로서 에듀테크를 활용하는 것이 중요하다는 것을 깨달았다.

수업에서 올바른 활용을 위해 학교의 학습환경을 면밀하게 분석하고, 함께할 전문 학습공동체를 물색했다. 그런 후 유형별로 다양한 플랫폼과 콘텐츠, 저작도구와 지능형 튜터링 시스템 등을 탐색했다. 이 과정에서 인공지능 기술을 적용한 에듀테크 제품의 도입과 연계 활동이 현재 학습환경의 문제를 해결하고 과학과 수업 목표의 도달을 촉진할 수 있는 솔루션이자 도구로의 수행 가능성이 있음을 다시 한번 확인했다.

평소 교과와 창체에서 문제해결 중심 PBL 수업을 자주 진행한다. 교과 연계 실천 활동으로 학생 스스로 수업 내용을 체화하며 지식 구성을 경험하게 하기 위함이다. 예를 들어 과학 교과 프로젝트 활동을 통해 수업 시간에 획득한 개념을 실생활과 연결 짓고, 문제 발견과 해결을 위한 방법을 제시하며 협력을 통한 '창의'로 배움의 경험을 확장하고 체화한다. 이러한 배움의 과정에서 학생은 수업 주제와 관련한 내용을 검색, 기록, 저장, 공유하면서 '선정과 요약' 활동으로 의미 있는 정보를 스스로 구성한다. 또한 탐구 기반의 과학적 글쓰기는 질문과 탐구를 통해 스스로 생각을 정리하게 한다. 개별적 소통 또는 협력적 소통으로 정보를 정리하면서 글을 쓰다 보면 창의적 사고는 물론 의사소통 능력, 공동체 역량도 신장된다.

학습과정에서 핵심 내용을 선정하는 능력은 매우 중요하다. 지금은 수많은 정보가 더욱 빠르게 생성되고 유통되는 시대다. 이런 시대는 내용을 요약하고 그중 가장 핵심적인 내용을 추출해내는 능력이 필요하다. 이것이야말로 미래 인재가 갖추어야 할 역량이다. 실제 수업에서 핵심 내용을 빠르게 구성하는 학생이 있는 반면, 제시되는 데이터와 상황에 부담을 갖고 핵심 내용의 구성을 어려워하는 학생을 왕왕 발견한다.

핵심 내용의 추출과 요약은 내용에 대한 이해가 우선되어야 하기에 도움이 되는 피드백과 스캐폴딩이 적절히 제공되어야 한다. 이런 이유로 데이터를 자동 요약하는 서비스를 제공하는 '비토미(Vidtomi) AI'를 에듀테크 실증 과정, 중학교 1학년 과학과 프로젝트 수업에서 활용했다. 이것이 과학 교과에서 개념의 이해, 주요 내용의 발견과 선정, 핵심 내용을 요약하는 능력을 향상시키는 데 도움을 줄 수 있기 때문이다.

- 주요 기능
  - 인공지능 자동 요약을 통한 학습효과를 높일 수 있다.
  - 텍스트, 영상 등 다양한 콘텐츠의 핵심 내용을 요약할 수 있다.
  - 필터 또는 화자를 선택해서 요약 및 정리할 수 있다.
  - HWP, DOC, PDF 등으로 다운로드를 받아서 활용 가능하다.

- 주요 도구 : 비토미 AI(인공지능 기반 핵심 요약 서비스)

〔그림 2-42〕 넷츠프리의 비토미 AI

- 주변 도구 : 비토미 ON(마이크로러닝 기반 콘텐츠 저작 서비스)

〔그림 2-43〕 비토미 ON 화면 구성

교사와 인공지능의 협력

중1 과학 3단원 '생물의 다양성'과 관련한 성취기준의 도달을 위해 에듀테크의 실증과 활용을 병행했다. 3단원은 교과 내용에 대한 지식보다는 핵심 개념의 이해를 바탕으로 교과 내용을 생활과 연결 지어 문제를 해결하는 실천 활동이 강조되고 있다. 이러한 맥락에서 생물의 다양성 보전 활동

[표 2-4] 생물의 다양성 보전 활동 프로젝트

학년	중1	인원	242명
교과	과학	구성	5차시
단원	생물의 다양성		
성취기준	[9과03-03] 생물 다양성 보전의 필요성을 이해하고, 생물 다양성 유지를 위한 활동 사례를 조사해 발표할 수 있다.		
학습목표	• 생물 다양성 보전을 위한 활동 방법 조사 등의 탐구로 과학적 탐구 능력, 과학적 의사소통 능력, 과학적 참여와 평생학습 능력을 신장할 수 있다. • 생태계적 측면에서 생물 다양성 보전과 관련한 내용을 토의·토론하고, 캠페인 활동으로 과학적 참여와 의사소통 능력을 신장할 수 있다.		
핵심역량	• 과학적 탐구 능력과 과학적 문제해결 능력 • 과학적 참여와 과학적 의사소통 능력, 디지털 리터러시		
에듀테크	구글 클래스룸, 실시간 협업 보드, 디지털 교과서, 비토미 AI, 비토미 ON 등		
에듀테크 활용의 기대효과	• 생물 다양성 보전을 위한 학습활동 전반에서 에듀테크를 활용해 학생의 지식 구성에 도움을 줄 수 있다. • 실시간 웹보드는 탐구활동 과정에서 자료의 수집, 기록, 저장, 공유 활동을 지원해준다. 이를 통해 학생의 과학적 참여와 의사소통, 문제해결과 협력적 창의를 이끌고 도움을 줄 수 있다. • 비토미 AI는 프로젝트 과정에서 주요 내용의 발견과 선정, 핵심 내용의 추출과 요약을 지원해 학생의 지식정보처리에 도움을 줄 수 있다.		

⬇ [그림 2-42] 비토미 AI(netstree.com/vidtomi_ai)

⬇ [그림 2-43] 비토미 ON(netstree.com/vidtomi_on)

을 프로젝트로 구성했다.

1차시에서 관련 개념을 학습한 후, 활동 프로젝트는 총 5차시로 단원 (3.생물의 다양성)을 재구성했다. 다음과 같이 3개 주제에서 모둠 기반 개별 활동이 이루어지도록 구성했다.

[표 2-5] 생물의 다양성 보전 활동 프로젝트의 차시별 활동

차시	주제	차시별 활동
1	위협받는 생물 다양성	◎ 개념 설명 - 생물의 다양성 [활동 1] 생물 다양성의 개념 이해하기 [활동 2] 생물 다양성이 감소하는 까닭 알아보기 [활동 3] 개념 정의하기 　　　 - 나만의 생물 다양성 정의하기
2~3	소중한 생물 다양성	◎ 개념 설명 - 생태계 평형과 생물의 다양성 [활동 1] 주변에 있는 생물 다양성의 혜택 알아보기 [활동 2] 생물 다양성 맞추기 놀이판(빙고) 진행하기 [활동 3] 생물 다양성 보전을 위한 활동 방법 조사하기 　　　 - 국제사회와 국가, 지역사회와 개인의 보전 활동 [활동 4] 생물 다양성 보전의 필요성 작성하기 　　　 - 생태계적 측면에서 생물의 다양성이 보전되어야 할 필요성 작성하기
4~5	생물 다양성 보전	◎ 개념 설명 - 생물의 다양성 보전 함께 이끌기 [활동 1] 생물 다양성 보전의 실천 방법 논제 정하기 [활동 2] 생물 다양성 보전을 위한 실천 방법 도출 토론하기 [활동 3] 생물 다양성 보전을 위한 실천 활동하기(적용) [활동 4] 생물 다양성 보전 프로젝트 활동 성찰 및 공유하기

인공지능 핵심 요약 서비스인 비토미 AI는 4차시와 5차시에서 생물의 다양성 관련 기사문의 핵심 내용 추출 및 요약하기 활동을 할 때 사용했다. 학습의 이해를 돕고 프로젝트 활동을 원만하게 진행하기 위해 마이크로 콘텐츠를 제작해 학생에게 함께 제공했다. 마이크로 콘텐츠 제작의 저작도구는 비토미 AI의 운영사인 넷츠프리의 '비토미 ON'을 사용했다. 비

토미 ON은 마이크로 티칭을 지원하는 콘텐츠 저작도구로 수업 구성을
콘텐츠로 쉽게 만들 수 있는 장점이 있다.

〔그림 2-44〕 '안녕! 지구' 수업 안내 화면

콘텐츠 내용은 생태전환교육을 위한 교육 자료인 '안녕! 지구'를 재구성
해 디지털 콘텐츠로 활용했다.

〔그림 2-45〕 '안녕! 지구'를 재구성한 디지털 콘텐츠

프로젝트 4차시와 5차시 활동 중 '생물 다양성 보전을 위한 실천 활동하기'는 5가지 작은 활동으로 나누어 진행했다.

[작은 활동 1] 생태전환 실천 교재(아하! 지구) 업로드(웹보드)
[작은 활동 2] 환경문제 기사 핵심 내용 요약하기(구글 문서, 비토미 AI)
[작은 활동 3] 생물 다양성 관련 퀴즈 풀이(비토미 ON)
[작은 활동 4] 생태전환 실천 활동 서약하기(웹보드)
[작은 활동 5] 생태환경 전환 실천 브로치 완성 후 공유하기(웹보드)

〔그림 2-46〕 생물 다양성 보전을 위한 실천 활동하기

프로젝트 과정에서 개인 휴대기기를 수업에 적극 활용하도록 안내하고 올바른 에듀테크 활용과 관련한 소양 교육을 병행했다. 윈도우 OS를 기반으로 한 학생의 개인 휴대 학습기기인 서피스 Go3는 휴대성이 좋고 다양한 브라우저에서 사용할 수 있어 웹 기반 활용 수업에서 범용성이 뛰어난 점이 가장 큰 매력이다. 실제로 학생들도 만족하면서 스스로의 지식 구성에 활용하고 있다. 이와 같은 학습환경은 다양한 상호작용을 지원하고 검색, 기록, 저장, 공유 활동에 날개를 달아주었다. 이를 통해 학생들이 활발히 학습할 수 있게 된 것은 큰 변화라 할 수 있다.

생물의 다양성을 보전하기 위한 프로젝트 활동에서 관련 데이터를 수집하고 의미 있는 정보로 구성하는 과정에 어려움을 겪는 학생들이 있었다. 이 학생들을 위해 피어 티칭을 진행할 수 있도록 모둠 내에서 함께 활동할 짝을 편성해 어려움을 해결하도록 했다. 더불어 핵심 내용의 선정과 요약 활동을 반복적으로 진행하면서 디지털 지식 구성을 돕고 디지털 활용 능력의 신장을 꾀했다. '[작은 활동 2] 환경문제 기사 핵심 내용 요약하기'의 흐름은 다음과 같다.

① 구글 클래스룸 내 수업 내용 확인하기

② 구글 문서로 제시한 활동지 작성하기

③ 구글 문서에 제시한 기사 요약하기

④ 수정, 보완하고 수업 후 미흡한 부분 가정학습으로 연계하기

⑤ 가정학습을 통해 최종본 제출하기

⑥ 구글 문서에 제시한 기사를 비토미 AI로 요약, 전달, 확인하기

〔그림 2-47〕 환경문제 기사 핵심 내용 요약하기 활동

⑦ 인공지능의 요약본과 학생 자신의 요약본 비교하고 의견 나누기

⑧ 비토미 AI 요약본의 오류 및 개선점 발견하기

⑨ 비토미 AI 서비스의 개선점 종합해 기업에 전달하기

비토미 AI를 활용한 내용 요약 활동에서 전체 수업의 맥락은 구글 클래스룸으로, 관련 콘텐츠는 비토미 ON으로 제공했다. 구글 클래스룸에서 수업 활동에 대한 안내가 이루어지고 학생은 그에 맞추어 활동을 진행했다.

〔그림 2-48〕 구글 클래스룸으로 안내한 수업 활동 흐름

1. 오늘 수업은 **필수활동인 개념문제를 최종 마무리하고 제출 확인합니다.**
  -> 이번 시간은 2단원의 활동을 정리하고 1단원과 6단원을 연결하는 시간입니다.
  -> 2단원의 생물의 다양성, 2단원원 개념 확인 문제, 6단원은 파동과 관련한 개념을 접하는 시간입니다.

가. 수업 활동 흐름 안내
  1) 구글 클래스룸 학습 내용 살피기
  2) 선생님의 수업 안내와 활동의 내용을 바탕으로 자신의 학습목표 작성하기
  3) 디지털교과서 - 나만의 교과서 만들기(214p-217p), 디지털교과서 메뉴 톺아보기 : 하이라이트, 메모, 노트
  3) 위두랑 - 과제 제출, 모둠 연계 자료 전송하기
  4) 디지털교과서 개념평가 제출(215p) -> **위두랑 과제방 제출**

나. 댓글 활용 학습목표 작성하기

다. 실시간 협업 보드를 활용하여 활동의 상호작용을 강화하기 위한 점검하기
  - **수업 전 아래 3개의 에듀테크의 컨디션을 점검, 준비하세요.**
  1) 디지털교과서 - https://webdt.edunet.net/url/1k1uhnvpe2dkk
  2) 위두랑 접속하기 - https://rang.edunet.net/class
  3) 와우아이디어스보드 접속하기 - https://www.wowideas.co.kr

라. 필수활동 - 나만의 탐구실험보고서 양식 만들기, 나만의 개념 확인 문제 만들기 등

3. 정리활동을 진행합니다.
가. 필수활동 - 개념문제 만들기, 나만의 탐구 실험 보고서 양식 만들기 완성하기

로그인 | 비토미
https://vidtomi.ai/bbs/login.php

[가정학습연계] 핵심내용 요약...
Google Docs

프로젝트 활동에서는 환경문제 기사 내용문에서 핵심 문장(5개로 제한)을 추출(선정)한 후에 이 문장들만 이용해 요약하기를 진행한다. 간단히 표로 나타낸 것이 [그림 2-49]이다.

실제 프로젝트 활동 수업에서 학생은 환경문제 기사에서 음영으로 제

〔그림 2-49〕 학생과 비토미 AI의 공통된 '요약 활동 흐름'

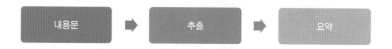

시된 핵심 문장을 추출(선정)한 후 이를 두세 문장으로 요약했다. 이후 학생들이 실행한 요약 활동 흐름과 동일하게 비토미 AI를 사용해 핵심 문장을 추출한 후 이를 두 문장으로 요약하는 과정을 시연해주었다. 그리고 인공지능이 지식과 딥러닝의 융합적 활용을 기반으로 텍스트 분석과 의미 정보 처리를 실행하는 과정에 대해 간단히 설명해주었다.

〔그림 2-50〕 구글 문서로 제시한 활동지

[가정학습연계]

환경문제 핵심내용 요약하기

학년 반 번호 이름 :

관련기사 :
http://www.hkbs.co.kr/news/articleView.html?idxno=687074

[녹색기자단=환경일보] 이서현 학생기자 = 면적당 생물종수로 해양생물다양성 전세계 1위를 차지한 우리나라, 어떻게 품고 지켜내야 할까.

해양수산부는 2016년 '해양생태계 기본 조사'에서 우리나라 영해 면적 기준 단위면적 1000㎢당 56종의 해양생물이 출현한다고 밝혔다. 또 2010년 아일랜드 학자가

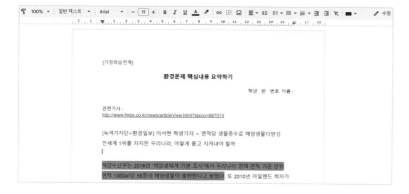

〔그림 2-51〕 핵심 내용 선정(추출) 후 요약 활동

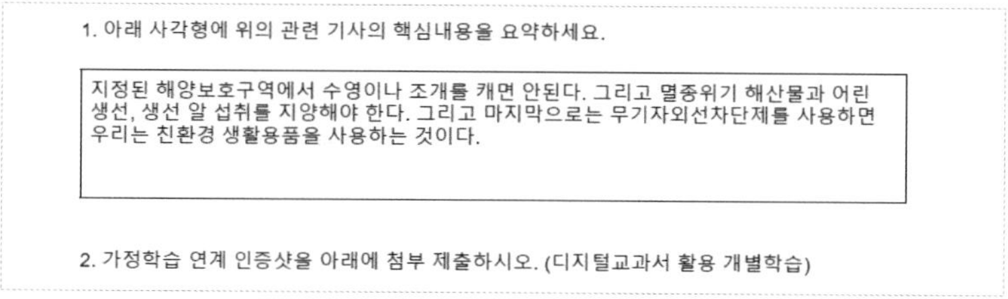

1. 아래 사각형에 위의 관련 기사의 핵심내용을 요약하세요.

지정된 해양보호구역에서 수영이나 조개를 캐면 안된다. 그리고 멸종위기 해산물과 어린 생선, 생선 알 섭취를 지양해야 한다. 그리고 마지막으로는 무기자외선차단제를 사용하면 우리는 친환경 생활용품을 사용하는 것이다.

2. 가정학습 연계 인증샷을 아래에 첨부 제출하시오. (디지털교과서 활용 개별학습)

〔그림 2-52〕 실제 수업에서 내용 요약 활동 과정

개별 학생이 핵심 내용 추출 및 요약

비토미 AI로 내용문 추출 시연

비토미 AI로 내용 요약 시연

개별 학생이 비토미 AI를 활용해 요약

비토미 AI를 활용해 내용을 요약하는 과정은 다음과 같다.

〔그림 2-53〕 비토미 AI의 서비스 메뉴

비토미 AI 사이트에 접속한 후 환경문제 관련 기사 텍스트를 업로드한
다. 비토미 AI를 이용한 추출, 요약은 텍스트에 국한하지 않고, 다양한 음
성과 영상의 확장자 파일의 업로드가 가능하다.

〔그림 2-54〕 비토미 AI의 업로드 화면

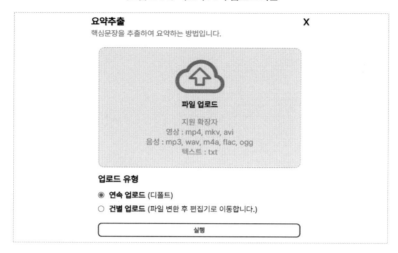

〔그림 2-55〕 텍스트는 물론 영상, 음성까지 자동 요약하는 비토미 AI

    비토미 AI에 파일 업로드 후 '요약추출', '요약생성', '직접요약' 메뉴를 선택한 후 좌측의 설정 메뉴 중 '문장중요도순'으로 학생의 활동지에서 제시한 5개 문장을 뽑아 진행한다. 제시문에서 핵심 단어가 선정되고 핵심 단어가 문장에서 차지하는 가중치를 바탕으로 의미가 부여된다.

〔그림 2-56〕 내용문 삽입 후 '문장중요도순'으로 5개 문장 추출

 5개 문장 추출 후 요약하기를 실행하면 추출된 문장을 근거로 설정한
요약 범위 내에서 요약 결과물이 제시된다.

〔그림 2-57〕 요약하기

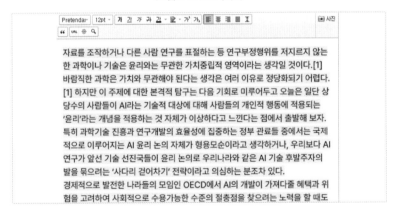

 요약 완료 후 비토미 AI의 요약 결과물을 공유하기 위해 대시보드에서
공유 콘텐츠를 생성한다. 비토미 AI는 공유 콘텐츠에 대해 상호작용을 지
원하는 채팅을 제공하므로 학생들은 비토미 AI 요약 결과물과 서비스 이

〔그림 2-58〕 요약 결과물 게시, 공유하기

용에 대한 사용자 경험을 나눌 수 있다.

〔그림 2-59〕 사용자 경험 나누기

구글 문서에 학생이 직접 작성한 요약문과 비토미 AI가 생성한 요약문을 올려서 비교할 수 있게 링크를 제공하고 방과 후 스스로 학습할 수 있도록 가정학습 연계 활동으로 요약문을 수정, 보완하여 활동지로 제출하도록 했다. 이때 개인 휴대기기를 활용해 지식을 구성하는 학습환경의 안착을 위해 인증샷을 포함해 제출하도록 했다.

인공지능 기반 핵심 내용 요약 서비스인 비토미 AI는 중학교 1학년 과학 3단원 '생물의 다양성'을 시작으로 6단원 '파동과 정보'에 더하여 중학교 2학년 4단원 '피지컬 컴퓨팅'과 연계해 활동 수업을 진행했다. 비토미 AI를 활용한 요약 활동에 있어 개별학습의 가능성, 학습 효과성, 관리의 용이성, 과정

〔그림 2-60〕학생이 직접 작성한 요약문과 비토미 AI가 생성한 요약문 비교하기

중심 피드백 측면에서 교육적 유용성을 경험했다. 하지만 실제 수업에서 비토미 AI와 같은 인공지능을 적용하는 경우는 많지 않고 요약 결과물 역시 부족함이 있었다.

〔표 2-6〕비토미 AI의 수업 활용 만족도 조사

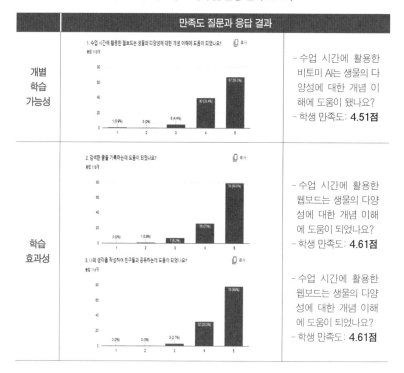

	만족도 질문과 응답 결과
개별 학습 가능성	1. 수업 시간에 활용한 웹보드는 생물의 다양성에 대한 개념 이해에 도움이 되었나요? 응답 113개 - 수업 시간에 활용한 비토미 AI는 생물의 다양성에 대한 개념 이해에 도움이 됐나요? - 학생 만족도: **4.51점**
학습 효과성	2. 검색한 글을 기록하는데 도움이 되었나요? 응답 113개 - 수업 시간에 활용한 웹보드는 생물의 다양성에 대한 개념 이해에 도움이 되었나요? - 학생 만족도: **4.61점** 3. 나의 생각을 작성하여 친구들과 공유하는데 도움이 되었나요? 응답 113개 - 수업 시간에 활용한 웹보드는 생물의 다양성에 대한 개념 이해에 도움이 되었나요? - 학생 만족도: **4.61점**

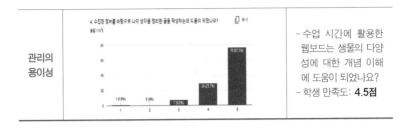

- 수업 시간에 활용한 웹보드는 생물의 다양성에 대한 개념 이해에 도움이 되었나요?
- 학생 만족도: **4.5점**

교사와 인공지능의 타협

학교현장에서 학기 중 교육활동이 전개되고 있던 상황에서 인공지능 기반 에듀테크인 비토미 AI와 비토미 ON 서비스의 가능성을 실증의 과정에서 발견하고 학습목표의 촉진을 위해 활용하게 됐다. 다만 수업의 시작이 명확한 인공지능 수업설계의 원리를 기반으로 이루어지지 않았고, 제한된 수업 시수와 다소 부족한 사용 경험으로 교육적 활동을 완벽하게 펼치기에는 어려움이 있었다. 하지만 과학적 탐구 글쓰기 과정에서 비토미 AI의 활용은 학생 스스로 지식을 구성하고 역량을 기를 수 있을 것으로 기대되기에 인공지능 수업설계의 원리를 바탕으로 정교하게 구성해 연구·실천하고 싶다.

비토미 AI는 개별 학생의 지식 구성에 도움이 되며, 기록과 공유에 효과적이고, 수집한 데이터를 바탕으로 자신의 생각을 정리하는 데 유용했다. 이후 꾸준하고 일관된 활동을 전개한다면 학생의 탐구 기반 과학적 글쓰기에 도움이 될 것이라는 기대를 갖게 되는 시간이었다.

좋은 수업은 모두의 가능성을 발견하고 만족을 이끄는 수업이다. 교실에는 각기 다른 학생이 같은 시공간을 공유하며 다양한 학습 경험을 맛보고 나눈다. 모두의 가능성과 만족을 이끄는 학습환경은 필수이고 맞춤형 개별학습 환경은 시급히 도입되어야 한다. 개별 학생의 학습 데이터가 실시간 축적되고 축적된 데이터를 근거로 학생의 학습경험을 지원하면서 가능성과 만족을 꾀해야 한다. 이러한 상황에서 인공지능 기반 에듀테크는 큰 역할을 할 것이다.

인공지능 시대에는 교육과정에 교과의 단순 지식 전달과 습득이 아닌, 개별 학생의 정서와 특성이 고려되어야 한다. 또 사회성 신장에 조력하는 수업의 설계와 적용이 중심이 되어야 한다. 더하여 학생 한 명 한 명의 맞춤형 지원을 위해 교육의 본질을 면밀하게 살피고 첨단 매체인 에듀테크 및 인공지능 기술을 교육에 활용하는 방안을 구안해 적용할 계획이다.

미래사회 감성과 창의력이 풍성한 인재의 성장, 모두를 만족시키는 초개인화 지원 학습환경, 모두를 위한 공평한 교육의 실천을 이룰 수 있게 연구 기반 실천 활동을 설계해 적용하고 에듀테크 실증과 병행하면서 인공지능 기반 에듀테크 활용 교육의 선순환을 꾀하고자 한다. 인공지능과 에듀테크는 변화하는 시대의 교육목표를 달성하는 데 도움을 주는 기술이자 도구임은 분명하지만, 모든 문제를 해결해주는 만병통치약은 아님을 기억해야 한다. 나아가 오용과 남용을 하지 않으며 형식과 비형식 학습 전반에서 활용되면서 건강한 배움을 이루어나가길 바란다.

비토미GPT를 활용한 수업

1. 비토미 AI에 챗GPT를 더한 비토미GPT의 질문과 답변 활용하기

인공지능 기반 내용 요약 서비스인 비토미 AI와 GPT가 연결된 비토미GPT는 주어진 데이터를 근거로 인공지능에게 질문하면 인공지능이 직접 답변을 생성해준다. 기존 GPT와 달리 주어진 데이터 원본에서만 결과를 생성하기에 오류가 적다는 것이 장점이다. 실제로 인공지능에게 한 줄로 요약하고 핵심 질문 2개를 생성하라는 요구를 했으며, 그에 대한 비토미GPT의 답변은 다음과 같다. 이를 통해 학생이 직접 작성한 결과물과 인공지능을 활용한 결과물을 비교 분석해 학생 자신의 활동 결과물을 수정, 성찰할 수 있다.

원본

◇ "금세기 야생종 1/5 정도 멸종 위기" 세계자연기금은 지난 2020년 발간한 지구생명 보고서에서 "상당한 감축 노력에도 불구하고 기후변화라는 요인 하나만으로 금세기에 야생종의 5분의 1 정도가 멸종될 위기에 처해 있으며 생물다양성 '핫스팟'지역에서는 야생종이 가장 높은 비율로 사라질 것으로 예상된다"고 밝혔다. 보고서에 따르면 (2020년 기준) 30년 전만 해도 생물종에 미치는 기후변화의 영향은 극히 드물었지만 지금은 아주 흔하다. 심해 어류와 같은 일부 생물종은 기후변화 영향으로부터 상대적으로 영향을 덜 받지만 북극 및 툰드라 지역 등에 서식하는 생물종은 막대한 기후변화 영향에 직면해 있다. 세계자연기금은 그러한 압력이 동식물에 큰 영향을 미칠 수 있다고 밝혔다. 직접적인 생리학적 스트레스와 적합한 서식지 상실, 생물종 간 상호작용 방해 등을 통해서다. 번식이나 잎 돋움 등 중요한 생애사건 시기 교란 등 다양한 매커니즘을 통해 영향을 줄 수 있다. 여기서 언급한 생물종 간 상호작용은 수분 작용이나 포식자와 먹이 간 상호작용 등을 뜻한다. 보고서는 기후변화가 얼마나 빨리 심각한 개체수 감소를 이끌 수 있는지 언급한다. 서식지 또는 미세서식지의 가용성 또는 질적 측면이 저하되거나 생물종 간 상호작용이 변하거나 생물계절학적 현상이 교란되는 경우 등이다. 이를 뒷받침하기 위해 보고서는 열대 및 아열대 지역에 서식하는 박쥐 플라잉폭스와 호주 고유종으로 최근 절멸된 설치류 브램블 케이 멜로미스 사례를 소개했다.

◇ 기후변화와 연관 있는 포유류 멸종사례는? 실제로 지난 2016년 브램블 케이 멜로미스 멸종 소식이 대대적으로 보도됐다. 당시 호주 토레스 해엽에 위치한 5헥타르 규모

원본을 한 줄로 요약하고 핵심질문 2개를 만들어줘

ⓛ 비토미GPT(ai.vidtomi.ai)

2. 내 마음대로 추출하고 요약하기

원본 데이터를 업로드 후 '요약 추출' 버튼을 누르면 키워드를 근거로 중요도를 제시해준다. 해당 키워드의 순서를 바꾸거나 수정하면 새로운 원본으로 추출, 요약, 질문, 답변을 해준다. 이를 통해 기존 활동을 확장해 이어갈 수 있다.

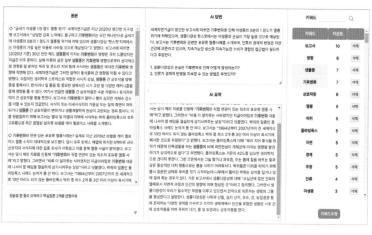

PART
3

챗GPT와
생성형 인공지능의
교육적 활용 가능성 탐색

생성형
인공지능을
둘러싼 교사들의
생생 TALK

2023년 초, 많은 교사가 챗GPT를 이야기하기 시작했다. 지금까지 수많은 인공지능 기술이 등장했을 때는 무관심했던 교사들도 챗GPT를 사용하고 그 가능성에 열광하고 있다. 이제는 챗GPT의 이야기가 너무 많이 언급되어 피로감을 주기도 하지만 많은 교사들은 챗GPT와 같은 초거대 인공지능이 만들어낼 미래교육을 무척 기대하고 있다. 그간 교육의 난제였던 개별화 맞춤형 교육이 초거대 인공지능의 도움으로 해결될 수 있을 것으로 예상한다.

그러나 챗GPT를 막상 수업에 적용하는 것은 쉽지 않다. 컴퓨터 앞에서 프롬프트에 텍스트를 입력하고 화면에 텍스트를 출력받는 대화형 서비스이기에 교육적 상상이 제한된다. 대개 정보를 찾고 요약하거나 간단한 글을 창조하는 형태다. 게다가 챗GPT를 사용하기 위해서는 질문 잘하기, 다른 출처의 정보와 비교해보기(숫자는 무조건 의심), 윤리적으로 활용하기, 안전하게 활용하기 등의 스킬이 요구된다. 이 때문에 현재는 일회성 체험이나 수업에 간간이 도입하는 정도로 활용되는 수준에 머물러 있다.

그럼에도 불구하고 챗GPT와 같은 생성형 AI에 열광하는 이유는 다른 서비스와의 연계와 확장 때문일 것이다. MS의 코파일럿처럼 생성형 AI가 일상에서 주로 활용하는 다양한 제품과 결합할 경우 교육적 활용은 더 확대될 것이다. 특히 학습자들이 일상에서 생성형 AI를 자유롭게 사용하는 시기가 된다면, 그간 학교에서 해왔던 교육활동의 방향에 대해서도 깊이 있게 고민해야 한다.

3부에서는 챗GPT를 중심으로 생성형 AI의 교육적 활용 가능성을 탐색해보고, 다양한 교수학습 및 업무 활용 아이디어를 제시하려고 한다.

Chapter 1

생성형 인공지능에 대한 교육적 상상

생성형 인공지능, 챗GPT의 등장[68]

챗GPT는 OpenAI에서 개발한 대화형 인공지능 모델로, GPT(Generative Pretrained Transformer) 모델을 기반으로 한다. GPT 모델은 대규모의 자연어 데이터를 미리 학습하고 이후에는 다양한 자연어 처리 작업에서 높은 성능을 보이는데, 챗GPT는 이러한 기술을 대화형 인터페이스에 적용해 자연스러운 대화를 생성한다. GPT 모델은 기본적으로 언어 모델링을 수행한다. 이는 문장 내에서 단어가 등장할 확률을 예측하는 작업이다. 따라서 GPT 모델은 대규모의 텍스트 데이터 세트를 사용해 사전 학습한 후, 새로운 문장을 입력받으면 이전 문맥을 바탕으로 다음 단어를 예측할 수 있다. 이를 통해 챗GPT는 자연스러운 대화를 생성해 사용자의 이해를 더욱 쉽게 한다.

챗GPT는 교육 분야에서 다양한 활용 가능성을 갖고 있다. 특히 최근 교육현장에서는 개인화 및 맞춤형 교육이라는 시대적 요구에 부응하기 위해 인공지능 기술의 활용이 더욱 필요해졌다. 챗GPT는 이러한 요구에 적합한 모델로, 다음과 같은 방식으로 교육 분야에서 활용할 수 있다.

첫째, 개별화된 맞춤형 교육에 활용할 수 있다. 챗GPT는 이전 대화 기록을 바탕으로 학습자의 학습 성향 및 수준을 파악하고, 이에 따른 맞춤형 학습 콘텐츠를 제공할 수 있다. 예를 들어 학습자의 이전 대화 기록을 분석해 학습 수준이 낮은 영역을 파악하고, 이를 보완하기 위한 학습 콘텐츠를 추천할 수 있다. 또한 학습자의 성향을 파악해 이에 따른 학습방법이나 학습환경을 제공하는 것도 가능하다. 이를 통해 학습자의 학습 효율성을 높일 수 있다.

둘째, 대화형 학습에 활용할 수 있다. 챗GPT는 대화형 인터페이스를 제공하기 때문에 학습자와의 대화를 통해 학습 콘텐츠를 제공할 수 있다. 예를 들어 학습자의 질문에 챗GPT가 답변을 제공하거나 적절한 학습 콘텐츠를 추천할 수 있다. 이러한 방식은 기존의 학습 콘텐츠 제공 방식보다 학습자의 흥미와 참여도를 높여줄 가능성이 크다. 또 다양한 방식으로 질문해 원하는 답을 끌어냄으로써 학습자의 요구를 더욱 충족시킬 수 있다.

셋째, 학습 콘텐츠를 생성할 수 있다. 챗GPT는 대규모의 자연어 데이터를 기반으로 학습된 모델로, 이를 이용해 다양한 학습 콘텐츠를 생성하는 것이 가능하다. 예를 들어 챗GPT를 이용해 학습자가 주제를 정하여 자신의 의견을 제시하는 글쓰기를 할 수 있다. 이때 챗GPT는 학습자에게 제시할 읽기 자료, 보조 자료, 평가문항 등을 만들어 학습을 도울 수 있다.

넷째, 업무를 자동화할 수 있다. 교사의 일과 중에 행정 업무는 많은 비중을 차지한다. 교사는 계획서와 보고서 작성, 회의 진행, 물품 선정 및 품의 등 많은 행정 업무를 담당하고 있어 교수학습과 생활지도에 전념하는 데 어려움이 크다. 챗GPT가 이러한 행정 업무를 줄이는 데 도움이 될 수 있다. 계획서와 보고서의 개요를 잡거나 내용을 작성해 나갈 때 도움을 받거나 회의 내용을 요약하고 정리하는 일에도 도움을 받을 수 있다. 챗GPT의 API(Application Programming Interface)가 확대되는 만큼 행정 업무에 활용할 가능성은 더욱 커지리라 예상된다.

그러나 교육 분야에서 챗GPT를 활용하려면 다음과 같은 문제점도 고려해야 한다.

첫째, 데이터 편향 문제를 갖고 있다. 챗GPT는 대량의 텍스트 데이터를 학습해 다양한 자연어 처리 작업에서 높은 성능을 보이지만, 이 과정에서 사용된 데이터 세트에 따라 바이어스(bias)가 발생할 수 있다. 특히 인터넷에 공개된 대량의 텍스트 데이터는 주로 영미권의 데이터가 많이 포함되어 있어, 다양한 문화권의 텍스트 데이터가 부족한 상황이다. 이러한 데이터 편향은 챗GPT가 생성하는 대화 내용에도 영향을 미치게 된다. 잘못된 데이터로 학습할 경우 학습자들은 오개념을 갖거나 자신이 보고 싶은 것만 보는 확증 편향을 가질 수 있다.

둘째, 윤리적 문제를 갖고 있다. 챗GPT를 이용해 인공적으로 생성된 대화 내용이 진짜 대화처럼 전달될 수 있기 때문에 대화 내용에 따라 윤리적 문제가 발생할 수 있다. 예를 들어 챗GPT를 이용해 인종차별적인 발언이나 혐오 발언 등을 생성하는 것이 가능하다. 특히 어린 학습자에게 이러한 윤리적 문제는 정신적으로 심각한 영향을 미칠 수 있다. 이를 방지하기 위해서는 적극적인 윤리적 규제나 적절한 필터링 기술 등이 필요하다.

셋째, 맥락을 파악하는 데 한계가 있다. 챗GPT는 대화의 문맥을 이해해 적절한 대답을 생성하기 위해 이전 대화 내용을 고려한다. 하지만 대화 상황을 인식하거나, 상황에 따라 대화를 조율하는 능력에 한계가 있다. 예를 들어 챗GPT가 어떤 상황에서 부적절한 발언을 하는 것을 막으려면 상황에 따라 적절한 대화를 생성하는 능력이 필요하다. 이러한 상황 인식 능력의 한계는 챗GPT의 활용 범위를 제한할 수 있다. 특히 맞춤형 교육에서는 학습자를 다차원적으로 이해하고 학습자가 처한 맥락을 파악하는 것이 무엇보다 중요하다.

넷째, 환각(Hallucination)을 생성하는 문제를 갖고 있다. 챗GPT는 대화 생성 과정에서 실제로 존재하지 않는 정보나 사실과 다른 정보를 생성해내는데, 이것이 바로 챗GPT의 환각문제다. 이 문제는 GPT 모델이 대규모의 텍스트 데이터를 학습하기 때문에 발생한다. GPT 모델이 학습한 데이터에서 잘못된 정보나 패턴이 있다면 챗GPT가 새로운 문장을 생성할 때 해당 정보나 패턴을 그대로 반영할 수 있기 때문이다. 또한 모델이 일부 정보나 패턴에 치우쳐 학습한 경우에도 환각문제가 발생할 수 있다. 심지어 챗GPT는 학습을 통한 초거대 자료의 조합을 확률적 패턴으로 생성하는 추론 모델을 사용하기 때문에 범죄, 프라이버시, 확증편향, 정보보안 등에 대한 환각을 만들어낼 수도 있다. 이러한 환각은 인공지능을 통제 불능으로 만들어 우리 사회를 혼란에 빠뜨릴 수도 있다.

챗GPT, 혁신의 확산을 위한 조건

신기술의 관심도와 성숙도에 관해 가트너가 매년 발표하는 '하이프 사이클(Hype Cycle)'에 따르면, 생성형 AI는 2020년의 혁신기술의 촉발기(Technonolgy Trigger)를 지나 2021년 기대거품의 정점(Peak of Inflated Expectations)에 있었다. 생성형 AI는 관심 초기 단계를 지나 선도업체에 의해 성공 스토리가 나오기 시작하는 단계가 진행되고 있다. '챗GPT가 성공 스토리인가?'라는 질문에 대해 명확한 답을 내리기는 어렵다. 하지만 만약 '그렇다'라고 답을 내린다면 가트너가 발표한 대로 2~5년 내에 기술이 시장에서 안정화될 것이라는 전망에도 대체로 동의하게 될 것이다.

최근 모든 이슈의 중심에 있는 '챗GPT가 혁신의 산물로서 교육현장에 확산될 것인가?'라는 질문에 대해 혁신확산이론(Diffusion of Innovation Theory)에 근거해 이야기해보자. 혁신의 확산에 대한 연구는 로저스(Rogers)의 혁신확산모형(DIM), 데이비스(Davis)의 기술수용모형(TAM), 세스(Sheth)의 혁신저항모형(IRM) 등이 있는데, 여기서는 로저스의 혁신확산모형을 중심으로 살펴보고자 한다.

로저스는 혁신의 확산은 '하나의 혁신이 시간을 두고 사회체계 구성원들 사이에서 특정 채널을 통해 전달되는 과정'이라고 정의했다. 아무리 뛰어난 기술이라 하더라도 기술을 사용하는 사람들이 유용하지 않다고 인식한다면 확산되기 어려울 것이다. 혁신의 속성이란 혁신 자체의 객관적 특성이라기보다는 혁신을 수용하는 사람이 그 혁신에 대해 느끼는 주관적 평가가 반영된다. 경영학에서 혁신은 기존의 질서나 구조가 확대되거나 연장되는 양적 변화 이상의 질적 변화를 의미한다. 확산은 다양한 방향으로 퍼지는 '자발성'을 특징으로 하기 때문에 결코 의도적인 현상이 아니라고 보고 있다.[69]

로저스의 혁신확산모형에서는 혁신 과정을 5단계(지식-설득-결정-실행-확정)로 구분하고 있다.

① 지식 : '무엇을 혁신하는가?', '어떻게 혁신하는가?', '왜 혁신해야 하는가?'에 관한 지식을 형성하는 단계
② 설득 : 혁신에 관한 태도 형성 단계로 상대적 이점, 적합성(호환성),

복잡성, 시험 가능성, 관찰 가능성에 영향을 받음.

③ 결정 : 혁신을 받아들일 것인가, 거부할 것인가를 결정하는 단계

④ 실행 : 혁신을 활용하는 단계

⑤ 확정 : 혁신을 수용해 실천하고, 자신의 수용을 지지하는 증거를 찾
는 단계

〔그림 3-1〕 혁신확산모형의 혁신 과정

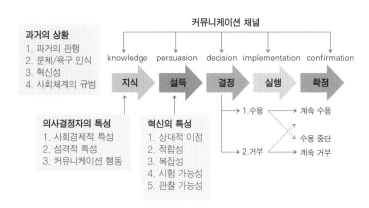

사용자들의 혁신 수용 및 태도 형성에 영향을 미치는 5가지 속성을 기초로 챗GPT의 현재를 따져보자. 참고로 혁신확산이론은 혁신이 기존의 실제에 비해 상대적 이점이 많고, 기존의 실제와 적합성(호환성)이 높고, 본격적으로 실행해보기 전에 시험해볼 수 있다고 지각할수록 그 결과를 객관적으로 관찰할 수 있으며, 복잡하지 않다고 지각할수록 혁신을 빠르게 수용한다고 보았다. 이에 따른 챗GPT의 특성은 다음과 같다.

첫째, 챗GPT는 상대적 이점(우위)이 있는가? 챗GPT로 연설문을 썼다는 사례, 리포트를 제출했다는 사례, 영어 공부를 했다는 사례, 기타 자료

조사에 도움이 됐다는 사례 등이 인터넷과 각종 연수·워크숍·세미나 등을 통해 발표되고 있다. 무엇보다 다수의 자료를 찾아보지 않아도 챗GPT가 정보를 조사, 분석, 종합해서 하나의 완성된 글로 보여주기 때문에 이점은 분명하다. 그러나 2.5%의 혁신가 그룹이 아닌 40~50%의 초기 수용자, 다수 수용자에게 상대적 이점이 관찰되기까지는 시간이 필요해 보인다. 만약 자료의 정확성, 윤리성, 신뢰성에 대한 문제가 어느 정도 해결되거나, 그러한 이슈들에서 자유로운 영역에 특화된 사용법 혹은 기술이 출시될 경우에는 상대적 이점을 더욱 빠르게 확보하리라 생각한다.

둘째, 적합성(호환성)은 어떠한가? 교육 분야에서는 학습을 통해 인간이 사고하는 능력, 활용할 수 있는 능력의 정도를 평가하는 것이 일반적이었다. 그러나 챗GPT가 학습과 평가 영역에서 일정한 역할을 한다면 학교는 학생들에게 무엇을 가르치고, 어떻게 평가해야 할 것인가? 챗GPT가 상대적 이점이 충분하다고 하더라도 학교교육이 갖고 있던 기존의 가치관과 신념체계에 과연 적합할 것인가는 최근 교육계에서 가장 관심 있는 주제이다. 챗GPT가 교육계에서 큰 인기를 끌지 못한다면 아마도 '적합성'의 불충분 때문이리라 추정된다. 그러나 혁신가 및 초기 수용자 그룹에서는 교육의 본질을 더욱 강화하고 불합리한 부분을 개선하는 측면에서 챗GPT를 활용하고자 시도할 것이다. 조만간 이들의 사용경험은 다수 수용자 그룹의 태도 형성에 영향을 미칠 것이다.

셋째, 복잡성 측면에서는 메타버스 등 다른 기술에 비해 사용이 용이하다. 로그인 절차, 확장프로그램 설치 방법, 질문과 답변 방식, 언어의 장벽

⊕ [그림 3-1] Rogers, E. M. (2003) Diffusion of Innovations(5th ed.). New York: Free Press.

해결 등에서 챗GPT는 간편하다. OpenAI에서 제공하는 검색기능을 기준으로 하면 그렇다는 뜻이다. 앞으로 출시가 예상되는 생성형 AI들 또한 사용이 용이할 것이라는 기대에 부응한다면 복잡성은 물론이고 상대적 이점을 확보할 것으로 보인다.

넷째, 챗GPT는 시험 가능성과 관찰 가능성을 어느 정도 확보하고 있다. OpenAI라는 용어에 걸맞게 누구나 생성형 AI의 위력을 체험할 수 있다. 물론 더 빠른 속도를 원하는 사람들은 유료 버전을 구입하겠지만 누구나 무료로 챗GPT를 사용할 수 있다. 시험 가능성은 곧 관찰 가능성으로 이어진다. 챗GPT를 통해 혁신적인 기술이 단순히 '개념'과 '선언'에 그치지 않고 실제하는 '실체'임을 사용자가 직접 느낄 수 있을 것이다.

인공지능이 우리의 삶에 깊숙이 들어올 것임은 모두가 동의하는 사실이다. 어쩌면 챗GPT는 다수가 인식할 수 있는 실체의 시작점일지 모른다. 불과 몇 개월 만에 챗GPT는 더 상위 버전을 내놓았고, 관련 기업들은 더욱 다양한 서비스들을 출시하고 있다. 교육계에 필요한 변화는 오래전부터 주장되어왔다. 교육환경과 교육문화의 변화 역시 그렇다. 물론 교사들도 환경적 변화에 대응하기 위한 준비가 필요하다.

챗GPT를 어떻게 활용할 것인가에 대해 관심을 가질 필요가 있으며, 혁신이 확산될 수 있는 건강한 생태계를 갖고 있는지도 생각해봐야 한다. 혁신적인 기술의 실체가 드러나고 있는 지금, 교육 생태계 역시 구호가 아닌 실체를 만드는 일에 집중해야 한다.

챗GPT의 발전 방향

챗GPT의 교육적 활용을 극대화하기 위해서는 챗GPT와의 '마주함'을 고민해야 한다. 챗GPT를 어디서 어떤 방법으로 맞닥뜨리게 되느냐에 따라 교육적 활용 역시 크게 달라진다. 일반적인 교육활동의 인터페이스는 컴퓨터의 텍스트 기반 프롬프트가 아니기 때문이다. 그렇다면 미래의 어디쯤에서 챗GPT를 마주하게 될까?

첫 번째는 웨어러블, 로봇 등을 텍스트는 물론 오디오 기반으로 매개한 일상에서의 마주함이다. 학습자들은 몸에 착용한 안경, 시계, 사물인터넷 등을 활용해 필요한 정보를 실시간으로 찾을 수 있고, 이를 학습의 자원으로 활용할 수 있다. 예를 들어 전자 회로가 구현된 안경을 착용한 학생들은 AR을 통해 사물에 대한 다양한 부가 정보를 얻어 학습에 활용하는 것이 가능하다. 그리고 안경에서 다양한 학습 상황을 실시간으로 수집해 학습자의 학습경험을 분석하고, 그에 따라 다양한 교육 자원을 제공할 수 있다. 또한 챗GPT를 이용해 학생들이 질문을 던지면, 디바이스에서 실시간으로 대답을 받을 수 있다. 이렇게 함으로써 학생들은 궁금한 점을 수업 시간에 즉시 해결할 수 있고 개별화된 학습경험을 할 수 있다. 기술이 더욱 발전하게 되면 영화에서 가정교사 로봇이 학습을 도와주는 것처럼 이상적인 맞춤형 교육이 예상된다. 로봇은 학생들과 대화하면서 학습내용을 학생들에게 직관적으로 전달할 것이다. 또한 로봇은 학생들이 느끼는 학습 부담감을 줄이기 위해 적극적인 동기부여와 칭찬, 피드백을 제공할 수 있다. 이 정도의 기술 수준이 되면 교사의 역할 변화를 적극적으로 고민해야 한다. 물론 조금 시간이 걸릴 수 있는 미래의 이야기다.

두 번째는 AR, VR, XR 등의 가상세계 또는 메타버스를 통한 마주함이다. 학습자는 메타버스에서 자신을 투영한 아바타를 매개하여 활동한다. 그러면서 다른 사용자의 아바타, NPC, 객체, 공간 등 다양한 대상과의 상호작용을 통해 학습할 수 있다. 여기서 상호작용하는 다양한 객체에 챗GPT가 결합된다면 미지의 메타버스에서 학습의 동반자, 촉진자가 될 수 있다. 학습자는 인공지능 기반 NPC로부터 학습을 안내받고 함께 퀘스트를 수행하며 보상받는 과정에서 실재감과 몰입감을 느끼게 될 것이다. 이 과정에서 챗GPT는 학생들의 질문에 답변하거나 다양한 상황에 대한 설명을 제공해 학생들이 더욱 흥미롭게 학습할 수 있도록 도와줄 수 있다. 또 적절한 칭찬과 격려를 제공함으로써 정서적 지지를 할 수도 있다.

챗GPT와 메타버스의 결합은 학생들이 더욱 창의적인 활동을 할 수 있게 도와줄 것이다. 예를 들어 학생들이 챗GPT를 이용해 자신이 작성한 글을 분석하고, 이를 메타버스에서 그림이나 영상 등으로 나타내어 공유하는 것이 가능하다. 이를 통해 학생들은 자신의 창의성을 더욱 다양한 방식으로 표현하고 공유할 수 있을 것이다.

챗GPT와 웨어러블, 로봇의 결합은 먼 미래의 일이다. 그러나 메타버스에서 이들이 결합하는 것은 향후 3~5년 안에 찾아올 수 있는 가까운 미래의 일이다. 현재는 챗GPT를 중심으로 단편적인 인공지능 기술에 관심이 치우쳐 있지만, 향후 챗GPT와 메타버스를 어떤 방식으로 연결할 것인가에 대해 관심을 기울여야 한다. 특히 교육적 목적으로 개발되는 메타버스에서는 챗GPT와 같은 생성형 AI가 반드시 연계되어야 한다. 광활한 메타버스 세계에서 학습자는 적절한 도움 없이 학습을 지속하기 어렵다. 챗GPT라는 든든한 지원자와 함께라면 학습효과를 더욱 높일 수 있다.

다양한 생성형 인공지능의 등장

챗GPT와 함께 많은 생성형 AI가 등장하고 있다. 생성형 AI는 학습한 데이터를 기반으로 새로운 데이터나 결과물을 생성하는 능력을 가진 기계학습 모델을 말한다. 생성형 AI는 데이터의 패턴과 구조를 학습한 후, 이를 활용해 그와 유사한 새로운 데이터를 만들어낼 수 있다. 그리고 텍스트, 이미지, 영상, 오디오, 소스 코드 등 다양한 콘텐츠를 생산할 수 있다.

가장 널리 알려진 사례는 2022년 생성형 AI를 활용해 미술전에서 우승한 사건이다. 콜로라도 주립 박람회 미술대회에 참여한 출품자는 그림

〔그림 3-2〕 Théâtre D'Opéra Spatial

⊕ 〔그림 3-2〕 Jason M. Allen. Théâtre D'opéra Spatial. (Midjourney AI-Generated Art). The Colorado State Fair 2022.

을 한 획도 그리지 않았다. 대신 텍스트를 입력하는 생성형 AI 미드저니(MidJourney)와 포토샵을 활용해 'Théâtre D'Opéra Spatial'을 만들어 디지털 아트 부문에서 1등을 차지했다. 대회 규정상 디지털 기술을 활용하거나 편집하는 행위가 인정됐기 때문에 출품자는 어떤 규칙도 위반하지 않았다. 이 사건으로 해당 그림이 '예술'이냐 아니면 '기술'이냐를 놓고 논쟁이 벌어졌다. 인간의 창의적 활동이 인공지능에 의해 대체될 수 있다는 경각심을 불러일으키기도 했다. 이뿐만 아니라 최근에는 생성형 AI를 활용해 동영상을 제작해 유튜브에 올리거나 동화책을 만들어 인터넷 서점에서 판매하기도 한다.

생성형 AI는 기본적으로 프롬프트를 통해 오디오나 텍스트를 입력받고 자연어 처리를 거쳐 결과물을 만들어낸다. 즉 대량의 텍스트 데이터를 학습해 언어의 패턴, 구조, 문맥 등을 이해하고, 이를 바탕으로 새로운 텍스트를 생성하거나 다양한 언어 처리 작업을 수행하는 것이다. 자연어 처리를 기반으로 한 생성형 AI의 대표적인 예로 GPT 시리즈가 있다. GPT는 대량의 텍스트 데이터를 학습해 언어의 패턴과 구조를 파악하고, 이를 바탕으로 새로운 문장을 생성하거나 주어진 문맥에 따라 적절한 단어를 찾아낸다. 최근 GPT는 1, 2, 3을 넘어 4 버전까지 출시됐다. 각 버전의 차이는 사용되는 GPT 모델의 차이가 아닌 크기, 학습 데이터 양의 차이다.

각 버전의 크기는 GPT1은 1억 1,700만 개, GPT2는 15억 개, GPT3은 1,750억 개, GPT4는 정확히 공개되지 않았지만 GPT3 이상의 파라미터 수를 가진다. 여기서 파라미터(Parameters)는 매개변수로, 인간의 뇌로 비유하자면 뉴런 사이의 시냅스에 해당한다. 뇌 신경망에서도 시냅스의 가중치 값이 적절하게 조정됨에 따라 뇌의 기능이 발전하고, 학습과 기억 능력이 향상되는 것처럼 딥러닝 모델에서도 파라미터의 값이 적절하게 조정됨에 따라 모델의 정확도와 성능이 향상될 수 있다. 일반적으로 파라미터 수가 늘어날수록 모델은 더 복잡하고 다양한 언어 표현을 학습할 수 있으며, 더 높은 성능을 보일 가능성이 높아진다.

GPT의 학습 데이터 양도 버전이 높아질수록 커지게 되는데, 일반적으로 학습 데이터 양이 늘어날수록 모델의 성능이 개선된다. 이러한 자연어 처리 기술은 대화형 인터페이스를 구현한 챗봇, 기계 번역, 텍스트 요약, 문서 생성, 자동 응답 생성, 감성 분석 등 다양한 분야에 활용되고 있다.

최근 생성형 AI는 이미지 처리에도 널리 활용되고 있다. 특히 생성적 적대 신경망과 같은 모델이 이미지 생성 및 변환 분야에 널리 활용되고 있다. 프롬프트에 간단한 키워드를 입력하면 새로운 이미지를 생성, 합성, 변환하는 등의 작업을 수행할 수 있다. 그리고 기존 이미지의 크기, 효과, 색상 변환을 통해 다른 형태의 이미지로 쉽게 변환시킬 수 있다. 붓과 스케치북이 없더라도 간단한 텍스트만으로 그림을 그릴 수 있게 된 것이다.

이러한 생성형 AI는 우리가 일상에서 활용하는 다양한 소프트웨어와 결합되고 있다. 대표적인 사례로 마이크로소프트의 코파일럿(Copilot)을 들 수 있다. 코파일럿은 비행기 조종사의 도우미 역할을 맡은 부조종사를 의미하는데, 우리가 필요한 작업을 할 때 옆에서 보조한다는 의미를 담고 있다. 일례로 문서 편집도구인 워드에 코파일럿이 적용되면 간단한 프롬프트만 입력해도 초안 작성이 가능하고, 콘텐츠를 추가하거나 요약하는 것이 가능해진다. 파워포인트에 코파일럿이 적용되면 자연어 명령만으로 프레젠테이션 슬라이드를 만들고 레이아웃을 조정하거나 애니메이션 등을 추가할 수 있다.

일상의 소프트웨어에 생성형 AI가 결합되면 사람의 일하는 방식이 크게 달라질 것으로 예상된다. 그러므로 학교에서 생성형 AI를 어떻게 활용할 것인가를 고민할 필요가 있다. 학생들이 공부하는 방법, 과제를 수행하는 방법, 생활하는 방법은 이전과 크게 달라질 것으로 예상된다. 따라서 생성형 AI를 효과적으로 그리고 윤리적으로 활용하는 방안을 교육할 필요가 있다.

다음 장에서는 생성형 AI 활용 수업에 대한 아이디어를 제시했다. 제시된 수업 아이디어들은 저자들이 교수학습 설계, 실행, 평가와 업무 처리 과정에 탐색적으로 활용하는 활동이다. 생성형 AI는 아직 도입 초기이기 때문에 생성형 AI의 적절성, 윤리성 등을 검증해 교실수업에 도입해야 한다.

Chapter 2

생성형 인공지능 활용 수업 아이디어

영단어 사전 만들기

1. 개요

영어 독해를 연습하는 학습자에게 주어진 지문에 포함된 새로운 단어를 정리하고 외우는 과정은 필수적이다. 인공지능 기반 도구의 도움을 받으면 이 과정에서 사전을 찾아보고 단어를 정리하는 시간을 획기적으로 줄일 수 있다.

2. 도구

Notion AI(또는 챗GPT) : 텍스트로 대화하는 생성형 인공지능

3. 활동

① 챗GPT(Notion AI)에 독해 텍스트 입력하기
② 챗GPT(Notion AI)에서 텍스트의 주요 단어 추출하기

③ 챗GPT(Notion AI)에서 주요 단어의 한국어 뜻 추가하기

④ 챗GPT(Notion AI)에서 주요 단어가 사용된 예문 추가하기

4. 챗GPT 프롬프트 입력 및 출력 예시

① 입력

> Make a table of new vocabulary list for K8 ESL students.
> Add colums of Korean meanings and short sample sentences which contains the word with the same meaning.
> 〈text〉
> UN Climate Change News, 27 March 2023? Companies in the Fashion Industry Charter for Climate Action are making promising strides when it comes to climate action, with more than 80% of them publicly reporting on their progress in line with their commitments, according to a new report jointly released today by UN Climate Change and CDP.
>
> … (하략) …

② 출력

> # Vocabulary List for K8 ESL Students
>
> This vocabulary list includes Korean translations, helpful images, and sample sentences for better understanding.
>
> | English Word | Korean Meaning | Sample Sentence |
> | --- | --- | --- |
> | Climate change | 기후 변화 | Climate change is affecting our environment. |
> | Water resources | 물 자원 | We need to conserve water resources. |
> | Pressure | 압력 | I feel a lot of pressure to do well on this exam. |
> | Impacting | 영향을 미치는 | The pandemic is impacting our daily lives. |
> | Critical sectors | 중요한 부문 | Healthcare is a critical sector during this crisis. |
> | Agriculture | 농업 | Farmers work hard to support agriculture. |
>
> … (하략) …

5. 유의사항

① 프롬프트 입력 시 ESL(English as a Second Language) 상황이라는 어구를 추가하고, 학습자의 학년을 함께 입력한다.

② 예시 문장 출력 요청 시 주어진 글의 맥락에서 사용되는 의미와 같은 예시문을 출력하도록 한다.

③ 이미지 검색 및 삽입 기능을 사용할 경우, 추상적인 의미를 나타내는 단어에서는 적절하지 않은 결과물이 출력될 수 있음을 주의한다.

④ 그 외에도 자동으로 제안되는 다양한 명령어(Summarize, Explain this,

[그림 3-3] Notion AI 자동 명령어 예시

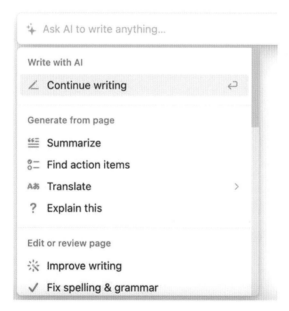

ⓘ 챗GPT의 한계로 인해 이 책에 제시된 챗GPT 출력 예시는 물론, 실제 수업에서 챗GPT 활용 시 출력 결과도 신뢰성이 떨어질 수 있으므로 그 내용의 타당성에 대한 점검이 필요하다.

ⓘ [그림 3-3] Notion AI(notion.so/product/ai)

Fix spelling & grammar 등)를 목적에 따라 활용할 수 있다.

영어 대화문 생성하기

1. 개요

영어 교사가 학습자들의 듣기 능력을 신장하기 위해 다양한 소재의 영어 대화문을 구성해야 하는 경우, 챗GPT의 도움을 받아서 수많은 대화문을 쉽게 생성할 수 있다. 예를 들면, 같은 의사소통 기능을 가르치면서도 비슷한 난이도의 다양한 소재를 활용하는 지문을 생성해 반마다 다른 내용의 듣기평가를 진행할 수 있다.

2. 도구

① 챗GPT : 텍스트 파일

② 클로바 더빙(Clova Dubbing) : 텍스트 교체

3. 활동

① 챗GPT에서 의사소통 기능 및 의사소통 표현 정하기

② 챗GPT에서 샘플 대화문 지정하기

③ 챗GPT에서 샘플 대화문에서 의사소통 표현 부분을 지정해 프롬프트 작성하기

④ 출력값 검토하기

⑤ 적절한 대화문 선택해 음성 변환 도구(Text to Speech)인 클로바 더빙을 활용해 녹음 파일로 변환하기

4. 챗GPT 프롬프트 입력 및 출력 예시

① 입력

너는 ESL K7 학생들을 가르치는 영어 교사야. 아래 주어진 대화문을 활용해 다음 조건을 모두 충족하는 대화문 7개를 만들어줘.

〈대화문〉

G: Mom, (I can't wait for) the sports day.
W: (What are you going to do on that day), Minji?
G: I'm going to play basketball for my class. We've practiced hard for a few weeks.
W: Oh, (I'm looking forward to) your game.
G: Actually, I'm a little worried. (I'm afraid) I'll make a mistake.
W: Don't worry. You'll do a good job. (I'll keep my fingers crossed)!

〈조건〉

1. 위 〈대화문〉의 ( ) 부분은 변형하지 않고 그대로 유지함.
2. 주어진 대화문의 대화 소재를 대체하되, 대화 맥락 및 의사소통 기능은 유지함.
3. 생성하는 대화문들은 모두 동일한 문장 난이도로 구성.
4. 생성하는 대화문은 모두 ESL K7 학습자에게 적합한 어휘로 구성.

··· (하략) ···

② 출력

〈대화문 1:〉

G: Dad, (I can't wait for) the school play.
W: (What are you going to do on that day), Minji?
G: I'm going to act as a tree for my class. We've practiced hard for a few weeks.
W: Oh, (I'm looking forward to) your performance.
G: Actually, I'm a little worried. (I'm afraid) I'll forget my lines.
W: Don't worry. You'll do a great job. (I'll keep my fingers crossed)!

〈대화문 2:〉

G: Mom, (I can't wait for) the science fair.
W: (What are you going to do on that day), Minji?

G: I'm going to present my volcano experiment for my class. We've practiced hard for a few weeks.
W: Oh, (I'm looking forward to) your presentation.
G: Actually, I'm a little worried. (I'm afraid) something might go wrong.
W: Don't worry. You'll do a good job. (I'll keep my fingers crossed)!

〈대화문 3:〉
G: Dad, (I can't wait for) the art exhibition.
W: (What are you going to do on that day), Minji?
G: I'm going to display my paintings for my class. We've worked hard for a few weeks.
W: Oh, (I'm looking forward to) seeing your artwork.
G: Actually, I'm a little worried. (I'm afraid) people might not like my paintings.
W: Don't worry. You'll do a good job. (I'll keep my fingers crossed)!

··· (하략) ···

5. 유의사항

① 프롬프트 작성 시 의사소통 기능 부분을 다양하게 변환할지 또는 의사소통 기능 부분은 고정하고 소재를 다양하게 할지를 먼저 선택한다.

② 목적에 맞는 프롬프트를 작성하고, 필요한 개수보다 더 많은 수의 샘플을 추출해 선별한다.

그림책 만들기

1. 개요

그림책을 만들기 위해서는 전달하고자 하는 메시지, 이야기, 그림 등이 필요하다. 학생들은 인공지능의 도움을 받아 구상한 글을 수정 및 보완해 의미 있는 메시지를 담은 풍부한 이야기를 만들 수 있다. 인공지능을 활용해 글에 어울리는 이미지도 생성할 수 있어 독자에게 의미와 감동을 전달하는 그림책을 만들 수 있다.

2. 도구

① 챗GPT : OpenAI의 GPT 모델을 기반으로 하는 대화형 인공지능

② DALL·E 2 : OpenAI의 이미지 생성 모델

③ 구글 슬라이드 : 구글의 웹 기반 문서 편집도구

3. 활동

① 다양한 그림책 감상하고 특징 정리하기

② 지속가능한 발전을 위한 UN의 목표(UN-SDGs)에서 주제 정하기

③ 개략적인 줄거리 설정하기

④ 그림책에 등장할 캐릭터 설정하기(이름, 성격, 특징 등)

⑤ 이야기의 배경 설정하기

⑥ 스토리보드 작성하기

⑦ 챗GPT의 프롬프트에 들어갈 문구 만들기

⑧ 챗GPT가 작성한 글 수정·보완하기

⑨ DALL·E 2 프롬프트에 들어갈 문구 만들기

⑩ DALL·E 2가 작성한 그림 수정·보완하기(프롬프트 수정 입력)

⑪ 구글 슬라이드로 그림책 만들기

⑫ 웹사이트, SNS 등을 활용해 그림책 공유하기

4. 챗GPT 프롬프트 입력 및 출력 예시

① 입력

다음 조건에 맞는 그림책 이야기를 초등학생도 흥미를 가질 수 있도록 500자 이내로 만들어줘.

- 독자 : 초등학생
- 주제 : 에너지를 절약하자.
- 등장인물 : 케빈(에너지를 낭비하는 남자 역할), 크리스(지구온난화에 피해를 보는 남자 역할)
- 내용 구성 : 두 학생의 상반된 모습
- 주요 이야기
- 케빈은 학교 교실을 비울 때도 에어컨을 끄지 않는다. 케빈이 사는 지구 반대편에 사는 크리스는 너무 더워서 공부하기 힘들다.
- 케빈은 가까운 곳도 전동 킥보드를 타고 간다. 케빈이 사는 지구 반대편에 사는 크리스는 연료가 없어 난방조차 하지 못한다.
- 자원이 고갈됨에 따라 더는 에너지를 풍족히 쓸 수 없는 케빈, 자원의 발견으로 에너지를 풍족하게 쓰는 크리스
- 케빈과 크리스의 상황이 반대가 됨

··· (하략) ···

② 출력

지구 반대편에 살고 있는 케빈과 크리스는 두 군데의 학교에서 다니며 서로 상반된 삶을 살고 있었다. 케빈은 에너지를 낭비하는 학생으로, 항상 교실에서 나갈 때 에어컨을 끄지 않았다. 반면에 지구 반대편에 있는 크리스는 매일 폭염에 시달려 공부하기 힘들었다. 또한 케빈은 가까운 거리도 전동 킥보드를 타고 이동했다. 그와는 다르게 크리스는 연료가 부족해 난방조차 할 수 없었고, 추위로 고생했다. 그러던 어느 날, 지구의 자원이 고갈되기 시작했고 케빈은 더 이상 에너지를 풍족하게 사용할 수 없게 됐다. 한편 크리스가 사는 곳에 새로운 에너지원이 발견되어 그의 삶은 풍요로워졌다. 결국 케빈과 크리스의 상황이 완전히 뒤바뀌었다.

··· (하략) ···

5. 유의사항

① 챗GPT를 활용하기 전에 학생들이 전체적인 줄거리를 먼저 계획하지

않으면 의도한 메시지를 전달하는 글을 쓰기 어렵다. 따라서 교과 시간을 활용해 글의 개요를 설정할 수 있는 시간을 충분히 주어야 한다.

② 챗GPT에서 프롬프트를 계속 수정 입력해 이야기를 구체화할 수 있는 기회를 제공한다.

③ 글이나 그림 작성 시 인종, 성별, 종교, 지역에 따라 차별 없이 공정하게 이뤄질 수 있도록 사전에 교육한다.

인공지능과 하브루타 논쟁으로 논설문 쓰기

1. 개요

하브루타는 유대인의 전통적인 학습법으로 보통 짝을 이루어 질문과 답을 주고받으면서 서로의 통찰력을 공유하고 사고의 깊이와 넓이를 확장해가는 학습법이다. 학생들은 자신의 입장에 대한 근거 자료를 탐색하고 해석한 후 인공지능과 짝을 이뤄 논쟁한다. 그리고 상대적인 입장과 그 근거에 대해 반박하는 과정에서 새로운 관점의 전환과 균형 잡힌 시각을 얻게 된다.

2. 도구

챗GPT : OpenAI의 GPT 모델을 기반으로 하는 대화형 인공지능

3. 활동

① 논제 정하기

② 논제에 대해 찬성 또는 반대 입장 정하기

③ 자신의 입장에 대한 근거 자료 조사하기

④ 챗GPT에게 논제에 대한 자신의 입장과 근거 설명하기

⑤ 챗GPT의 반대 입장 듣기

⑥ 챗GPT의 반대 근거에 대해 논쟁하기

⑦ 챗GPT의 논쟁 근거 검증하기

⑧ 챗GPT의 논쟁 근거 정리하기

⑨ 자신의 입장과 근거, 챗GPT의 입장과 근거를 통합해 손글씨로 논설문 쓰기

4. 챗GPT 프롬프트 입력 및 출력 예시

① 입력

> 나는 다음과 같은 생각을 갖고 있어. 내 생각에 반박하는 의견을 줘.
>
> - 나의 학년 : 중학교 3학년
> - 나의 입장 : 인간 복제를 찬성한다.
> - 나의 근거 1 : 수명이 늘어날 것이다.
>   나의 근거 2 : 더 많은 생명을 구할 수 있다.
>   나의 근거 3 : 불치병을 치료할 수 있다.
>   나의 근거 4 : 신체적 장애를 극복할 수 있다.
>   나의 근거 5 : 불임 문제를 해결할 수 있다.

② 출력

> 인간 복제에 대한 당신의 생각은 몇 가지 잠재적인 이점을 제시하지만 고려해야 할 다양한 반론도 있습니다.

- 수명 연장 : 복제가 반드시 수명 연장을 보장하는 것은 아닙니다. 복제 과정에는 유전자 사본을 만드는 과정이 포함되지만 수명을 단축시키는 노화 과정이나 기타 요인을 직접적으로 다루지는 않습니다.
- 생명 구하기 : 복제가 어떤 상황에서는 도움이 될 수 있지만 윤리적 문제를 제기하고 잠재적으로 인간 생명의 가치를 떨어뜨릴 수도 있습니다. 논란의 여지가 있는 인간 복제의 본질 없이 생명을 구하는 데 도움이 될 수 있는 장기 기증 및 재생 의학과 같은 대체 방법이 있습니다.
- 말기 질병 치료 : 복제는 본질적으로 질병을 치료하지 않습니다. 유전적으로 동일한 표본을 만들어 특정 질병에 대한 연구와 이해에 기여할 수는 있지만 직접적인 치료법은 아닙니다. 또한 크리스퍼 (CRISPR)와 같은 유전자 편집 기술은 유전병을 직접적으로 다루는 측면에서 더 유망합니다.
- 신체적 장애 극복 : 복제는 잠재적으로 이식을 위한 건강한 조직이나 장기를 제공할 수 있지만 그 과정이 신체적 장애 제거를 보장하지는 않습니다. 보철 및 기타 보조 기술의 발전이 이 문제를 해결하는 데 더 효과적일 수 있습니다.
- 불임 해결 : 인간 복제는 이론적으로 불임에 도움이 될 수 있지만 포괄적인 해결책은 아닙니다. 체외 수정(IVF) 및 대리모와 같이 윤리적으로 덜 논쟁적이며 많은 부부에게 효과적인 것으로 입증된 다른 보조 생식 기술이 있습니다.

5. 유의사항

① 자신의 입장을 명확히 정한 후 챗GPT와 논쟁을 해야 하며 자신의 입장을 설명해줄 근거를 5가지 이상 조사해야 한다. 그래야만 챗GPT가 제시하는 근거를 통해 사고를 확장할 수 있다.

② 챗GPT가 주장하는 것에 대한 근거를 신뢰성 있는 자료를 통해 확인할 기회를 반드시 제공해야 한다.

③ 챗GPT와 논쟁 전에 자신의 입장에 대해 챗GPT에게 질문하지 않도록 사전에 교육한다.

④ 손글씨로 논설문을 쓸 때는 챗GPT를 활용하지 않도록 지도한다.

인공지능과 발명 아이디어 생성하기

1. 개요

　발명은 실생활 속의 불편함을 찾아 문제를 정의하고, 확산적 사고와 수렴적 사고를 통해 문제를 해결할 아이디어를 제시하는 것이다. 이때 아이디어는 구체적으로 표현되고 실제 제작과 평가과정을 거쳐야 한다. 발명은 학생의 창의력 신장에 도움을 주지만, 실제로 학생들은 창의적인 아이디어 제시를 매우 어려워하거나 단순한 아이디어를 내는 데 그친다. 이를 지원하기 위해 인공지능의 도움으로 학생의 확산적 사고를 활성화하고, 아이디어를 선정하고 평가하는 데 활용한다. 그리고 선정한 아이디어는 3D 모델링 프로그램을 통해 구체적으로 표현한다.

2. 도구

① 챗GPT : OpenAI의 GPT 모델을 기반으로 하는 대화형 인공지능
② 팅커캐드(Tinkercad) : 오토데스크사의 웹 기반 온라인 3D 모델링 프로그램

3. 활동

① 실생활 속의 불편한 문제점 찾기
② 사용자의 관찰, 인터뷰 등으로 진짜 문제 찾기
③ 확산적 사고 기법을 이용해 발명 아이디어 내기
④ 챗GPT와 발명 아이디어 비교하기
⑤ 챗GPT와 발명 아이디어 발전시키기
⑥ 수렴적 사고 기법을 이용해 발명 아이디어 선정하기

⑦ 챗GPT와 함께 발명 아이디어 평가하기

⑧ 아이디어 표현하기

⑨ 아이디어 구체화하기

⑩ 팅커캐드로 모델링하기

⑪ 발명 아이디어 공유하기

4. 챗GPT 프롬프트 입력 및 출력 예시

① 입력

아래와 같은 상황에서 좋은 발명 아이디어를 추천해줘.

1. 제품 : 마스크
2. 불편한 점 : 숨쉬기 불편하다.
3. 조건
- 바이러스나 세균, 미세먼지를 차단해야 한다.
- 저렴한 비용으로 제작 가능하다
- 실제 만들 수 있어야 한다.
- -
이때 에어 필터를 어떤 형태로 마스크에 설치해야 해?

---

② 출력

상황에 맞는 발명 아이디어는 '통기성이 좋은 에어 필터 내장 마스크'입니다.

- 디자인 : 이 마스크는 3D 형태로 설계되어 얼굴과 마스크 사이에 적절한 공간이 생기게 됩니다. 에어 필터를 마스크의 양쪽에 설치해 공기 흐름이 원활하게 이루어지도록 합니다. 필터는 교체 가능한 형태로 만들어집니다.
- 기능 : 에어 필터는 바이러스, 세균, 미세먼지 등을 차단하는 기능을 갖고 있으며 동시에 공기를 순환시켜주어 숨쉬기가 더 수월해집니다. 필터는 소비자의 필요에 따라 다양한 등급으로 제공되어 상황에 맞는 보호를 선택할 수 있게 합니다.
- 장점 : 통기성이 좋아 숨쉬기 불편함이 줄어들며, 필터를 교체하는 방식으로 비용 효율성을 높입니

다. 실제로 제작 가능하며 다양한 상황에서 사용할 수 있는 유연한 제품입니다. 이 발명 아이디어는 숨쉬기 불편한 기존 마스크의 문제를 해결하고, 바이러스, 세균, 미세먼지 차단 기능을 유지하면서 저렴한 비용으로 제작 가능한 제품입니다.

- -

에어 필터를 마스크에 설치하는 방법은 다음과 같습니다:

- 방향성 벤트 : 마스크의 양쪽에 작은 방향성 벤트(vent)를 설치합니다. 이 벤트는 필터를 갖춘 커버로 덮여 있어 들어오는 공기가 필터를 통과하게 됩니다. 벤트의 방향성은 외부 공기가 들어오는 것은 허용하되, 호흡 시 발생하는 수증기나 미립자를 방출하도록 설계되어 있습니다. 이렇게 함으로써 통기성을 개선하고 숨쉬기가 더 편해집니다.
- 내장 필터 : 마스크의 내부에 미세한 필터층을 설치합니다. 얼굴 전체를 감싸는 필터층이 아니라 마스크의 일부분에만 위치시키는 것이 좋습니다. 이는 마스크의 일정 부분에만 공기를 통과시키며, 그 외 부분은 밀착되어 외부 공기와의 접촉을 최소화하도록 합니다. 필터를 교체 가능한 형태로 만들어 사용자가 원할 때마다 쉽게 교체할 수 있게 합니다.
- 조절 가능한 공기 흐름 : 마스크의 양쪽에 작은 공기 조절 장치를 설치합니다. 이 장치는 사용자가 공기 흐름의 세기를 조절할 수 있게 해줍니다. 이렇게 함으로써 각 사용자의 호흡 패턴과 개인적인 편안함에 맞게 마스크를 사용할 수 있습니다.

이러한 에어 필터 설치 방법들은 통기성을 개선하고 숨쉬기를 더 편안하게 만들어줍니다. 그러면서 여전히 바이러스, 세균, 미세먼지 등을 차단하는 기능을 유지합니다. 이러한 기능을 갖춘 마스크를 개발하려면 제작 과정에서 기존 마스크보다 약간 더 많은 비용이 들 수 있지만, 사용자의 편의성과 건강을 증진하는 데 큰 도움이 됩니다.

5. 유의사항

① 확산적 사고와 수렴적 사고를 할 때 학생이 자신의 아이디어를 먼저 낸 다음, 챗GPT와 대화를 통해 아이디어를 정교화하거나 발전시키도록 지도한다.

② 학생들이 처음부터 챗GPT의 아이디어를 표절하지 않도록 챗GPT가 작성한 결과도 프로젝트 포트폴리오에 같이 제출하도록 한다.

③ 1차시에 팅커캐드의 사용법 등을 교육한다.

인공지능과 함께 대화하기

1. 개요

　수업 시간에 교사와 학생이 영어로 대화할 수 있는 시간은 상대적으로 부족하다. GPT 기반의 인공지능 대화 서비스를 이용하면 학생들은 해당 차시에 배운 학습내용을 주제로 인공지능과 서로 대화하면서 영어 실력을 향상시킬 수 있다. 더불어 인공지능과 대화한 내용을 체계적으로 정리하거나 문법적으로 잘못된 내용을 인공지능을 통해 교정받으며 학습의 효과를 높일 수 있다.

2. 도구

① Bing : 마이크로소프트의 엣지 브라우저를 기반으로 하는 검색 및 대화형 인공지능 서비스
② 구글 클래스룸 : 구글의 학습관리 시스템
③ 구글 독스 : 구글의 문서 도구
④ 디지털 교과서 : 에듀넷의 웹 기반 디지털 교과서

3. 활동

① 1차시에서 학습한 대화 내용 정리하기
② 인공지능과 대화할 주제 정하기
③ Bing에서 자신의 수준에 맞는 대본 요청하기
④ 대본 살펴보고, 모르는 문장 연습하기
⑤ Bing에서 연습을 요청하고 인공지능과 대화하기
⑥ 대화 내용 정리하기

⑦ 정리한 대화 내용 다시 살펴보기

⑧ 대화 중 자신이 사용한 영어 문장이 올바른지 Bing에서 수정 요청하기

⑨ 수정한 내용 확인하고 다시 연습하기

⑩ 처음 대화 내용 및 수정한 내용 정리해 구글 클래스룸에 올리기

4. 챗GPT 프롬프트 입력 및 출력 예시

① 입력

- Can you help me practice my english with role play?
- I want to have a conversation with you.
- What would you like to talk about?
- I am an elementary school student. I am going to travel to the United States. I want to learn some simple English phrases that are most commonly used in my travels, so I need you to create 20 English phrases and give me 5 examples of each.
- Let's talk about traveling with me! I'm about to fly from South Korea to France. Give me 10 phrases in English and 4 examples to use while traveling to the airport, buying a plane ticket, going through immigration, boarding the plane, eating the meal, and arriving and going through immigration.
- "한국어로 작성" + translate this in English.
- Keep going: 중간에 문장이 끊어졌을 때 계속하라는 명령어

… (하략) …

---

② 출력

- Can you help me practice my english with role play?
- Sure, I can help you practice your English with role play. What kind of scenario would you like to try? For example, you can choose a situation like ordering food at a restaurant, asking for directions, or making a reservation.
- Let's try ordering food at a restaurant.
- Okay, let's pretend that you are at a restaurant and I am the waiter. I will start the

---

conversation and you can reply in English. Ready? Here we go.

Hello, welcome to The Blue Moon. How many people are in your party?

- We are five people.
- Alright, please follow me. I have a table for you right here. Here are your menus. Do you need any drinks to start with?
- Yes, I would like some water.

··· (하략) ···

5. 유의사항

① 엣지 브라우저 Bing을 사용하기 전에 학습한 내용을 정확하게 알고 있는지 스스로 확인할 수 있도록 해야 한다. 인공지능에게 무조건 의존하는 마음을 갖지 않도록 지도할 필요가 있다.

② 인공지능과 영어로 대화하기 위한 프롬프트 작성 방법을 충분히 숙지할 수 있도록 해야 한다.

③ 인공지능과 대화한 내용을 살펴보며 모르는 단어나 문장을 확인하고 정리할 수 있도록 지도해야 한다.

학교폭력예방 교육과 상담 활동 프로그램 계획하기

1. 개요

챗GPT는 수업뿐만 아니라 학생 생활지도나 상담 활동에서도 활용이 가능하다. 학교폭력예방 프로그램 계획과 학급규칙 만들기, 특정 상황에서 벌어지는 학생들의 다툼에 대한 해결책 등에 대한 질문에 제시되는 챗GPT의 답변을 프로그램 계획이나 문제해결을 위한 접근에 활용할 수 있다.

2. 도구

챗GPT : OpenAI의 GPT 모델을 기반으로 하는 대화형 인공지능

3. 활동

① 학생 활동 중심의 학교폭력예방 교육 프로그램 계획

② 학교폭력 문제 상황 해결을 위한 학생 상담 활동

③ 학교폭력예방 교육 프로그램 운영의 실제

4. 챗GPT 프롬프트 입력 및 출력 예시

[학생 활동 중심의 학교폭력예방 교육 프로그램 계획]

① 입력

초등학교 4학년 학생 대상으로 학기 초 주 2회 6차시에 걸친 학교폭력예방 프로그램을 계획하고 있어. 학생들의 학교폭력을 예방하고, 학생들이 학교폭력의 위험성을 알 수 있는 활동 중심의 프로그램을 알려줘.

② 출력

초등학교 4학년 학생 대상 학기 초 주 2회 6차시에 걸친 학교폭력예방 프로그램을 설계해보았습니다.

1. 참여형 활동
- 그림 그리기 : 학교폭력의 예방과 위험성을 그림으로 그리는 활동
- 토론 : 학교폭력이 어떤 문제를 일으키는지, 그리고 어떻게 해결할 수 있는지에 대한 토론

2. 교육
- 학교폭력의 종류와 예방 방법에 대한 교육
- 동영상 시청 : 학교폭력에 대한 예시와 위험성을 보여주는 동영상 시청

3. 게임

　학교폭력과 관련된 게임으로 학생들이 학교폭력의 위험성을 경험하고 예방 방법을 습득하는 게임

4. 역할극

　학교폭력에 대한 역할극으로 학생들이 학교폭력을 경험하면서 어떻게 대처할 수 있는지를 배우는 활동

··· (하략) ···

[학교폭력 문제 상황 해결을 위한 학생 상담 활동]

① 입력

오늘 우리 반 A학생이 B학생에게 장난으로 별명을 불렀는데 그 별명을 듣기 싫어한 B학생이 별명을 부른 A학생을 때렸어. 그리고 A학생 또한 B학생에게 폭력을 행사해서 큰 다툼이 벌어졌어. 두 학생을 어떻게 지도하는 것이 좋을까?

② 출력

이러한 상황에서는 두 학생 모두와 함께 이 문제를 해결하는 것이 중요합니다. 먼저 각 학생에게 개별적으로 면담을 실시해 각자의 감정과 생각을 들어주는 것이 좋습니다. 그리고 상호 간의 이해를 돕기 위해 둘 다 상대방의 입장에서 생각해보고, 상대방이 느끼는 감정을 이해하려는 노력을 촉구해야 합니다.

또한 상호 간의 대화를 통해 각자의 잘못된 행동과 그에 따른 결과를 인식하게 하며, 이러한 행동이 더 이상 반복되지 않도록 학생들에게 학급 규칙을 다시 한번 되새기도록 하는 것이 좋습니다. 이때 학생들 스스로가 학급 규칙을 정하고, 서로가 지켜야 할 약속을 만드는 것이 더욱 효과적일 수 있습니다.

학교폭력 예방교육 프로그램에서 학생들이 이러한 문제를 직접적으로 경험하고, 이를 해결하는 방법을 함께 찾아보는 것도 좋은 방법 중 하나입니다.

[학교폭력예방 교육 프로그램 운영의 실제]

■ 구체적인 프로그램에 대한 질의

① 입력

> 학생들이 학교폭력과 관련한 문제를 직접 경험하고, 이를 해결할 방법을 함께 찾아보는 프로그램에 대해 구체적으로 설명해줄래?

② 출력

> 1. 문제해결 단계별 프로그램
> 학생들은 학교폭력과 관련한 문제 상황을 실제로 체험합니다. 그리고 문제를 해결하는 과정을 단계별로 체험해보며, 문제해결 능력을 함양할 수 있습니다. 각 단계마다 그룹 혹은 개인별로 진행할 수 있으며, 문제해결 전략에 대해 함께 고민합니다.
>
> 2. 동영상 시뮬레이션 프로그램
> 학교폭력과 관련된 상황을 동영상으로 제공합니다. 학생들은 동영상 속 상황에 대해 함께 생각하고, 해당 상황에서 어떤 선택을 하는 것이 좋을지 함께 논의합니다. 이를 통해 학생들은 학교폭력 상황에서 어떤 선택을 해야 하는지에 대한 이해를 높일 수 있습니다.
>
> 3. 게임 기반 학습 프로그램
> 학생들은 학교폭력 상황에서 어떤 선택을 해야 하는지에 대한 게임을 진행합니다. 학생들은 게임을 진행하며 학교폭력의 위험성과 예방 방법을 학습할 수 있습니다. 또한 게임에서 선택한 결과에 따라 다른 결과가 발생하므로 학생들은 선택의 중요성과 책임감에 대해 인식할 수 있습니다.
> 이러한 프로그램을 통해 학생들은 학교폭력 문제를 직접 경험하고, 이를 해결하는 방법을 함께 찾아갈 수 있습니다. 또한 함께 고민하고 대화하며 문제해결 능력과 동료애를 함께 키울 수 있습니다.

■ 구체적인 프로그램에 대한 추가 질의

① 입력

> 학교폭력예방 교육을 위해 동영상 시뮬레이션 프로그램을 운영하려고 하는데, 활용 가능한 동영상을
> 추천해줄래?

② 출력

> 1. 교육부 학교폭력예방 교육 동영상 자료
> 도란도란 학교폭력예방교육(doran.edunt.net)에서 예방교육 동영상 자료를 확인할 수 있습니다.
> 2. 학교폭력예방교육지원센터 학교폭력 예방
> 학교폭력예방교육지원센터 홈페이지(stopbullying.re.kr)에서 제공하는 학교폭력 예방 동영상을 활
> 용할 수 있습니다.
> 3. 학부모on누리
> 국가평생교육진흥원 전국학부모지원센터 홈페이지(parents.go.kr)에서 제공하는 학교폭력예방 영상
> 자료를 활용할 수 있습니다.

5. 유의사항

① 학교폭력예방 프로그램 및 상담 활동에서의 문제 상황에 대해 교사 자신이 사전에 수업 활동이나 상담의 방향을 대략적으로 모색한 후 챗GPT를 활용한다.

② 챗GPT에서 제공하는 학교폭력예방 프로그램 계획안이 자신의 학급 상황에 적절하게 적용 가능한지 비판적으로 검토하여 활용한다.

③ 챗GPT는 학생 상담 활동과 관련된 특정 문제의 맥락을 파악하여 해결 방안을 제시해주기 때문에 매우 유용하지만 제시된 해결 방안은 여러 방안 중 하나임을 인식하고 실제 상담 적용에는 신중을 기해야 한다.

④ 수업이나 상담 상황에 대해 구체적으로 정의하고 질문을 정교화함으로 써 보다 실제적인 정보를 얻을 수 있다.

교수설계이론과 연계한 수업설계

학습이론이나 교수설계이론처럼 교육학적 지식을 바탕으로 한 이론 기반 의 수업설계는 수업 실행 결과에 대한 추론이 가능하다. 따라서 이론은 수 업설계와 실행, 평가 단계에 이르기까지 수업 전반에서 적극적으로 고려 되어야 한다. 그러나 학교현장에서 교육학 이론은 수업설계 단계에서부터 간과되는 경우가 많다. 챗GPT는 학습이론이나 교수학습이론, 교수학습 모형 등 다양한 교육학 이론과 연계한 구체적인 수업설계 사례를 제공한 다. 질문을 잘 구성한다면 챗GPT를 통해 하나의 학습과제를 여러 교육학 적 관점에서 바라볼 수 있는 기회도 가질 수 있다.

구성주의적 접근의 수업을 위한 챗GPT 프롬프트 입력 및 출력 예시

① 입력

> 초등학교 1학년 학생을 대상으로 2+3을 가르쳐야 하는데, 구성주의적 접근으로 수업을 진행하고 싶 어. 어떤 절차로 진행하면 좋을까?

② 출력

구성주의적 접근은 학생들의 이해도를 높이기 위해 현실 세계에서 자연스럽게 발생하는 일상 상황을 수학적으로 해결하는 방법을 사용합니다. 초등학교 1학년 학생 대상으로 2+3 수업을 구성주의적 접근으로 설계하기 위해서는 다음과 같은 절차를 따르면 좋습니다.

1. 현실에서 자연스럽게 발생하는 상황을 찾습니다.
   2개의 사과와 3개의 바나나를 합쳤을 때 총 과일의 개수를 세는 일상적인 상황을 찾을 수 있습니다.

2. 학생들이 이해할 수 있는 방식으로 문제를 제시합니다.
   "우리가 사과 2개와 바나나 3개를 갖고 있다면, 이 과일들을 합쳐 총 몇 개의 과일이 있을까요?"와 같은 방식으로 문제를 제시합니다.

3. 학생들이 문제를 해결할 수 있도록 도와줍니다.
   학생들이 직접 사과와 바나나를 가지고 문제를 해결하도록 유도하거나, 그림이나 도형 등을 활용해 문제를 이해하도록 도와줍니다.

4. 해결 과정을 함께 분석하고 이해도를 높입니다.
   학생들이 문제를 해결한 방법을 함께 분석하고, 이를 통해 수학적인 개념을 이해할 수 있도록 도와줍니다. 예를 들어, "우리가 처음에 가지고 있던 사과와 바나나를 각각 세어봅시다. 그런 후 둘을 합치면 총 몇 개인지 알 수 있어요."와 같이 해결 과정을 함께 분석하고 이해도를 높일 수 있습니다.

이러한 절차를 따르면 학생들은 현실의 문제를 수학적으로 해결하는 과정에서 개념을 이해하고, 자연스럽게 수학적 사고력을 발휘할 수 있습니다.

유의사항

① 챗GPT를 활용하여 수업 컨셉, 주요 개념, 활동 아이디어를 논의하고 아이디어를 확장하는 데 도움을 받을 수 있다. 이때 제안된 내용이 학습 목표와 부합하는지 항상 확인해야 한다.

② 수업 설계뿐만 아니라 수업을 실행하는 과정에서도 챗GPT를 활용하여 수업을 지속적으로 개선할 수 있다. 학생 활동과 수업 내용, 수업 결과를 분석하고 이를 챗GPT에 반영하여 학습 경험을 더욱 효과적으로 만들 수 있다.

챗GPT 활용을 위한 팁

1. 챗GPT 가입 시 유의사항

가) 연령 확인

생성형 AI를 초·중·고 학생이 이용할 경우, 연령제한이 있는지 확인해야 한다. 챗GPT는 만 13세부터 17세까지는 부모의 동의를 얻어야 사용이 가능하다. 초등학생은 이용할 수 없으며, 중·고등학생은 부모의 동의를 얻어 사용할 수 있다. 또한 생성형 AI를 수업에서 활용한다는 내용의 가정통신문을 제작해 학부모에게 사전 동의를 받아야 한다.

나) 회원 가입 시 발생하는 문제

① 챗GPT는 동일 IP망에서 여러 학생이 가입을 진행하면 "Too many signups from the same IP"라는 메시지와 함께 가입이 차단된다. 브라우저 캐시 및 쿠키 지우기, 다른 네트워크 사용하기, 휴대폰으로 가입만 진행하기 등으로 이 문제를 해결할 수 있다.
② ImgGPT(이미지 생성형 AI)는 유료인 경우가 대부분이다. '미드저니'는 그룹대화 서비스인 디스코드(Discord) 서버와 연동되므로 주의해서 사용해야 한다. 또한 이미지 생성 속도가 느린 점을 고려해 수업을 진행하기 전에 충분한 검토가 이루어져야 한다.

2. 챗GPT 활용 시 유의사항

가) 생성형 AI 수업 전 필수 지도 내용

① 정보 확인 : 기계학습으로 모델링한 인공지능의 답변에 대한 정확한 정보 확인하기
② 과제의 적절성 : 과제와 관련된 답변이 학습을 위한 검색 내용과 일치하는지 확인하기
③ 적절한 사용 : 학습을 위한 도움으로만 사용하고 부적절한 사용 금지하기
④ 관련 주제만 사용 : 학습과 관련된 주제만 사용하기
⑤ 개인정보 보호 : 개인정보를 절대 입력하지 않기
⑥ 비판적 사고 : 인공지능이 제공한 정보에 대해 질문함으로써 비판적 사고 강화하기
⑦ 디지털 리터러시 : 학생들이 검색한 내용에 대한 출처를 밝히는 등 책임감 있게 사용하는 방법 알기
⑧ 도구로 인식 : 인공지능은 학습에 대한 보조도구로 활용하는 것임을 인식하기
⑨ 개인적인 의견 구분 : 인공지능의 답변은 데이터 수집 및 학습을 통한 것이므로 무조건적으로 받아들이지 않기
⑩ 의존하지 않는 태도 : 습관적으로 인공지능에게 물어 결과만 얻으려는 태도를 갖지 않도록 노력하기
　※ 이미지 생성형 AI의 경우 손가락, 귀 등 신체 일부가 혐오스러운 형태로 나타나기도 하기 때문에 학생들에게 철저한 지도가 필요하다.

나) 학습에 적합한 도구 선택

① ChatGPT : 다양한 분야에서 폭넓은 답변을 통해 학습을 진행하는 경우에 사용할 수 있다. 한글로 묻는 경우 답변이 지연되거나 끊기는 경우가 종종 발생하며, 영어로 번역해 질문하는 도구 등의 사용도 지도해야 한다.

② AskUP : 간단한 질문이나 이미지 생성을 활용해 수업을 진행하는 경우 사용할 수 있다. 답변 내용의 양이 ChatGPT에 비해 적은 편이지만 이미지 생성도 가능하다. 카카오톡 추가 채널 서비스로만 활용할 수 있다.

③ Craiyon : 무료로 이미지를 생성하는 서비스로 품질은 양호하나 광고 노출이 있다. 계정이 필요 없고, 사용 방법이 직관적이어서 수업에 바로 사용 가능하다.

④ DALL · E 2 : 고품질의 다양한 이미지 생성, 에디터 등을 제공하고 있으나 지속적인 사용을 하기 위해서는 유료 결제가 필요하다. 사용 방법은 직관적이나 네거티브 단어를 입력하는 서비스는 제공하고 있지 않으며 한글 입력 시 결과물이 좋지 않다.

⑤ Midjourney : 다양한 종류의 이미지를 생성하는 데 유용하지만 사용 방법이 직관적이지 않은 편이다. 디스코드와 연동되므로 학교 수업에 활용하기에는 적합하지 않다.

⑥ Stable Diffusion : 고품질의 다양한 이미지 생성이 가능하고, 오픈 소스로 공개해 무료로 사용이 가능하다. 영어로 작성해야 결과물이 좋은 편이며 프롬프트는 '단어 형태'를 조합해 작성해야 한다. 네거티브 프롬프트를 제공하고 있어서 원하지 않는 이미지 생성 요소를 요청할 수 있다.

⑦ Bing.com : 브라우저 서비스로 대화와 이미지 생성 등이 모두 가능하다. 검색 서비스와 함께 사용할 수 있어서 수업 활용에 편리하다. 한 주제에 대해 20개의 답변만 사용할 수 있으나 주제를 바꾸어가며 계속 사용이 가능하다. 엣지 브라우저(Edge Browser)에 계정을 생성하고 로그인해야 사용할 수 있다.

⑧ Notion AI : 생성형 AI 기능을 이용해 학습자가 자신의 위키, 문서, 프로젝트 수행 시 다양한 자료를 기록 및 정리할 수 있는 플랫폼이다. 학습자의 포트폴리오를 효율적으로 관리할 수 있다. 인공지능 기능은 유료로 결제해야 사용할 수 있다는 단점을 갖고 있다.

3. 챗GPT 프롬프트 활용 팁

가) 대화형 GPT

① 질문을 구체적으로 하기(수준, 상황, 요약, 요청 내용 수 등)
② 질문 내용, 맥락, 예시로 제공해 답하도록 하기
③ 역할 부여하기(교사, 의사, 가이드 등)
④ 프롬프트 지니(번역), AIPRM(자동 프롬프트 생성) 등의 확장 프로그램 활용하기
⑤ 사용 중 답변이 끊긴 경우, Keep going, Continue, 계속 등의 용어를 사용하기
⑥ 시스템이 오류로 로딩이 되지 않는 경우 '새로 고침'해 사용하기

나) 이미지 GPT

① 대화형 GPT와 달리 요청하는 형태를 서비스에서 정한 방식에 맞게 입력하기
• DALL · E 2 : 그림의 종류 of 원하는 그림 설명

예)A van Gogh style painting of an American football player
- Stable Diffusion : 콘텐츠 타입, 원하는 그림 설명, 그림 스타일, 화면 구성(16:9)
예)프롬프트 : Oil painting, a small cabin on top of a snowy mountain in the style of Disney, artstation, aspect 16:9

다) 브라우저 기반 GPT(Bing.com)

① 사용 목적에 따라 대화 스타일(창작, 균형 잡힘, 정확함)을 선택해 사용하기
- 창작은 데이터 정확성보다는 상상력을 동원하는 글쓰기 등의 활용에 적합
- '주제 선정', '통계 자료' 등 정확한 사실에 기반한 데이터를 요청하는 경우에 적합
② 모바일 기기에서는 음성 인식 기능을 편리하게 사용 가능
③ 엣지 브라우저에서는 검색과 채팅을 동시 사용할 수 있으며 다양한 기능 제공
- 글 입력 : 2,000자 이내로 작성
- 톤 : 전문가, 캐주얼, 열정적, 콘텐츠형, 재미
- 형식 : 단락, 전자 메일, 블로그 게시물, 아이디어
- 길이 : 짧게, 보통, 길게
- 사이트에 추가 : 복사, 붙여넣기 없이 원하는 곳에 바로 삽입 가능

4. 챗GPT 활용을 위한 질문 능력 향상

가) 수렴적 질문과 확산적 질문

① 답이 있는 질문의 경우, 구체적인 지식과 함께 수렴적 질문의 형태로 묻기
② 답이 없는 질문의 경우, 새로운 아이디어나 해결 방법에 대해 고민해본 후 묻기
③ 블룸의 평가척도(인지적 영역)에 따라 질문해보기
- 지식 수준(Knowledge) : 기본적인 사실과 개념을 기억 및 재생하는 능력
- 이해 수준(Comprehension) : 개념을 다른 매체로 번역하거나, 주어진 자료를 해석하거나, 해석한 자료를 추론하는 능력
- 적용 수준(Application) : 개념을 새 상황에 적용하고 구체적인 문제를 해결하는 능력
- 분석 수준(Analysis) : 구조의 구성요소와 그 상호관계를 파악하고 분해하는 능력
- 종합 수준(Synthesis) : 다양한 요소를 새롭게 조합해 새로운 것을 만들고 평가하는 능력
- 평가 수준(Evaluation) : 의사소통의 정확성과 일관성이라는 기준으로 판단하는 능력

나) 질문을 평가해보는 도구로 챗GPT 활용하기

① 질문을 평가할 수 있도록 구체적인 내용 입력하기(블룸의 평가척도 입력)
② 질문을 입력해 질문 수준이 어떤지 평가해보기
③ 과목별, 단원별, 차시별 학생들의 활동을 질적으로 평가할 수 있는 루브릭의 평가척도를 사전에 입력할 수 있도록 지도해 평가해보기
④ '챗GPT'와 'Bing 검색 엔진' 모두 사용 가능

Chapter 3

생성형 인공지능을 둘러싼 교사들의 생생 TALK

이은상　챗GPT의 등장 이후 더욱 많은 선생님들과 학생들이 생성형 AI 기술의 실체를 경험하게 됐습니다. 기회와 위기, 기대감과 불안감이 공존하는 상황이기도 합니다. 생성형 AI를 활용한 교육 사례 못지않게 다양한 이슈가 발생하고 있는 지금, 이 책의 저자인 현장 선생님들과 생생한 대화를 나눠보고자 합니다.

챗GPT를 둘러싼 현장의 반응

이은상　여기 계신 분들은 많은 선생님, 학생, 학부모들을 만나고 계실 텐데요. 챗GPT와 관련한 대화도 많이 나누고, 반응도 살펴셨을 것으로 생각됩니다. 챗GPT에 대한 학교현장의 반응은 어떤가요?

이은주　챗GPT는 인공지능에 대한 선생님들의 인식을 변화시켰다고 생각해요. 제 주변만 봐도 전문적 지식 없이 누구나 쉽게 챗GPT를 사용하고 있어서 '인공지능이 정말 우리 삶에 스며들었구나'라는 생각을 하게 됐어요. 한 번도 사용하지 않은 사람은 있지만, 한 번만 사용해본 사람은 없을 정도로 챗GPT는 인공지능에 대한 인식과 사람들의 행위에 영향을 미치고 있어요.

이봉규　단적인 예로 교육청 주관 챗GPT 연수가 있었는데 200명 이상의 선생님이 신청했어요. 퇴근 후 이렇게 많은 선생님이 연수에 참여한 것만 봐도 챗GPT에 대한 관심이 얼마나 뜨거운지를 알 수 있었어요.

강동우　비슷한 현상이 우리 교육청에서도 나타났는데, 특징적인 부분은 연수 참여 교원 중 90% 이상이 20~30대였다는 점이에요. 상대적으로 젊은 교사들이 시대 변화에 빠르게 대응하려는 움직임을 보인다고 해석할 수 있겠죠.

김두일　연령에 따라 다른 반응을 보일 수도 있겠네요. 제가 여러 연령대의 선생님들을 만나서 얘기해봤습니다. 전반적으로 챗GPT가 여러모로 편리한 도구가 될 것을 인정하면서 보다 구체적인 사례와 실질적인 효과를 경험하고 싶어 하는 분위기였어요.

이동국　맞아요. 선생님들은 일상생활에 비해 교수학습에서 얻을 수 있는 챗GPT의 유용성에 대해 의문을 갖고 있는 것 같습니다. 앞으로 챗GPT를 비롯한 인공지능을 교육과정, 수업, 평가 등에 통합하기 위한 노력이 필요해 보여요.

이은상　뜨거운 관심과 냉정한 평가가 공존하는 가운데 적극적인 현장 기반 연구와 실천이 필요하다는 의견이네요. 그렇다면 학생들의 반응은 어떤가요?

이봉규　선생님들에 비해 학생들의 관심은 상대적으로 덜한 것 같습니다. 근무하는 지역이 읍면 지역이라는 요인도 있겠지만, 인공지능 시대를 살아갈 학생들이 자신의 미래 세계가 어떻게 변화할지에 대한 고민이 피상적인 수준에 머무는 것은 아쉬운 부분입니다.

강동우　학생과 학부모의 관심이 아무래도 덜한 것은 대도시권의 학교에서도 마찬가지입니다. 그런데 흥미로운 점이 있어요. 챗GPT를 활용해 수업을 진행한 교사의 학급과 그렇지 않은 학급을 살펴보면 학생들의 관심도에 차이가 나타난다는 것입니다. 선생님들이 수업을 통해 보여주는 모습이 학생들에게 중요한 영향을 미친다는 것을 새삼 깨닫게 됐어요.

이은상　선생님들의 말씀을 들으니 인공지능을 바라보는 교사의 관점, 이것을 활용하는 교육의 중요성을 더욱 실감하게 되네요. 그런 측면에서 선생님들의 이야기가 독자분들께 많은 응원이 되지 않을까 합니다.

인공지능 활용 교육과 챗GPT

이은상　지금 논의하고 있는 챗GPT도 결국 인공지능 기술의 범위에서 생각해볼 수 있지요. 이 책의 주제인 인공지능 활용 교육 측면에서는 챗

GPT의 등장을 어떻게 바라봐야 할까요?

김성종　인공지능이 교육에 기여할 수 있는 가장 큰 장점 중 하나는 개인의 학습 수준에 맞는 맞춤형 학습의 가능성이죠. 챗GPT와 같은 고도화된 생성형 AI를 활용한다면 통합적 인공지능 튜터링 시스템의 구현도 가능하리라 생각해요.

이동국　챗GPT를 시발점으로 다양한 생성형 AI가 우리의 일상에 스며들 거예요. 평소 사용하는 오피스, 메신저, SNS 등 다양한 곳에 생성형 AI가 활용됨으로써 학생들이 자연스럽게 이를 접할 수 있는 세상이 되겠죠. 그렇기 때문에 생성형 AI를 교육에 어떻게 활용할 것인가에 대한 논의가 더욱 필요하다고 볼 수 있어요.

이봉규　챗GPT가 인공지능 활용 교육에 대한 깊이 있는 연구와 실천의 필요성을 더욱 높이고 있다는 점에 동의해요. 챗GPT는 기존의 검색 엔진이나 챗봇과 다르게 사용자의 응답에 대해 맞춤형으로 즉답을 생성한다는 것에 차이점이 있어요. 물론 챗GPT를 '유능한 헛소리꾼', '확률적 앵무새'라고 비판하는 목소리가 있는 것도 사실입니다. 그래서 인공지능을 제대로 이해하고, 기술적 오류를 걸러낼 뿐만 아니라 바람직하게 사용할 수 있는 인간의 역량 함양이 더욱 중요해졌습니다. 자연스럽게 인공지능 활용 교육의 필요성으로 다시 귀결되는 것이죠.

김두일　저 역시 생성형 AI가 일상생활과 학교교육의 질적 수준을 높이리라는 기대감은 인정합니다. 그러나 참여하고자 하는 동기의 격차, 리터러시의 격차 등이 더 크게 작용하지 않을까 하는 우려도 있습니다. 이를 위해 이번 책의 주제인 인공지능 활용 교육 측면에서의 챗GPT는 첨단 에듀테크의 한 사례로 제한해서 바라봐야 한다고 생각해요. 만병통치약과 같은 마법의 약이 아닌, 보다 민첩해진 에듀테크 도구이자 플랫폼으로 바라볼 필요가 있어요.

이은상　대화를 나눠보니 챗GPT에 대한 과도한 기대와 환상을 경계해야겠지만, 새로운 학습환경으로 자리하고 있는 인공지능의 바람직한 활용이 더욱 중요해짐을 알 수 있네요.

챗GPT의 가능성

이은상　우리는 앞에서 챗GPT를 활용한 수업 사례와 아이디어를 다뤘습니다. 챗GPT를 실제 사용해보신 경험에 비춰볼 때 어떤 가능성 혹은 효과를 발견하셨나요?

김성종　챗GPT의 수업 활용 장면에서 발견한 장점은 기대 이상으로 적절한 답을 제공해준다는 것, 질문에 대한 답을 제공하는 과정이 '매우 친절하다'라는 것이었어요. 챗GPT가 제시하는 정보의 적시성과 친절함을 고려할 때 학습자의 학습을 실질적으로 조력할 수 있는 학습 동반자로서의 가능성을 생각해보게 되네요.

김두일　저는 프로젝트 주제와 활동 아이디어를 수집할 때 인공지능을 활용했어요. 학생들이 자신의 아이디어를 검토하고 새로운 아이디어를 추가하면서 보다 나은 결과를 도출하는 데 도움이 됐어요. 학습의 주도권을 사용자인 학생이 갖고 학습활동을 이끌어가는 데 유용한 도구였습니다.

이은주 　영어 교사 입장에서는 구체적인 예문을 목적이나 난이도별로 계속해서 생성할 수 있다는 것이 정말 큰 도움이 됐어요. 모국어가 아닌 언어를 가르치다 보면 이게 맞는 것인가 하는 의문이 들 때가 있어요. 예를 들면 수업 준비를 하면서 'will'이 사용된 예문 중 즉시적 결정을 나타내는 의도로 사용되는 문장이 많이 필요할 때가 있어요. 짧은 시간 내에 제가 생각해낼 수 있는 문장은 그리 많지 않은데, 챗GPT는 무한대의 답변을 단 몇 초 만에 내놓죠. 저는 그 예문들 중 학생들에게 적절한 예문을 선별해 활용할 수 있어요. 그렇게 절약한 시간 동안 저는 제 수업에 대한 고민을 좀 더 하고, 학생들을 더 많이 만날 수 있게 됐어요.

강동우 　저도 초등학교 영어 수업에서 인공지능과 대화하는 수업을 진행했는데 학생들이 많은 관심을 보였어요. 인공지능과의 대화를 위한 핵심 문장(프롬프트)을 익히는 활동과 병행해 지속적인 대화가 이루어진다면 학생의 영어 실력 향상에 도움이 될 것으로 보여요.

이은상 　교수학습의 효율성과 효과성을 높이는 데 챗GPT가 활용된 사례들을 말씀해주셨는데요. 아마도 여기 계신 분들이 도구의 특성을 파악하고, 교수학습에 적절히 통합해 활용했기 때문에 가능성과 효과가 발견되지 않았나 생각됩니다. 선생님들의 수업설계 역량은 여전히 중요한 부분이네요.

챗GPT의 한계 그리고 이슈

이은상　교육에 있어서 챗GPT가 가능성만 보여주는 것은 아닐 것 같은데요. 앞에서도 일부 언급됐지만 챗GPT의 등장 이후, 다양한 이슈가 제기되는 것이 사실입니다. 선생님들께서 실제 경험한 이슈가 있나요? 그러한 이슈를 예방하기 위해 선생님은 어떤 준비를 하시나요?

강동우　학생들에게 인공지능 활용을 위한 철저한 사전 교육이 이루어져야 해요. 개인정보 입력 금지, 정확한 정보 여부 확인하기, 무조건 수용하지 않기, 비판적으로 바라보기, 출처 밝히기 등은 수업에 앞서 필수적으로 지도해야 할 내용이라고 할 수 있어요. 경우에 따라서 인공지능 도구 활용 전에 학부모의 동의를 구하는 절차도 필요합니다. 이는 생성형 AI 활용 교육에서 넘어야 할 산 중 하나입니다. 또한 이미지 생성형 AI 사용 시 손, 발, 치아, 귀, 눈 등에서 생성이 제대로 이루어지지 않는 괴상한 형태의 이미지를 발견하게 돼요. 학생들에게는 혐오스러울 수 있죠. 때문에 생성형 AI 활용 수업 전에 선생님들의 철저한 사전 점검이 필요해요.

김두일　강동우 선생님 말씀에 공감합니다. 저는 생성형 AI의 순기능과 강점을 인정하지만 역기능을 최소화하면서 이용해야 한다고 생각해요. 인공지능 활용을 위한 접근은 열린 마음으로, 실제 활용은 가이드와 지침의 범위 안에서 더딘 마음으로 안전하게 이용하겠다는 나름의 원칙을 세워봤어요.

이동국　일각에서는 인공지능 기술이 발전하면 인간은 더 이상 지식학습을 할 필요가 없다고 말해요. 하지만 인간에게 기본적인 배경지식이 없으면 생성형 AI를 충분히 활용할 수 없습니다. 인공지능이 제시하는 수많은 정보를 배경지식을 바탕으로 비판적으로 해석할 수 있어야 합니다. 또 인공지능을 잘 활용하기 위해서는 해당 인공지능의 특성을 파악하는 것도 중요해요.

김성종 이동국 선생님 말씀처럼 모든 문제를 챗GPT로 해결하고자 하는 학생들이 나타나지 않을까 염려돼요. 교육계에서는 학생의 진정한 이해도를 다각도로 평가하는 방안이 필요해 보입니다. 학생이 문제에 대한 답을 찾아가는 과정에 대한 기록이나 학습한 내용을 실제 상황이나 유사한 맥락에 의미 있게 적용할 수 있는지에 대한 역량 평가가 보다 강화될 필요가 있어요.

이봉규 챗GPT와 같은 생성형 AI는 편견과 차별, 개인정보 유출 등의 윤리적 문제가 있습니다. 물론 정보의 신뢰성 문제도 있고요. 하지만 일부 나라에서처럼 챗GPT를 규제하는 것은 근시적 안목이라고 생각해요. 컴퓨터와 인터넷처럼 챗GPT도 우리 생활 속에 빠르게 확산될 거라고 예상합니다. 그래서 생성형 AI 윤리 교육 및 소양 교육, 활용 교육이 필요해요. 학생들이 인공지능 관련 기본 역량을 함양한다면 부작용을 최소화할 수 있겠죠.

이은주 무비판적 수용, 막연한 두려움은 모든 기술의 발전 초기에 나타나는 현상 같아요. 정말 빠르게 우리 일상에 스며들고 있는 생성형 AI를 점점 더 많은 사람이 일상에서 사용하다 보면, 어느 시점이 됐을 때 이런 염려는 자연스레 잦아들지 않을까 합니다. 다만, 사람과 인공지능의 산출물을 구별할 수 없는 시대가 왔을 때, 인공지능을 악용하는 데서 발생하는 사회적인 문제나 혼란이 분명히 있을 것 같아요. 사람의 감정이나 자아도 결국은 언어, 행동 등의 산출물을 통해 외부로 나타나고 타인에게 표현하는 것이잖아요. 어느 시점에 이르러 인공지능과 사람의 산출물을 구별할 수 없게 된다면, 과연 사회는 어떻게 변할까 하는 궁금증과 고민이 있습니다.

이은상　생성형 AI를 하나의 환경적 요소라고 생각할 때, 그 환경을 제대로 이해하고 윤리적으로 사용하도록 돕는 것은 교육의 역할이 아닐까 합니다. 선생님들이 말씀하신 것처럼 학생 교육을 담당하고 있는 학교에서는 이러한 환경에 대해 좀 더 예민한 감각을 갖고, 구체적인 준비를 해나갈 필요가 있어 보입니다.

학교의 변화를 위한 과제

이은상　챗GPT와 같은 인공지능이 학교교육에 도입된다고 가정할 때, 바람직한 디지털 시민성을 함양하기 위해 우리의 학교가 변해야 하는 것, 준비해야 하는 것은 무엇일까요?

김성종　학생의 디지털 시민성을 함양하기 위해서는 우선 교사의 디지털 시민성과 인공지능 활용 교육 역량이 확보되어야 합니다. 지금이라도 인공지능 활용 교육을 위한 교사교육과 역량 개발 프로그램 개발이 우선 고려되어야 해요.

김두일　'교복 입은 디지털 시민'인 학생이 디지털 리터러시를 갖추고 실천과 참여의 자세로 변화에 동참할 때 진정한 디지털 시민성을 갖추었다고 할 수 있습니다. 단순히 디지털 환경의 구성원으로서 윤리적 태도를 강조하는 기존 교육으로는 한계가 있어요. 학생들이 실제 문제를 발견하고 해결하도록 지원하는 열린 학교문화 조성이 필요합니다. 이 과정에서 학부모와 지역사회의 협력이 매우 중요하겠죠.

강동우　두 분의 말씀처럼 변화하는 학습환경에 대해 교육 주체들의 인식 개선과 학교문화 개선이 필요해요. 이를 위해서는 무엇보다 학부모의 신뢰와 지원이 있어야 가능합니다.

이은상　학생만이 아니라 교사, 학부모, 지역사회 모두가 디지털 시민성을 갖추는 것이 중요하다는 말씀이네요. 변화하는 시대, 우리 교육이 추구하는 비전을 공유하고 교육 주체들이 긴밀하게 협력하는 문화가 중요해 보입니다.

건강한 인공지능 활용 교육을 위해

이은상　앞에서 좋은 이야기들을 많이 해주셨습니다. 마지막으로 이 책을 읽는 독자분들께 인공지능 활용 교육과 관련해 전하고 싶은 말씀이 있을까요?

이동국　기술이 사회와 교육에 미치는 영향이 매우 큽니다. 사실 따라가기 버겁습니다. 하지만 우리의 포지션이 이러한 기술을 활용하는 학생들을 지도하는 일이기 때문에 기술 발전을 계속 따라가야 합니다. 교사들은 비판적 혁신성을 가져야 합니다. 시대와 기술의 흐름을 읽고, 수업에 도입할 때는 교육적 효과를 고려하는 것은 물론이고 비판적으로 적용할 수 있는 안목을 가져야 합니다.

강동우　약AI, 강AI을 넘어서는 초AI의 시대로 향하고 있는 지금, 인간의 자율성, 존엄성, 다양성을 잃을 수 있는 잠재적 위험을 인식해야 합니다. 첨단 기술의 활용은 인간의 존엄성, 사회의 공공선, 기술의 합목적성에 부합해야 한다는 것을 꼭 기억해야 합니다.

김성종　선생님들은 이 책에서 제시된 인공지능 활용 교육을 위한 교사 역량을 내면화함으로써 인공지능의 가능성과 제한점, 위험성을 동시에 인식하고 교육적 활용에 대해 지속해서 고민할 필요가 있어요. 앞으로 인공지능의 발전이 더욱 가속화할 것으로 예상되기에 전문성 개발에 있어서도 교사 개인이 아닌 함께 연구하고 실천하는 교사공동체적 접근이 더욱 필요해 보입니다.

김두일　맞아요. 유행을 따르기보다 철저한 요구분석을 통해 챗GPT의 활용과 쓰임새를 최적화하려는 교육공동체의 노력이 무엇보다 필요해요. 학교마다 주어진 환경과 문화가 다를 텐데요. 기술의 교육적 활용에 대한 명확한 기준과 원칙을 공유하고, 학교가 처한 환경에 따라 최적의 교육계획이 수립되어야 합니다.

이봉규　　찰스 다윈의 "가장 강한 자나 가장 영리한 자가 살아남는 것이 아니다. 변화에 가장 잘 적응하는 자가 살아남는다."라는 문장이 생각나네요. 챗GPT가 빠르게 확산되고 있는 시대, 독자들도 이 기술을 '어떻게' 써야 할지에 대한 방향성, 그리고 수업에 '어떻게' 통합할 수 있을지에 대한 고민과 실천을 통해 변화에 잘 적응하셨으면 좋겠습니다.

이은주　　저는 많은 분이 이런 고민을 함께 시작했으면 좋겠어요. 특별한 지식이 없다 해도 직접 인공지능을 사용해보며 미래를 상상해보는 일은 누구나 할 수 있잖아요. 그러면서 윤리적 문제에 대한 고민도 해보고, 새로운 기술이 나올 때 관심도 가져보면 좋겠습니다. 그러면 '나는 이런 거 모르는 사람이야'라는 생각이 아니라 '또 이런 게 나왔네? 이건 뭐지?'라는 생각을 하게 될 거예요. 그 과정에 이 책이 도움이 되길 바랍니다.

인공지능 활용 교육을 위한 정책

학교 인프라, 교원역량,
CTO와 에듀테크팀,
인공지능 · 에듀테크 포털,
국가교육 데이터 센터,
미래교육연구개발원 등

교사의 역량을 개발하기 위해 전문성 개발 프로그램을 마련하고 체계적으로 실현하는 것 못지 않게 교사의 역량을 발현할 수 있는 체제와 제도를 만드는 것도 중요하다. 현재 챗GPT가 교육현장에서 엄청난 인기를 끌 듯, 인공지능 기술의 발전은 학교교육에서 인공지능의 통합을 가속화할 것이다.

이제부터 '학교 디지털 전환을 통한 인공지능 활용 교육 촉진'을 목표로 세우고, 학교 인프라 개선, 교육 주체의 역량 개발, 교육 지원 체제 마련, 연구 개발 체제 구축 측면에서 총 10개의 정책 과제를 제안하고자 한다. 본격적인 인공지능의 도입이 가까워지고 있는 만큼 관련 정책이 속도감 있게 추진될 필요가 있다.

〔표 4-1〕 인공지능 활용 교육 촉진을 위한 10가지 과제

목표	학교 디지털 전환을 통한 인공지능 활용 교육 촉진	
전략	과제	시기
학교 인프라 개선	과제 1. 학생 소유의 고성능 기기 보급	2~3년 이내
	과제 2. 인공지능 기반 지능형 학습환경 조성	4~5년 이내
교육 주체의 역량 개발	과제 3. 교원의 필수 역량으로 인공지능 활용 교육 역량 개발	4~5년 이내
	과제 4. 모든 교육 주체의 디지털 교육 소양 개발	4~5년 이내
교육 지원 체제 마련	과제 5. 미래교육 카페 설립 및 운영	2~3년 이내
	과제 6. CTO와 에듀테크팀 운영	2~3년 이내
	과제 7. 인공지능 · 에듀테크 포털 구축 및 운영	2~3년 이내
	과제 8. 국가교육 데이터 센터 설립	4~5년 이내
연구 개발 체제 구축	과제 9. 개발자로서 교사 역할 수립	2~3년 이내
	과제 10. 미래교육연구개발원 설립	4~5년 이내

학교 인프라 개선

과제 1. 학생 소유의 고성능 기기 보급

> 맞춤형 교육을 실현하기 위해 학생 소유의 고성능 디지털 기기를 보급
> 해야 한다.

인공지능 활용과 데이터 기반의 교수학습이 효과적으로 이루어지기 위해
서는 개별 기기의 보급이 선행돼야 한다. 디지털 전환 관점에서 교수학습
환경을 개선하고 디지털 리터러시 강화를 위해 다수의 시도교육청에서는
학교에 기기를 확대 보급하고 있다. 서울시교육청의 스마트기기 휴대 학
습 '디벗' 정책, 충청북도교육청의 학생·교사 1인 1스마트기기 지원 정책
이 대표적이다. 상당수의 시도교육청에서도 몇 년 내에 1인 1기기를 보급
하는 정책을 도입하고 있다.

　노트북, 스마트패드 등 각종 기기가 적게는 수십 대 많게는 천 대 이상
학교에 보급되고 있어 이에 대한 활용과 관리가 중요 이슈로 부각되는 상

황이다. 인공지능·에듀테크를 교수학습에 효과적으로 통합하기 위해서는 테크놀로지 교수내용지식(Technological Pedagogical Content Knowledge, TPACK)을 활용한 복잡한 교수설계가 요구된다.[70] 하지만 학교의 역량과 준비 부족으로 인해 인공지능·에듀테크의 활용이 미흡한 실정이다. 이마저도 학생 중심으로 활용되기보다는 교사 중심으로 활용되고 있다.[71]

교육청에서는 정보 담당 부서에서 보급 위주로 정책을 펼치고 있을 뿐 이를 학교현장의 교수학습에 어떻게 통합할 것인가는 큰 고려사항이 아니다. 관리 측면에서 학교에 인공지능·에듀테크를 관리할 수 있는 전문 인력(에듀테크팀, 테크매니저 등), 행정 체제 등이 미흡해 비전문가인 교사가 수백 대의 기기를 관리하고 있는 실정이다.[72] 학교의 관리 체제 미흡은 구성원 간의 갈등, 기기의 낮은 활용 및 방치 등 다양한 문제를 야기하고 있다. 이러한 문제의 근본 원인은 학교가 학습자들이 이용하는 기기를 모두 소유하고 통제하려는 데 있다.

많은 기기를 효과적으로 관리하려다 보면 확장된 기능보다는 제한된 기능을 가진 저가형 또는 제한된 운영체제를 가진 기기를 도입하게 된다. 그러나 이러한 기기는 교실의 다양한 교육활동을 지원하지 못하고 일정 시간이 지나면 성능이 더욱 저하되어 활용하기 어려워진다.[73] 또 고장 및 파손 이슈가 발생할 수 있어 학생들에게 대여하거나 다양한 형태로 활용하는 것을 꺼리게 된다. 이 때문에 학교에 보급된 기기의 활용률은 저조할 수밖에 없다.

디지털 시대가 도래함에 따라 디지털 자원은 교사와 학생들의 삶에 있어 기본재가 됐다. 교사와 학생의 교육활동은 디지털 자원을 교과서처럼 항시 휴대하고 적시에 활용하는 패턴으로 변화했다. 이러한 측면을 고려하면 학생 소유의 1인 1기기를 보급할 필요가 있다. 이때 강조되어야 할

맞춤형 교육을 위한 1인 1기기 보급

BYOD 방식의 강점과 제한점

1인 1기기, 즉 BYOD(Bring Your Own Your Device) 방식을 채택할 경우 다음과 같은 강점과 제한점이 있다(도재우, 김수진, 2021)[74]. 제한점을 해결할 수 있는 세부 정책 마련이 요구된다.

- 강점-테크놀로지 활용 비용 절감, 다양한 교수 전략 적용 가능, 학습자 참여 촉진, 미래사회 요구 기술 습득, 언제 어디서나 학습자료에 접근 가능, 디지털 기기 활용에 대한 책임감 향상, 개인 학습환경 구축, 다양한 의사소통 채널 확보, 학습동기 유발, 협업 지원, 학습의 연속성 확보
- 제한점-불공정 초래, 보안 이슈, 안정적인 무선 네트워크 구축 필요, 배터리 수명 및 전원 콘센트 문제, 학생의 기기 사용 관리의 어려움, 학습 분위기 훼손, 학습자료의 차별화 발생, 다양한 운영체제로 인한 제한된 자원 활용, 화면 크기 제한, 디지털 리터러시 필요, 1인 1기기 활용에 대한 부정적 시각

BYOD 계획 및 실행 프레임워크

K-12 Blueprint(2021)[75]에서는 BYOD 계획 및 실행 프레임워크로 다음과 같은 절차를 제안했다. 여기서 주목할 점은 학교의 체제를 갖추고 학교 맥락에 맞는 기기를 선정한다는 점이다.

- STEP 1 : 학교교육 주체의 1인 1기기 보급 계획 참여
- STEP 2 : 전담팀 구성
- STEP 3 : 물리적 인프라 구축
- STEP 4 : 소프트웨어 인프라 구축
- STEP 5 : 포털의 개발(예: Oak Hills Portal-Google sites)
- STEP 6 : 모든 주체가 받아들일 수 있는 사용 정책(학교 규칙) 마련
- STEP 7 : 교육과정 개발
- STEP 8 : 기기 선정
- STEP 9 : 지속적인 전문성 개발

인공지능, 에듀테크 도입 및 활용 절차

학교에 인공지능 및 에듀테크를 도입하고자 할 때 학교 구성원의 공감대를 형성하고 관련 정책에 대한 학교 구성원의 이해도를 제공하는 일이 선행되어야 한다.

〔그림 4-1〕학교 단위에서의 인공지능 및 에듀테크 도입과 활용을 위한 절차 모델

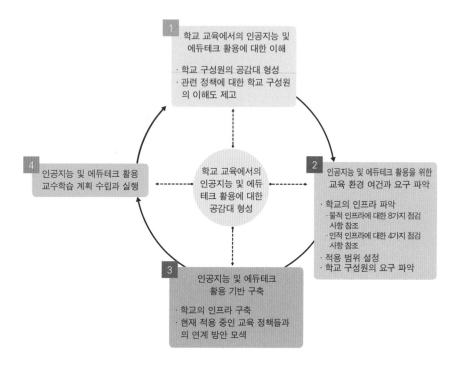

⬇ 〔그림 4-1〕홍선주, 조보경, 최인선, 박경진, 김현진, 박연정, 박정호(2020). 학교교육에서의 인공지능(AI) 활용 방안 탐색. 한국교육과정평가원 연구보고 RRI 2020-2. p.56.

것은 소유권이다. 학교가 소유권을 갖는 것이 아니라 개인이 소유권을 가짐으로써 학습자가 주도하는 활용을 끌어내야 한다. 학생 소유의 1인 1기기 보급은 앞서 언급한 기기의 낮은 활용률, 관리 이슈 등 다양한 문제를 해결할 수 있다.

　학습자가 학교에서는 인공지능을 교수학습의 보조교사(도구)로 활용하고, 가정에서는 자기주도학습을 하는 데 활용한다면 이용률이 크게 올라갈 것이다. 또 학생들이 자신의 기기로 인식함으로써 보다 세심히 관리하게 된다. 고장 및 파손 이슈가 발생했을 때는 교육청 또는 인근 A/S 센터의 도움을 받음으로써 문제를 직접 해결할 수 있다. 학생용 기기는 학생의 발달 수준과 기기의 수명 등을 고려했을 때 초등학교 3학년에서 최초 보급, 중학교 1학년에 두 번째 보급이 이루어질 필요가 있다.

　교수학습 활동의 유형을 고려했을 때 기기 유형은 초등학교의 경우 태블릿 PC와 노트북이 적절할 것이며, 중·고등학교의 경우 노트북 위주의 보급이 이루어져야 한다. 부가적으로 키보드, 마우스, 펜, 화면 터치 기능 등이 들어가 있고 여러 프로그램과 애플리케이션을 설치해 활용할 수 있는 범용적 운영체제를 가져야 한다. 또 한 번 충전으로 10시간 이상 활용 가능해야 하며, 외부 충격에도 쉽게 파손되지 않는 내구성을 가져야 한다. 이를 위해서는 저가형 기기보다는 고급형 기기의 보급이 요구된다.

　한편 기기의 구입과 유지 보수 측면의 노력도 필요하다. 학교와 교육청이 일괄로 구매하는 것보다는 일정 사양을 제시하고 해당 사양을 충족하는 제조사와 모델을 안내함으로써 사용자가 개별 구매(바우처 활용)하는 것이 바람직하다. 또 A/S 센터, 교육청의 지원센터 등(도서, 벽지의 경우)을 통해 개인의 유지·보수를 적극적으로 지원할 필요가 있다. 이러한 고려 사항 등을 반영해 교육용 인증 기기를 지정할 수 있다. 교육 활용도와 지원 체계 등을 기준으로 마련해 엄격한 심사를 통해 교육용 인증 기기로 지정하면 학습자가 기기를 선택하는 데 도움이 될 것이다.

과제 2. 인공지능 기반 지능형 학습환경 조성

맞춤형 교육을 촉진하는 지능형 학습환경을 조성해야 한다.

인공지능 활용 교육은 언제 어디서나 연결되는 무선 네트워크 환경에서 첨단 기기가 끊김 없이 활용될 때 효과적으로 이루어질 수 있다. 그러나 학교현장은 첨단과는 가장 거리가 먼 곳이다. 특히 교사에게 첨단의 좋은 기기를 보급하는 데는 더욱 인색하다. 코로나19로 원격수업 환경 구축이 강조되고 있는 상황에서도 5년 이상 노후화된 저성능 PC를 활용하거나 무선 네트워크 사용이 원활하지 않은 환경에서 교수학습을 진행하는 경우가 많았다. 특히 인공지능 활용 환경에서는 교실 내의 모든 기기가 연결되어 작동되어야 하는데, 현재는 단순히 교사와 학생용 기기를 단편적으로 활용하는 데 그치고 있다. 교사는 인공지능 활용 교육을 설계하고 실행하는 주체이기 때문에 이들이 첨단 학습환경을 제공하는 기술적·교육적 어포던스를 충분히 활용해 교수학습을 진행할 수 있도록 여건을 마련할 필요가 있다.

먼저 인공지능 활용을 위한 데이터 기반의 첨단 교실 환경을 구축해야 한다. 인공지능 활용 교육이 가능하려면 교사와 학생 기기, 학습 데이터 수집을 위한 사물인터넷과 센서 등이 항시 연결되어야 하며, 학습 데이터를 수집 및 분석하고 교사와 학생에게 의미 있는 피드백을 제공해야 한다. 인공지능 기반의 첨단 교실을 구축하기 위해서는 먼저 교사와 학생의 활동을 분석해야 한다. 교실에서 이루어지는 다양한 교수학습 활동, 교사와 학생 동선 등을 파악하고, 교실 공간과 가구의 배치를 고려해야 한다. 여기서 각 활동을 지원하고 역량을 확장할 수 있는 에듀테크 요소를 도출하고, 수집할 데이터의 내용을 선정해 구체적인 방법을 결정해야 한다. 최근에는 지역사회 속에서 교육의 역할이 강조되고 있어 지역사회에서 제공하는 데이터와 연계한 다양한 교육활동이 가능하다.[76] 인공지능 활용을 위한 첨단 교실에는 학습분석(Learning Analytics), 감성 컴퓨팅, LMS, 로봇, VA/AR/MR, 사물인터넷 등의 첨단 기술이 활용될 수 있다. 이러한 기술들을 어떻게 교실에 접목할 것인가에 관한 추가적인 연구가 필요하다.

다음으로 무선 네트워크 환경에 대한 점검 및 개선이 필요하다. 교실과 학교의 모든 기기가 끊김없이 연결되어 빅데이터를 수집·분석할 수 있는 원활한 무선 네트워크 환경이 필수적으로 요구된다. 최근 스쿨넷 사업을 통해 학교 무선 인터넷 환경을 개선하는 노력을 지속하고 있다. 그러나 일부 학교에서는 특정 구간의 노후화된 선로와 장비, 특정 장비 간 속도 저하 등 인공지능·에듀테크를 원활히 활용할 수 없는 환경이다. 특히 인공지능 기반의 에듀테크는 VR과 같이 대용량의 콘텐츠를 활용하는 경우가 있어 광대역 통신망이 필수다.

이를 위해 먼저 교육청에서는 기존 학교의 통신망을 전체적으로 점검할 필요가 있다. 단순히 제품 설명서에 나와 있는 사양이 아니라, 학교현장을 직접 방문해 여러 지점에서 통신 속도를 확인하고 노후화되거나 호환이 잘되지 않는 부분이 있다면 과감히 교체하거나 개선해야 한다. 그리고 그린스마트스쿨 및 새롭게 건축되는 학교에서는 초광대역 통신망을 설치해 인공지능 기반 에듀테크가 원활히 작동될 수 있도록 해야 한다. 이때 무선 네트워크의 보안을 강화해 학습 데이터와 개인정보 등이 안전하게 유통될 수 있는 장치를 마련하는 것이 중요하다.

다음으로 교사에게 첨단 에듀테크를 제공하고 교수학습에 적용할 수 있는 방안을 모색하게 해야 한다. 교사에게 고성능 노트북, 스마트패드, 웹캠, 실감형 장비, 인공지능 등 다양한 첨단 장비를 선제적으로 제공해 이들이 교육과 생활에서 항시 활용할 수 있게 함으로써 에듀테크에 대한 효능감을 함양하도록 지원할 필요가 있다.[77] 교사가 에듀테크 활용의 주체로 에듀테크에 많이 노출되고 자신 있게 활용할 수 있을 때 에듀테크가 교수학습에 효과적으로 통합될 수 있다. 그동안 교사의 장비에 대해서는 관련 정책과 관심이 부족했다. 다만 최근 경상북도교육청의 교원 1인 1노트북 보급 및 사람 중심의 관리 체제(다른 학교 전출 시 자동으로 관리 전환)는 눈여겨볼 만한 사례다.

Chapter 2

교육 주체의 역량 개발

과제 3. 교원의 필수 역량으로 인공지능 활용 교육 역량 개발

> 모든 교사가 인공지능을 활용해 맞춤형 교육을 실현하는 역량을 가져
> 야 한다.

1996년 수립된 1차 교육정보화 기본계획(1996~2000) 이후로 컴퓨터와 인터넷이 학교현장에 본격적으로 도입되면서 교육정보화 기반이 구축됐다. 교무, 행정이 전산화되고 ICT를 활용해 교수학습 자료를 개발하거나 학습자 중심 수업을 하는 등 교육의 형태가 이전과는 크게 달라졌다. 현재의 6차 교육정보화 기본계획(2019~2023)은 사람 중심의 미래 지능형 교육환경 구현을 비전으로 한다. 이에 따라 미래형 스마트 교육환경 조성, 지속가능한 교육정보화 혁신, ICT를 통한 맞춤형 교육 서비스 실현, 공유형 교육정보 디지털 인프라 구축 등의 정책을 추진하고 있다. 여기에 인공지능, 빅데이터, 5G, 사물인터넷 등이 접목되면서 학교현장은 보다 지능화

될 것으로 예상된다.

　지능화된 교실에서 교사는 맞춤형 교육을 실현하기 위해 이전과는 다른 교육활동을 펼쳐야 한다. 이때 교사에게는 적절한 인공지능을 선정하고 교육과정 재구성과 맞춤형 수업설계를 통해 학습효과를 높이기 위한 노력이 필요하다. 또 인공지능이 제시하는 데이터를 바탕으로 학생에게 적절한 피드백을 제공하고 진로 설계를 지원해야 한다. 인공지능을 이해·해석·활용하는 역량에 따라 교수학습의 방향과 형태가 달라질 수 있다.

　인공지능이 교육 전반에 큰 영향을 미칠 것으로 예상되는 만큼 인공지능 활용 교육 역량을 교원의 필수 역량으로 지정하고 체계적인 전문성 개발이 이루어질 필요가 있다. 현재 대다수의 시도교육청에서 지능형 플랫폼 개발이 이루어지고 있어서 3~4년 뒤에는 본격적인 활용이 이루어질 것으로 예상된다. 이러한 측면에서 교육부와 시도교육청은 3~5년 정도의 중기 계획을 수립해 교원의 인공지능 활용 교육을 지원할 수 있는 방안을 모색해야 한다. 특히 인공지능 활용 교육에 특징적인 부분이라 할 수 있는 데이터의 해석, 맞춤형 수업설계, 에듀테크 활용 등에 대한 연수는 집중적으로 이루어질 필요가 있다. 그리고 현재 논의 중인 교원양성체제 개편방안에 인공지능 활용 역량을 예비 교원의 필수 역량으로 지정해야 한다.

과제 4. 모든 교육 주체의 디지털 교육 소양 개발

> 모든 교육 주체는 인공지능을 적극적으로 활용해 학습하고 진로를 설계해야 한다.

인공지능 활용 교육의 주요한 특징 중 하나는 인공지능이 자기주도학습을 촉진한다는 점이다. 학생이 인공지능 활용 맞춤형 학습을 진행할 때 교사가 항상 함께할 수는 없다. 학교 수업 중 개별화된 학습경로에 따라 혼자서 문제를 해결해야 할 경우도 있고, 학교 수업 후 인공지능과 상호작용하며 스스로 학습하는 경우도 생긴다. 이때 학생은 학습에 대한 동기를 갖고 자기조절학습 능력을 발휘해 주도적인 학습을 진행해야 한다. 이를 위해서 학생들은 인공지능을 활용해 디지털 교육을 진행할 수 있는 역량을 개발해야 한다. 기본적으로 자기주도학습 능력 외에 인공지능 활용에 대한 디지털 리터러시가 요구된다. 학생의 디지털 리터러시 격차는 디지털 교육을 실행하는 데 큰 영향을 미친다.[78]

학생들은 인공지능의 기본적인 이해와 윤리적 활용, 정보, 데이터, 콘텐츠를 효과적으로 활용하고 상호작용하는 방법을 익혀야 한다. 학생의 성공적인 학습에 있어 부모의 역할이 가장 중요하다. 특히 인공지능 활용 교육에 있어 부모는 보다 적극적으로 학습에 참여해야 한다.[79] 다시 말해 인공지능을 활용한 교수학습 계획을 이해하고, 학생의 학습활동을 인지적 또는 정서적으로 지원해야 한다. 그리고 인공지능이 제공하는 데이터 기반의 학습 보고서를 이해하고 해석해 학생에게 적절한 처방을 제공할 수 있어야 한다.

먼저 학생과 학부모의 인공지능 연계 디지털 교육 역량을 도출하는 것이 중요하다. 역량을 기반으로 현재의 수준을 진단하고, 교육요구도를 파악해 역량 개발 콘텐츠를 개발하며 주기적인 교육을 실행해야 한다. 또 디지털 교육 역량을 언제 어디서든 개발할 수 있도록 기회를 제공하는 것이 필요하다. 학교의 교과교육에서 수시로 디지털 교육을 진행하고, K-MOOC, 유튜브와 같은 시스템을 개발해 학생과 학부모들이 필요한 교육을 수시로 받을 수 있어야 한다. 학생의 경우 학교급에 입학할 때 학교에서 요구하는 에듀테크와 디지털 교육 역량을 갖추고 있어야 하며, 이를 위한 기본 소양 교육이 필요하다.[80] 학생과 학부모가 상시적으로 플랫폼에 접속해 관련 교육을 이수하면 디지털 배지, 인증서 등을 부여한다. 이때 학생은 생활기록부에 반영하고, 학부모는 평생교육의 학점으로 인정하는 등의 방법으로 성취감을 느끼게 할 수 있다. 모든 교육 주체가 디지털 교육 소양을 가질 때 인공지능 활용 교육이 효과적으로 실시될 수 있을 것이다.

디지털 역량과 디지털 리터러시

디지털 역량 개발을 위한 프레임워크

유럽연합위원회(European Commission)는 유럽의 국가들이 갖추어야 할 디지털 역량을 DigComp2.0 프레임워크로 제시했다.[81]

구분	구성 요소
정보와 데이터 리터러시	데이터, 정보, 디지털 콘텐츠의 탐색, 검색, 필터링 데이터, 정보, 디지털 콘텐츠 평가 데이터, 정보, 디지털 콘텐츠 관리
소통과 협업	디지털 기술을 통한 상호작용 디지털 기술을 통한 공유 디지털 기술을 통한 시민으로서의 참여 디지털 기기를 통한 협업 네티켓 디지털 정체성 관리
디지털 콘텐츠 창출	디지털 콘텐츠 개발 디지털 콘텐츠 통합과 정교화 저작권과 라이선스 프로그래밍
보안	기기 보호 개인 데이터 및 사생활 보호 건강과 웰빙 보호 환경보호
문제해결	기술적 문제해결 요구와 기술적 대응 확인 창의적으로 디지털 기술 활용 디지털 역량 차이 정의

국가수준 디지털 리터러시 검사 도구

한국교육학술정보원에서는 매년 국가 수준 디지털 리터러시 검사를 진행하고 있다. 2020년의 검사 프레임워크는 다음과 같다.[82]

구성	하위 요소
ICT	정보의 탐색, 정보의 분석 및 평가, 정보의 조직 및 창출, 정보의 활용 및 관리, 정보의 소통
CT	추상화, 자동화

Chapter 3

교육 지원 체제 마련

과제 5. 미래교육 카페 설립 및 운영

> 모든 교육 주체들은 일상에서 인공지능 활용에 공감해야 한다.

학교교육에 인공지능 활용 교육이 효과적으로 통합되기 위해서는 먼저 교육 주체의 공감대 형성이 요구된다. 교사들은 인공지능·에듀테크가 기존의 방법에 비해 상대적 이점이 있는지(상대적 이점), 기존의 가치 혹은 경험과 부합하는지(적합성), 모든 구성원의 손쉬운 활용이 가능한지(낮은 복잡성) 등을 고려해야 한다. 또 교사들의 에듀테크에 대한 활용 경험과 태도가 에듀테크의 채택에 큰 영향을 미치므로,[83] 교사들이 인공지능·에듀테크를 직접 관찰하고 조작하며(관찰 가능성), 교수학습에 적용 가능한지를 시험해볼 필요가 있다(시험 가능성). 현재 공감대 형성을 위한 노력으로 연수, 워크숍, 전문적 학습공동체 등의 활동이 이루어지고 있다. 그러나 인공지능·에듀테크의 신기술을 직접 체험하고 시험해볼 수 있는 기회는 매우 한정적이다.

교사들이 최신의 인공지능·에듀테크에 지속적으로 노출되고 다양한 교육적 활용 가능성을 탐색할 수 있도록 기업의 체험 스토어와 같은 미래교육 카페를 설립할 필요가 있다. 삼성, 애플, 나이키, 기아 등의 기업에서는 운영하는 체험 중심의 플래그십스토어, 팝업스토어를 떠올리면 쉽게 상상될 것이다. 체험 스토어에서는 고객이 부담 없이 제품을 직접 만지며 기기 또는 콘텐츠와 상호작용하도록 기회를 제공해야 한다. 이때 고객은 스토어에 있는 직원에게 사용법을 묻거나 관련 정보를 구하고, 제품의 개선사항에 대한 의견을 제안하기도 한다. 미래교육 카페는 테크놀로지 기업의 스토어처럼 체험, 연구, 지원 공간으로 마련되어, 밝고 편안한 분위기에서 새로운 경험과 즐거움을 얻을 수 있어야 한다.

첫째, 체험 공간은 편안한 분위기에서 학교에 도입할 수 있는 인공지능·에듀테크를 직접 조작하고 경험할 수 있는 공간으로 만들어져야 한다. 에듀테크 또는 교육 전문가가 상주하며 기술적·교육적 조언을 제공해야 한다. 또 현장의 테스트베드가 필요한 기업에서는 카페에서 교사, 학생, 학부모의 의견을 수렴할 수 있다. 교사뿐만 아니라 학생, 학부모도 인공지능·에듀테크를 체험하며 친숙해지고 교육적 지원을 받을 수 있어야 한다.

둘째, 연구 공간은 체험 공간에서 경험한 에듀테크를 전문적 학습공동체를 통해 학교 적용 방안을 이야기하고 연구할 수 있는 공간으로 만들어져야 한다. 교사들은 자신이 학교에 적용한 인공지능·에듀테크 경험을 공유하고 협력적으로 수업을 설계한다. 또 인공지능을 활용해 독립적으로 또는 협력적으로 콘텐츠를 개발하기도 한다. 이러한 활동을 지원하기 위해 가변적이고 개방적인 공간, 개별 활동을 지원하는 폐쇄적인 공간, 첨단 기자재를 활용할 수 있는 공간 등으로 구성되어야 한다.

셋째, 지원 공간은 에듀테크를 활용한 교수설계에 대한 컨설팅 및 교사와 학생을 대상으로 한 기술적 지원을 제공하는 공간으로 만들어져야 한다. 이 공간에서는 에듀테크 활용 경험이 풍부한 교사가 새로운 에듀테크와 사례를 소개하고, 개인 또는 전문적 학습공동체 단위의 컨설팅을 수시로 지원하는 활동이 이루어진다. 또 기술적 도움이 필요한 교사, 학생, 학부모는 전문가의 지원을 받기도 한다. 지원 공간에서 수렴된 현장의 의견을 반영해 에듀테크를 개선할 수도 있다.

과제 6. CTO와 에듀테크팀 운영

> 교육 전문가에 의해 학교 디지털 전환이 총체적으로 이루어져야 한다.

학교 디지털 전환이 요구됨에 따라 많은 시도교육청에서 환경 구축과 기기 보급 위주의 정책을 시행하고 있다. 교육부와 교육청의 관심사는 주로 학교에 보급된 기기가 교사 또는 학생 1인당 몇 대인가, 무선 인프라가 몇 개 교실에 깔렸는가 하는 등의 정량적인 부분이다. 그러나 정작 중요한 문제는 학교에 보급된 디지털 기기의 숫자가 아니라, 이것이 교수학습에 효과적으로 통합되고 있는가 하는 정성적 문제다. 많은 기기가 주어진다고 해서 교수학습에 바로 통합되는 것은 아니다. 인공지능·에듀테크를 지원할 수 있는 총체적 학교 디지털 전환이 요구된다. 디지털 전환은 학교문화, 교수학습, 에듀테크 등 학교 변인과 지역사회, 교육청의 외부 변인이 조화됐을 때 효과적으로 이루어질 수 있다. 즉 학교와 지역사회의 인적·물적 자원의 조화와 어울림이 필요하며, 이를 총괄해 선도할 수 있는 리더와 지원팀이 요구되는 시점이다.

해외에서는 학교별로 에듀테크를 담당하는 인력을 따로 두고 있다. 이들은 ICT 코디네이터(Coordinator), 기술총괄(Director of Technology) 등으로 불리며 교장, 교감, 수석교사, 교사, 네트워크 관리자 등 다양한 직급으로 근무한다. 관리자 역할을 담당하는 인력은 학교의 비전을 달성하기 위한 종합적인 에듀테크 운영 계획을 바탕으로 에듀테크 통합 정책을 수립하고 권역별 에듀테크 담당자와 협력한다. 실무 인력은 학교의 에듀테크 정책에 따라 기기와 네트워크를 관리하고 교사의 에듀테크 통합을 지원한다. 이러한 인력 배치의 초점은 단순 행정 업무 처리가 아닌 교사의 실제적 에듀테크 통합을 지원한다는 측면이다. 우리나라에서도 학교 에듀테크 통합을 지원하기 위해 테크매니저 역할에 대한 논의가 진행되고 있으며, 일부 시도교육청을 중심으로 학교현장에 배치되고 있다.[84]

이를 위해 먼저 교수학습에서 인공지능·에듀테크 통합을 촉진하는 에듀테크팀이 개별 학교에 구성되어야 한다. 현재 대부분의 학교에는 '정보부'라는 명칭의 조직이 있다. 정보부는 1~3명의 교사로 구성되어 기기의 선정 및 관리, 유지·보수, 정보보안 업무와 같은 행정 업무를 주로 수행한다. 교사의 인공지능·에듀테크 활용 수업의 설계와 실행에 대해서는 현재 지원 인력이 없는 실정이다. 최근 혁신학교 또는 미래학교를 중심으로 인공지능·에듀테크 활용 교수학습 설계를 지원하는 에듀테크팀이 조직되고 있으나, 대부분의 학교에서는 교사 개인의 의지에 맡기고 있다.[85]

학교에서 인공지능·에듀테크 통합을 촉진하기 위해서는 교수학습을 지원할 수 있는 에듀테크팀이 구성되어야 한다. 이은상과 동료들의 연구에서는 에듀테크팀을 "초·중등학교의 목표 실현을 위해 교육과 에듀테크에 대한 전문성을 바탕으로 다양한 구성원들과 협력해 에듀테크 기반 학습환경을 설계, 실행, 관리하고 학교 구성원의 활용을 촉진하는 팀"으로 정의했다.[86] 에듀테크팀은 학교의 교육 비전을 이해하고 적절한 환경을 구축하며 교사들의 전문성을 개발해 효과적인 인공지능·에듀테크 활용 수업을 지원하는 역량을 갖추어야 한다. 이를 위해 에듀테크팀은 다음과 같은 자격을 갖춘 인력으로 구성되어야 할 것이다.

- 팀장 : 교육과정과 에듀테크에 충분한 식견을 갖춘 수석교사 또는 전문적 학습공동체 리더
- 팀원 : 교육과정과 에듀테크 소양이 풍부한 교사
- 테크매니저 : 에듀테크 소양이 있는 전문인력

다음으로 시도교육청 또는 권역별 에듀테크 정책을 총괄하는 기술책임자(Chief Technology Officer, CTO)가 배치되어야 한다. CTO는 시도교육청의 규모에 따라 권역별로 배치되어 학교 디지털 전환 정책을 주도적으로 추진하는 인력이다. CTO는 시도교육청의 비전을 지원하고 구성원의 역량을 개발하며 기술적 해결책을 제공한다. 나아가 시도교육청과 학교의 자원을 전체적으로 파악하고 기업과 협력해 장기적인 인공지능·에듀테크 정책을 마련해야 한다. 미국의 경우 의사결정자로서의 CTO 채용 비율이 크게 증가하고 있다. CTO는 권역별로 다수의 학교를 담당하며 학교의 에듀테크 통합 활동을 지원한다.

국내에서도 1인 1기기의 보급, 인공지능·에듀테크 확대와 같은 전례

없는 디지털 전환을 추진하고 있는 상황이다. 따라서 이를 전문적인 식견으로 총괄할 수 있는 CTO의 존재는 필수적이다. CTO의 자격은 단순 기술 전문가로 국한되지 않는다. 테크놀로지 교수내용지식 역량을 갖추고 있는 동시에 교육과정과 기술을 모두 알고 있으며, 의사결정권을 가진 전문가여야 한다. 이런 역량을 갖춘 인력이 많지 않기 때문에 중앙 부처 차원에서 CTO의 역량을 규명하고, 역량을 개발하기 위한 전문성 개발 프로그램을 운영하는 일이 시급하다. CTO는 시도교육청별로 다음 그림과 같이 조직되어 운영될 수 있다.

[그림 4-2] CTO 조직 및 역할

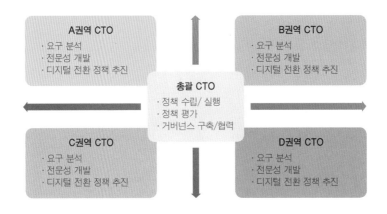

에듀테크 리더의 역량과 행동지표

CosN이 제시한 에듀테크 리더의 역량 10가지

CoSN(Consortium for School Networking)에서는 K-12 CTO의 필수 역량 프레임워크를 제시했다. 프레임워크는 에듀테크 리더에게 요구되는 주요 전문성 카테고리를 리더십과 비전, 교육환경 이해, 기술 관리와 자원 지원으로 구분하고 10개 필수 역량을 제시했다.[87]

① 리더십과 비전(Leadership & Vision)
② 전략 수립(Strategic Planning)
③ 윤리와 정책(Ethics & Policies)
④ 교수 활동에 대한 주요 사항과 전문성 개발(Instructional Focus & Professional Development)
⑤ 팀 조직과 인력 충원(Team Building & Staffing)
⑥ 이해관계자 주요 사항(Stakeholder Focus)
⑦ 정보 기술 관리(Information Technology Management)
⑧ 통신 시스템 관리(Communication Systems Management)
⑨ 사업 관리(Business Management)
⑩ 데이터 관리(Data Management)

초 · 중등학교 에듀테크 리더의 역량과 행동지표

이은상과 동료들의 연구에서는 다음 표와 같이 초 · 중등학교 에듀테크팀의 역량과 행동지표를 도출하고, 팀 구성원별 상대적 중요 행동지표를 제시했다.[88]

〈초·중등학교 에듀테크팀 역량 및 행동지표〉

역량군	역량 및 행동지표
교육과정	**역량 1. 학교교육과정 이해 역량:** 학교 및 교사 수준, 교육과정의 특징과 다양성을 에듀테크와 관련해 이해하는 능력 〔행동지표 1-1〕 학교 교육과정의 내용과 특징을 에듀테크 활용과 관련해 이해한다.● 〔행동지표 1-2〕 학교 내 교사별 교육과정에 따른 에듀테크 적용의 다양성을 이해한다.● **역량 2. 교수학습 평가 설계 역량:** 교수학습 평가 설계 시 에듀테크 통합을 지원할 수 있는 능력 〔행동지표 2-1〕 학교 구성원의 에듀테크 통합 교수학습 평가 설계를 지원한다.● 〔행동지표 2-2〕 테크놀로지 기반 수업설계 지식을 바탕으로 교수학습을 설계한다.● **역량 3. 미래교육 탐색 역량:** 사회 변화에 따른 미래교육정책 및 연구 관련 정보를 탐색하고 에듀테크와의 관련성을 설명할 수 있는 능력 〔행동지표 3-1〕 학교교육과 관련한 미래교육 동향을 수집하고, 특징을 파악한다.★ 〔행동지표 3-2〕 미래교육 동향에 맞는 에듀테크 통합 방안을 설명한다.★
에듀테크	**역량 4. 에듀테크 탐색 역량:** 새롭게 등장하는 에듀테크의 특징을 파악하고 교육적 활용 방안을 탐색할 수 있는 능력 〔행동지표 4-1〕 정보 검색과 커뮤니티 참여를 통해 새롭게 등장하는 에듀테크 동향을 수집하고 특징을 파악한다.★ 〔행동지표 4-2〕 에듀테크의 시범 적용을 통해 교육적 활용 방안을 탐색한다.● **역량 5. 에듀테크 환경 설계 및 구축 역량:** 학교 비전과 목표에 적합한 에듀테크를 선정하고, 효과적 활용 환경을 설계하고 구축할 수 있는 능력 〔행동지표 5-1〕 학교 비전과 교육목표에 적합한 에듀테크를 분석해 선정한다.● 〔행동지표 5-2〕 학교 구성원들이 에듀테크를 효과적으로 활용할 수 있는 환경을 설계하고 구축한다.■ 〔행동지표 5-3〕 교육활동에서 생산되는 데이터(빅데이터 포함)를 수집, 분석, 활용할 수 있는 환경을 설계하고 구축한다.★ **역량 6. 에듀테크 활용 역량:** 에듀테크의 종류와 특징을 이해하고 업무와 교육활동에 활용할 수 있는 능력 〔행동지표 6-1〕 에듀테크의 종류와 특징을 이해하고 공통점과 차이점에 따라 분류, 평가, 선택한다.★

[행동지표 6-2] 업무와 교육활동에 교육용 소프트웨어(웹, 앱 포함)를 효과적으로 활용한다.■

[행동지표 6-3] 업무와 교육활동에 교육용 하드웨어(기기, 유무선 네트워크 포함)를 효과적으로 활용한다.★

[행동지표 6-4] 업무와 교육활동에 교육용 데이터(빅데이터 포함)를 효과적으로 활용할 수 있도록 지원한다.★

역량 7. 에듀테크 관리 역량: 교수학습 및 업무 상황에서 나타날 수 있는 에듀테크 문제를 예방하고 적시에 해결하며 지원할 수 있는 능력

[행동지표 7-1] 교수학습 및 업무 상황과 연관된 에듀테크 문제를 예측하고 해결방안을 수립한다.★

[행동지표 7-2] 학교 내 에듀테크를 지속적으로 관리해 발생할 수 있는 문제를 예방한다.★

[행동지표 7-3] 교수학습 및 업무 상황에서 발생한 에듀테크 문제를 적시에 해결한다.★

[행동지표 7-4] 학교 내 에듀테크 지원 공간(테크 센터)을 효과적으로 관리한다.★

행정

역량 8. 학교 에듀테크 정책 수립 및 평가 역량: 에듀테크에 대한 구성원들의 요구와 학교 안팎의 정보를 수집해 학교 비전에 적합한 정책을 수립하고 정책의 성과를 분석 및 평가해 차후 학교 단위 정책 수립에 반영할 수 있는 능력

[행동지표 8-1] 에듀테크에 대한 구성원의 다양한 의견을 수집·분석한다.●

[행동지표 8-2] 학교 비전에 부합하는 에듀테크 통합 관련 계획을 수립한다.●

[행동지표 8-3] 학교 에듀테크 활용 성과 분석 결과를 반영해 추후 학교 단위 에듀테크 정책의 시사점을 도출한다.●

[행동지표 8-4] 학교 에듀테크 활용 성과를 학교 내외의 관계자들에게 공유한다.●

역량 9. 에듀테크 예산 편성 및 집행 역량: 에듀테크에 대한 구성원의 요구를 바탕으로 예산을 편성하고, 효율적으로 집행할 수 있는 능력

[행동지표 9-1] 에듀테크 관련 예산의 편성과 집행 원칙에 대해 이해한다.■

[행동지표 9-2] 학교 구성원들의 요구를 수렴해 에듀테크 관련 예산을 편성한다.■

[행동지표 9-3] 에듀테크 관련 예산을 효율적으로 집행한다.★

역량 10. 에듀테크 법 제도 및 윤리 준수 역량: 에듀테크 관련 법 제도를 준수하고 윤리적으로 업무를 수행할 수 있는 능력

[행동지표 10-1] 에듀테크와 관련한 법 제도(저작권, 정보보안, 관련 규정 등)에 대해 이해하고 준수한다.★

[행동지표 10-2] 에듀테크와 관련한 정보통신윤리를 학교 구성원들에게 안내하고, 적극적으로 실천한다.★

	역량 11. 학교 비전 공유 역량: 학교의 비전과 문화에 대한 이해를 바탕으로 에듀테크 통합의 필요성을 설명할 수 있는 능력 [행동지표 11-1] 학교의 비전과 교육목표를 명확하게 이해한다.● [행동지표 11-2] 학교문화와 의사 결정 과정을 구체적으로 이해한다.● [행동지표 11-3] 학교 비전을 달성하기 위해 에듀테크 통합 필요성을 학교 구성원들에게 설명한다.●
공동체	역량 12. 에듀테크 활용 촉진 역량: 학교 구성원(교직원, 학생, 학부모)의 에듀테크 수준과 활용 양상을 분석해 전문성 개발을 촉진할 수 있는 능력 [행동지표 12-1] 학교 구성원의 에듀테크 수준과 실제 활용 양상을 분석한다.▣ [행동지표 12-2] 에듀테크 활용 방법을 학교 구성원들에게 이해하기 쉽게 설명한다.★ [행동지표 12-3] 학교 구성원들에게 새로운 에듀테크 정보를 일상적으로 공유한다.★ [행동지표 12-4] 학교 구성원 대상 에듀테크 교육 프로그램을 계획하고 실행한다.★
	역량 13. 협업 역량: 에듀테크팀과 이해관계자들의 역할을 이해하고 원활하게 의사소통하며 책임감을 갖고 역할을 수행할 수 있는 능력 [행동지표 13-1] 에듀테크팀 구성원과 학교 내외의 이해관계자들의 역할을 명확하게 이해한다.● [행동지표 13-2] 에듀테크팀의 구성원으로서 자신의 업무에 대한 책임감을 갖고 적극적으로 실행한다.▣ [행동지표 13-3] 에듀테크팀 내외의 이해관계자들과 지속적으로 의사소통한다.▣

●교원에게 중요한 행동지표, ★전담인력에게 중요한 행동지표, ▣ 상대적 우위 없음
출처: 이은상, 김동건, 이동국(2021). 초중등학교 에듀테크 팀 역량 도출. p.1238.

과제 7. 인공지능·에듀테크 포털 구축 및 운영

> 인공지능·에듀테크 정보를 한눈에 살펴보고 쉽게 체험하고 구매할 수 있게 해야 한다.

일반적으로 소비자들은 온라인에서 제품을 구매하기 위해 포털 사이트에

서 검색하고, 여러 제품을 한눈에 살펴보면서 제품의 가격과 기능을 비교한다. 그런 후 다른 소비자의 별점과 후기 등 구매평을 참고해 구매하는 과정을 거친다. 제품에 대해 꼼꼼하게 비교하고 검증했을 때 온라인 구매의 실패 가능성이 줄어든다.

학교에 에듀테크를 도입할 때도 비슷한 과정을 거쳐야 하는데, 교사들이 에듀테크에 대한 정보를 얻을 수 있는 창구가 생각보다 많지 않다. 대부분 에듀테크를 접하는 경로는 직접 검색, 연수, 동료 교사의 추천 등이다. 구체적인 정보를 얻지 못할 경우 학습내용과 학생 수준에 맞지 않아 제대로 통합되지 않는 경우가 발생한다. 특히 새롭게 등장하는 인공지능 기반 에듀테크의 경우 신뢰성과 편향성 문제가 있을 수 있으며, 이는 학생들에게 위협이 될 수 있다. 이러한 문제를 해결하기 위해 인공지능·에듀테크를 통합적으로 안내하는 포털 구축 및 운영이 필요하다.

인공지능·에듀테크 포털은 다음과 같은 기능을 가져야 한다.

첫째, 인공지능·에듀테크 도입 시 필요한 제품·서비스에 대한 정보를 제공해야 한다. 사용자가 검색을 통해 기존 또는 새롭게 등장하는 인공지능·에듀테크 정보를 쉽게 접할 수 있어야 한다. 기업에서 제공하는 매뉴얼, 기능 등 객관적인 정보와 사용자가 교수학습에 적용했을 때의 주관적인 사용경험을 모두 접했을 때, 신중한 인공지능·에듀테크 선정이 가능하다.

둘째, 인공지능·에듀테크 무료 체험 기회 제공 및 간소화된 구매 기회를 제공해야 한다. 인공지능·에듀테크 채택 시 학습환경, 학습자 수준, 교사의 디지털 소양 등 맥락적 특성이 모두 달라 일정 기간 직접 교육활동에 적용하고 체험해볼 필요가 있다. 사용자의 체험을 통해 자신의 교수학습활동에 적합할 경우 구매할 수 있어야 한다. 구매 시에는 사용자가 바우처 등을 이용해 간소화된 방식으로 구매를 할 수 있도록 지원해야 한다.

셋째, 인공지능·에듀테크 관련 교수학습 활용 방안 및 수업 사례를 제공해야 한다. 다양한 교수학습 맥락에서 인공지능·에듀테크를 활용할 수 있는 방법을 안내해야 한다. 기관에서 교수학습 모델과 사례를 개발하는 것과 동시에 교사들이 블로그, 유튜브 등에 자발적으로 공유한 다양한 콘텐츠를 연계해 활용할 필요가 있다.

넷째, 인공지능·에듀테크 기업과 교사의 가교 역할을 해야 한다. 인공지능·에듀테크의 개발자 입장에서는 학교교육의 이해를 바탕으로 제품을 개발해야 하고, 교사 그리고 학생과 같은 사용자의 입장에서는 현장에 맞는 인공지능·에듀테크의 개발을 요구할 필요가 있다. 포털에서 이들을 연결하고 인공지능·에듀테크의 테스트베드를 제공함으로써 보다 현장 적합성이 높은 제품과 서비스를 개발할 수 있을 것이다.

다섯째, 안전한 인공지능·에듀테크 품질 인증 역할을 해야 한다. 많은 인공지능·에듀테크가 개발되는 상황에서 교사는 안전하고 신뢰성 높은 제품과 서비스를 채택해야 한다. 이를 위해 품질인증 위원회를 운영하고 신속하고 정확하게 품질을 검토해 포털에서 정보를 제공할 필요가 있다. 서울시교육청에서는 인공지능 공공성 확보를 위한 현장 가이드라인을 제시했는데, 일부 품질 인증을 학교에 위임할 경우 전문성 부족, 업무 반복 등의 문제가 발생할 수 있다. 이런 문제를 방지하기 위해서는 전문성을 갖춘 위원회에서 품질 인증을 하고 검증된 제품과 서비스를 안내해야 한다.

여섯째, 인공지능·에듀테크에 대한 현장의 의견을 수렴하는 공간이 되어야 한다. 교사들이 학교에서 발견한 문제를 쉽게 제시하고 다수가 공감하는 문제일 경우, 이를 적극적으로 해결하는 역할을 해야 한다. 교사를 제품 개발의 기획자, 개발자로서 참여시켜 실제적 현장 문제를 해결할 수 있는 에듀테크를 개발할 필요도 있다.

〈인공지능 · 에듀테크 포털의 기능〉

- 인공지능 · 에듀테크 도입 시 필요한 제품 · 서비스에 대한 정보 제공(객관적 정보, 매뉴얼, 사용자 후기 등)
- 인공지능 · 에듀테크 무료 체험 기회 제공 및 구매 방법
- 인공지능 · 에듀테크 관련 교수학습 활용 방안 및 수업 사례 제공(사용자들이 만든 교수학습 지도안, 동영상 등)
- 인공지능 · 에듀테크 기업과 교사의 가교 역할(테스트베드 제공, 품질 개선 등)
- 안전한 인공지능 · 에듀테크 품질인증 역할(품질인증 위원회 운영 등)
- 인공지능 · 에듀테크에 대한 현장의 요구 수렴

LendED의 에듀테크 무료 체험 및 구매

영국의 LendED는 에듀테크 무료 체험 등 구매 결정을 위한 시스템을 교사에게 다음과 같이 제공하고 있다.[89]

〔그림 4-3〕 LendED에 등록된 에듀테크 제품 체험 및 구매 과정

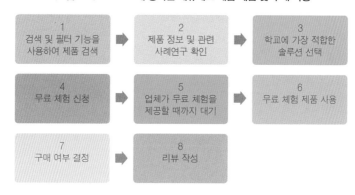

과제 8. 국가교육 데이터 센터 설립

> 학교에서 발생하는 교육 데이터는 안전하게 수집, 보관되고 활용되어야 한다.

교사와 학생들이 인공지능·에듀테크를 교수학습에 활용하면 많은 교육 데이터가 교실에서 발생한다. 이 데이터는 인공지능·에듀테크의 제조사로 들어가게 되고 그곳에서 다양한 형태로 가공되어 활용된다. 여기서 문제점은 사용자가 수집되는 데이터의 종류, 활용, 보관, 관리 등에 대해 제대로 인지하고 있지 못하다는 점이다. 데이터 수집에 대한 동의조차 이루어지지 않은 경우도 상당하다. 또 약관과 다르게 데이터가 활용되더라도 사용자가 이를 파악하기는 어렵다. 그리고 일부 에듀테크 업체는 재정 상태가 좋지 못해 데이터 관리에 대한 보안 방안을 갖추고 있지 않은 경우도 있어서 폐업 시 데이터를 폐기하지 않거나 관리하지 않을 수 있다. 인공지능·에듀테크가 본격 확산되는 시점에서 학생들의 개인정보와 교육 데이터를 안전하게 관리할 수 있는 대책이 요구된다.

이를 위해 먼저 국가 교육데이터센터를 설립할 필요가 있다. 국가 교육데이터센터는 학교에서 발생하는 교육 데이터가 안전하게 활용될 수 있도록 관리·감독하는 역할을 맡는다. 이를 위해 인공지능·에듀테크 업체는 수집되는 데이터의 종류, 방법, 보안, 활용 방안 등에 대해 국가 교육데이터센터의 심의를 받아야 한다. 국가 교육데이터센터는 서류 심사와 현장 검토를 통해 교육 데이터의 활용 여부를 허가해야 하며, 지속적인 모니터링을 통해 데이터를 관리 감독해야 한다. 심의를 통해 데이터 안정성이 확보된 인공지능·에듀테크에 한해서 학교 활용을 허가할 필요도 있다. 그리고 교실에서 발생되는 모든 데이터는 국가의 공공 재산으로서 국가 교육데이터센터 주관하에 데이터 기반 교육정책 수립 및 개별화 교육을 지원하기 위해 활용될 수 있어야 한다.

국가 교육데이터센터가 이러한 역할을 하기 위해서는 교육 데이터 활용에 대한 법 제도가 마련되어야 한다. 인공지능·에듀테크의 교육 빅데이터 활용 시 개인정보 및 교육 데이터 수집 동의, 방법, 활용, 보관, 폐기, 제3자 제공, 데이터 편향성 등에 있어서 신뢰할 수 있는 인공지능 구현을 위한 검증 및 안전 관리에 관한 구체적인 법률이 마련될 필요가 있다. 인공지능·에듀테크가 학생들을 대상으로 한다는 측면에서 시장 활성화를 위한 개방성보다는 엄격한 관리와 통제를 통해 안전한 교육환경을 조성하는 데 무게를 실어야 한다.

Chapter 4

연구 개발 체제 구축

과제 9. 개발자로서 교사 역할 수립

> 교육 주체들이 학교의 문제를 해결하기 위해 노력해야 한다.

학교 밖의 기술은 눈부시게 발전하고 있지만 정작 학교 교실 환경은 10~20년 전과 크게 달라지지 않았다. 조금 더 빨라진 컴퓨터, 조금 더 커진 디스플레이, 조금 더 효율 좋은 냉난방장치가 그 변화의 전부다. 학교는 많은 문제에 당면해 있지만 문제해결의 주요 주체인 교사는 교육과정에만 시선이 머물러 있다. 학교환경을 개선하고 시스템을 구축하는 일은 전통적으로 교사의 일이 아니었기 때문에 상급 기관이 나서서 문제를 해결해주기만을 기다리는 상황이다.

그런데 학교의 문제는 맥락적인 특성이 있어 누군가 대신해 해결해주기가 쉽지 않다. 특히 인공지능·에듀테크 분야의 경우 특정 섹션에서 사교육을 중심으로 기술이 눈부시게 발전하고 있지만, 학교교육에 있어서는 여전히 과거의 기술에 머물러 있다. 그리고 상업용으로 개발되는 다수의 인공지능은 학습이나 교육에 대한 배경지식 없이 개발되고 있다.[90] 이런 상황이니 교사는 사기업에서 개발한 인공지능·에듀테크에 교수학습을 억지로 끼워 맞추면서 교수설계를 해야만 하는 문제에 맞닥뜨리게 된다. 학교현장이 요구하는 다양한 문제를 해결하기 위해서는 보다 주체적으로 문제해결에 접근할 필요가 있다.

앞으로 개발자로서 교사(Teacher as Developer)의 역할이 요구된다. 그동안 연구자로서 교사(Teacher as Researcher)에 관한 언급이 많이 이루어졌지만, 보다 적극적인 문제해결을 강조하는 관점에서 기획자·개발자로서의 교사를 제안하고자 한다. 교사는 학교에서 학생들을 가르치고 함께 생활하면서 다양한 문제에 맞닥뜨리게 된다. 이 중 다수의 문제는 학교에 국한되거나 지역 맥락적인 문제들이다. 또한 경제성의 문제로 외부의 인공지능·에듀테크 기업에서는 관심을 두지 않는다. 이러한 이유로 학교의 문제는 방치되거나 외부의 탓으로 여기며 해결되지 않은 채 남아 있게 된다. 적극적 문제해결자로서 교사는 학교의 문제를 해결하기 위해 노력해야 한다. 인공지능은 학습효과 증진 및 업무 환경 개선에 큰 역할을 할 수 있으므로 학교현장에 인공지능을 어떻게 적용할지를 고민해야 한다.

이러한 프로세스를 마련하기 위해 다음과 같이 애자일(Agile) 방식을 적용할 수 있다. 교사는 학교의 문제를 발견하고 교사를 중심으로 문제를 해결할 수 있는 팀을 구성한다. 팀은 교사, 교육청 직원, 개발자 등이 될 수 있다. 팀은 애자일 방식을 채택해 현장의 요구를 분석하고 설계, 개발, 시험, 검토의 신속하고 순환적인 과정을 통해 프로토타입을 개발할 수 있다.

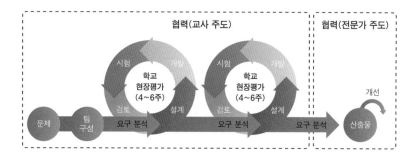

폭포수 모델과 같이 상급 기관에서 계획해 하향식으로 개발을 진행하는 것이 아니라 학교현장의 요구를 수시로 반영해 하나의 산출물을 만들어가는 적응적 개발 과정을 적용해야 한다. 이때 최종 개선된 프로토타입은 일정한 평가를 통해 제품으로 개발할지 판단하게 되며, 제품 개발 후에도 현장의 요구를 반영해 지속적으로 개선해야 한다. 이 과정에서 교사가 주도적으로 참여함으로써 현장 밀착형 산출물을 만들 수 있다. 이렇게 개발된 인공지능·에듀테크는 현장 안착에 성공할 수도 있고 실패할 수도 있다. 실패를 두려워할 필요가 없다. 인공지능 기술 특성상 수많은 실패 중에 하나만 성공해도 교육환경을 개선하는 데 크게 기여할 수 있을 것이기 때문이다. 교사가 인공지능·에듀테크의 기획자·개발자로 적극 참여할 수 있도록 제도와 보상 체제를 마련할 필요가 있으며, 개발과 관련해 유연한 예산 체제를 갖춤으로써 적시에 개발 활동을 지원할 필요가 있다.

차후 교사, 인공지능 개발자, 연구자 등 이해관계자의 파트너십을 어떻게 가져갈 것인가에 따라 학교 디지털 전환의 속도는 달라질 것이다. 인공지능 개발은 학교의 교육적 맥락을 충분히 고려해 개발되어야 하고, 교사는 인공지능의 기술적 특징을 파악하고 개발과 활용에 적극적으로 참여할 수 있어야 한다.

과제 10. 미래교육연구개발원 설립

> 미래교육으로의 총체적 전환을 총괄하는 체계적 조직을 갖추어야 한다.

학교는 교수학습을 중심으로 학교문화, 환경(공간), 기술 등이 종합적으로 연계되어 있다. 그동안의 혁신이 교수학습을 중심으로 이루어졌다면, 앞으로의 혁신은 교수학습, 학교문화, 환경, 기술 등이 총체적으로 변화하는 '전환'의 관점에서 이루어져야 한다. 이 때문에 미래교육으로의 전환을 주도적으로 추진할 수 있는 전담 조직이 필요하다. 앞서 언급한 것처럼 교사가 기획자·개발자로서 적극 활동할 수 있도록 시도교육청도 현장의 문제를 함께 적극적으로 해결해야 한다.

시도교육청에서는 문제해결자의 역할을 하기 위해 미래교육 전환을 전담하는 미래교육연구개발원을 설립할 필요가 있다. 특히 그린스마트미래학교 정책과 관련해 미래교육을 실현할 수 있는 공간과 에듀테크 환경 조성이 요구됨에 따라 이에 대한 발 빠른 대처가 요구된다. 미래교육연구개발원은 미래교육 정책연구를 기반으로 교육과정을 정리하고 지능형 학교 환경을 조성하는 역할을 수행해야 한다. 교수학습을 지원하는 새로운 미래학교의 모델을 만들고, 현장에서 요구하는 에듀테크 서비스를 적극적으로 개발해야 한다. 미래교육이 지향하는 교수학습을 중심으로 전환이 이루어지기 위해서는 다음과 같은 체계가 요구된다.

[표 4-2] 미래교육연구개발원의 목표, 조직 및 역할(안)

목표	미래교육 환경 조성을 연구·개발
조직	역할
교육정책연구소	미래교육 정책연구 현장 연구 지원
미래교육연구개발부	미래교육 교수학습 연구·개발 인공지능·에듀테크 연구·개발(총괄 CTO 포함) 미래형 학교 공간 모델 연구·개발
교육데이터센터	교육 데이터 활용 연구·개발 교육 데이터 인증, 관리 및 보안

먼저 교육정책연구소에서는 미래교육에 대한 이슈를 발견하고 이에 대응할 수 있는 선도적인 정책을 도출해야 한다. 그리고 기존 또는 도입할 정책에 대해 선도학교 또는 연구학교에 적용하고 정책을 정교화시켜나가야 한다. 다음으로 미래교육연구개발부에서는 교수학습, 에듀테크, 공간을 총체적으로 고려한 연구·개발이 이루어져야 한다. 특히 미래학교의 래퍼런스 모델을 제시하고, 그 속에서 이루어지는 교수학습, 지능형 에듀테크 환경, 어포던스를 제공하는 교실 공간 등을 제시할 필요가 있다. 특히 인공지능·에듀테크 연구·개발을 위해 개발자로서 교사 역할을 지원하고, 현장 적합성이 높은 산출물이 도출됐을 때는 이를 확산하고 보급하는 역할을 한다. 다음으로 교육데이터센터는 학교의 데이터 활용 및 관리를 총괄하는 역할을 한다. 모든 교육 데이터는 교육데이터센터를 통하도록 할 필요가 있다. 기업은 교육데이터센터에 데이터 수집 및 이용 정책에 대한 계획서를 심의받고 학교에서 안전하게 활용한다. 여기서 발생한 교

육 데이터는 교수학습을 개선하고 새로운 정책을 도출하는 데 활용할 수 있다. 국가 교육데이터센터가 설립된다면 데이터 관리 및 보안 기능이 통합될 수 있을 것이다.

부록

인공지능 활용 교육을 위한
교원연수 모듈

앞서 제시한 인공지능 활용 교육을 위한 교사 역량을 바탕으로 전문성 개발을 위한 교사 연수 프로그램을 도출했다.[91] 연수 프로그램을 위한 모듈의 개발을 위해 역량과 행동지표에서 과제를 도출하고 과제를 달성하기 위한 세부 과제를 선정했다. 이를 실제 교사 연수 프로그램으로 운영할 수 있도록 여러 세부 과제를 묶어 모듈로 제시했다. 최종 도출된 연수 과제는 73개, 세부 과제는 200개, 모듈은 30개다. 이 연수 모듈은 인공지능 활용이 본격화되는 시점을 고려해 교원에게 단계적으로 연수를 제공할 필요가 있다.

인공지능 활용 교육을 위한 교원연수 모듈

역량군	핵심역량	행동지표	연수 과제 및 세부 과제	연수 모듈
AI 활용 교육 준비	**역량 1.** **AI 이해 역량** : AI에 대한 기초적인 이해를 바탕으로 사회 및 교육적 영향을 설명할 수 있는 능력	**행동지표 1.1.** AI의 개념과 기초원리를 설명한다.	**1.1.1. AI의 기초 개념 이해** 1.1.1.1. AI의 역사 이해하기 1.1.1.2. AI의 기초원리 이해하기 1.1.1.3. AI의 유형 이해하기 1.1.1.4. AI와 인간의 차이 설명하기 1.1.1.5. AI의 발전 방향 예측하기 **1.1.2. AI의 알고리즘 이해** 1.1.2.1. 머신러닝 이해하기 1.1.2.2. 딥러닝 이해하기 1.1.2.3. AI 주요 알고리즘 이해하기 1.1.2.4. AI 기초 알고리즘 체험하기 **1.1.3. AI와 데이터 관계 이해** 1.1.3.1. AI와 빅데이터의 관계 이해하기 1.1.3.2. 데이터 수집과 활용 방법 이해하기 1.1.3.3. 간단한 데이터 수집과 활용 방법 체험하기	**모듈 1.** AI 기초 개념 **모듈 2.** AI 알고리즘 이해 **모듈 3.** AI와 데이터의 관계 구조
		행동지표 1.2. AI가 사회와 교육에 미치는 긍정·부정적 영향을 설명한다.	**1.2.1. AI의 사회적 영향력 이해** 1.2.1.1. AI와 산업의 변화 이해하기 1.2.1.2. AI와 사회의 변화 이해하기 1.2.1.3. AI와 직무·직업 구조 변화 이해하기 1.2.1.4. AI와 사회적 영향, 책임, 공정성 토의하기 **1.2.2. AI의 교육적 영향력 이해** 1.2.2.1. 미래교육의 변화 방향 이해하기 1.2.2.2. 국내 AI 교육정책 이해하기	**모듈 4.** AI와 사회 변화 **모듈 5.** AI 시대 교육과 교사의 역할

역량	행동지표	세부 내용	모듈
		1.2.2.3. 국외 AI 교육정책 이해하기 1.2.2.4. AI 활용 교육에서 교사의 역할 토의하기 1.2.2.5. AI의 교육적 영향 토의하기	**모듈 6.** 교육용 AI 탐색과 선정
역량 2. **AI 탐색 및 선정 역량** : 신뢰할 수 있는 출처에서 교육을 탐색 및 선정하고 교육적 활용 방안을 모색할 수 있는 능력	**행동지표 2.1.** 신뢰할 수 있는 출처에서 교육적으로 활용 가능한 AI(제품, 서비스, 콘텐츠 등)를 탐색한다.	**2.1.1. 교육용 AI 탐색** 2.1.1.1. 교육용 AI 출처 파악하기 2.1.1.2. 출처의 신뢰성 판단하기 2.1.1.3. 교육용 AI 출처 리스트 만들기 **2.1.2. 지속적인 교육용 AI 정보 탐색** 2.1.2.1. 온·오프라인 커뮤니티 참여하기 2.1.2.2. 다양한 채널을 활용한 정보 공유하기	
	행동지표 2.2. 교육과정, 학습자 수준, 학습환경 등을 고려해 교수학습에 적용할 수 있는 적절한 AI를 선정한다.	**2.2.1. 교육용 AI 선정** 2.2.1.1. 교육과정, 학습자 수준, 학습환경 분석하기 2.2.1.2. 교육용 AI 선정 시 고려 사항 이해하기 2.2.1.3. 선정 기준에 따라 AI 선정하기 2.2.1.4. 교육용 AI 리스트 만들기	
	행동지표 2.3. 선정된 AI의 교육적 활용 방안과 기술적 특징을 파악한다.	**2.3.1. AI의 교육적 활용 방안 파악** 2.3.1.1. 교수학습 내용 분석하기 2.3.1.2. 교수학습 내용·방법·평가의 연계 방안 도출하기 2.3.1.3. 다양한 교수학습 사례 탐색하기 **2.3.2. AI의 기술적 특징 파악** 2.3.2.1. AI를 반복적으로 테스트하기 2.3.2.2. AI의 기술적 특징에 따른 교실 작용 가능성 판단하기	**모듈 7.** AI의 기술적 특징과 교수학습 사례

역량	행동지표		모듈
		2.3.2.3. AI의 기술적 특징에 따른 교실 적용 유형 파악하기	
역량 3. **AI 윤리성 평가 역량** : 교수학습에서 발생할 수 있는 AI의 윤리적 문제를 진단하고, 안전한 활용 방안을 수립할 수 있는 능력	**행동지표 3. 1.** AI가 제공하는 콘텐츠의 편향성과 신뢰성을 평가한다.	**3.1.1. AI의 편향성 평가** 3.1.1.1. AI의 윤리적 고려사항 이해하기 3.1.1.2. AI의 편향성 종류 및 영향 이해하기 3.1.1.3. AI의 편향성 평가하기 **3.1.2. AI의 신뢰성 평가** 3.1.2.1. AI의 신뢰성 평가 시 고려사항 이해하기 3.1.2.2. AI의 내용 오류 및 오개념 검토하기 3.1.2.3. AI의 상호작용 신뢰성 평가하기	**모듈 8.** AI 윤리와 책임감 있는 교육
	행동지표 3. 2. 교수학습에서 AI의 잠재적 위험성을 확인하고 안전한 활용 방안을 수립한다.	**3.2.1. AI의 위험성 평가** 3.2.1.1. AI 발달에 따른 위험 요소 파악하기 3.2.1.2. AI의 개인정보 문제 이해하기 3.2.1.3. AI의 데이터 수집·활용 이슈 이해하기 3.2.1.4. AI 관련 사이버폭력 사례 이해하기 **3.2.2. AI의 안전한 활용 계획 수립** 3.2.2.1. AI 활용 시 개인정보 보호 대책 수립하기 3.2.2.2. AI 활용 시 데이터 수집 및 활용에 따른 개인정보 동의 절차 파악하기 3.2.2.3. AI 활용 시 사이버폭력 예방 대책 수립하기	**모듈 9.** AI의 안전한 활용
	행동지표 3. 3. AI와 관련한 법 제도 (저작권, 보안, 규정 등)를 이해하고 준수한다.	**3.3.1. AI 관련 법 제도 이해** 3.3.1.1. AI 창작물에 관한 저작권 이해하기 3.3.1.2. 데이터 수집·활용에 따른 개인정보 보호법 이해하기	

역량	행동지표	세부 내용	모듈
역량 4. **AI 교육환경 준비 역량** : AI를 활용할 수 있는 네트워크 환경, HW와 SW를 점검해 AI 교육환경을 준비할 수 있는 능력		**3.3.2. AI 관련 법 제도 준수 계획 수립** 3.3.2.1. AI 관련 법 제도 준수 여부 검토하기 3.3.2.2. AI 관련 법 제도 준수 계획 수립하기	**모듈 10.** AI 활용을 위한 환경 구축
	행동지표 4.1. AI 활용 교육을 위한 네트워크 환경을 점검하고 준비한다.	**4.1.1. AI 활용을 위한 네트워크 환경 구축** 4.1.1.1. AI 활용을 위한 네트워크 환경 구축 선행 사례 분석하기 4.1.1.2. 교수학습 유형을 고려한 네트워크 환경 설계하기 4.1.1.3. 네트워크 환경 구축을 위해 다양한 주체와 협력하기 **4.1.2. AI 활용을 위한 네트워크 환경 점검** 4.1.2.1. AI의 네트워크 요구사항 파악하기 4.1.2.2. HW와 SW의 통신 상태 점검하기 4.1.2.3. 네트워크 오류 발생 시 대처방안 수립하기	
	행동지표 4.2. AI 활용 교육을 위한 교수학습용 HW를 점검하고 준비한다.	**4.2.1. AI 활용 교육을 위한 HW 점검** 4.2.1.1. AI의 HW 요구사항 파악하기 4.2.1.2. HW의 작동 상태 점검하기 4.2.1.3. HW의 오류 발생 시 대처방안 수립하기 **4.2.2. AI 활용 교육을 위한 HW 준비 및 구입** 4.2.2.1. 요구되는 HW의 수요 파악하기 4.2.2.2. AI 관련 제품 구입 시 고려사항 이해하기 4.2.2.3. 행정 절차를 고려해 AI 구입하기	**모듈 11.** AI 활용을 위한 환경 점검
	행동지표 4.3. AI 활용 교육을 위한 교수학습	**4.3.1. AI 활용 교육을 위한 SW 점검** 4.3.1.1. AI의 SW 요구사항 파악하기	

	역량	행동지표	내용	모듈
		용 SW를 점검하고 준비한다.	4.3.1.2. SW의 작동 상태 점검하기 4.3.1.3. SW의 오류 발생 시 대처방안 수립하기 **4.3.2. AI 활용 교육을 위한 SW 준비 및 구입** 4.3.2.1. 요구되는 SW의 수요 파악하기 4.3.2.2. AI 관련 제품 구입 시 고려사항 이해하기 4.3.2.3. 행정 절차를 고려해 AI 구입하기	
AI 활용 교육 설계	**역량 5.** **AI 활용을 위한 교육과정 재구성 역량** : 교육과정에서 AI 활용이 필요한 성취기준을 추출하고 학습파와 상호작용을 높일 수 있도록 교육과정을 재구성할 수 있는 능력	**행동지표 5.1.** 교육과정에서 AI 활용이 필요한 성취기준을 추출한다.	**5.1.1. 교육과정 분석** 5.1.1.1. 교육과정 재구성의 필요성 이해하기 5.1.1.2. 성취기준의 핵심개념, 내용, 기능 분석하기 5.1.1.3. AI 활용 가능 성취기준 추출하기	**모듈 12.** AI 활용을 위한 교육과정 재구성
		행동지표 5.2. AI를 활용해 학습효과와 상호작용을 높일 수 있도록 학교, 교사 수준에서 교육과정을 재구성한다.	**5.2.1. 교육과정 재구성** 5.2.1.1. 추출된 성취기준에 AI 연계 방안 도출하기 5.2.1.2. 교육목표 달성을 위한 학교 수준 AI 연계 교육과정 재구성하기 5.2.1.3. 학교교육과정을 고려한 교사 수준의 AI 연계 교육과정 재구성하기	
	역량 6. **AI 활용 개별화 학습 설계 역량** : AI를 활용해 학습자의 수준을 진단하고 개별화 학습(personalized learning)을 설계하며 자기주도적학습을 촉진할 수 있는 능력	**행동지표 6.1.** AI를 활용해 학습자의 개념 특성과 학습 수준을 진단한다.	**6.1.1. AI 활용 개별화 학습의 이해** 6.1.1.1. 개별화 학습의 목적과 필요성 이해하기 6.1.1.2. 개별화 학습을 위한 AI의 역할 이해하기 **6.1.2. AI 활용 학습진단** 6.1.2.1. AI 활용 학습진단 과정 이해 및 도구 활용하기 6.1.2.2. 다양한 자료를 활용해 학습자 특성 파악하기 6.1.2.3. AI를 활용해 학습 수준 진단/해석하기	**모듈 13.** AI를 활용한 개별화 학습 설계

역량	행동지표		모듈
역량 7. **AI 활용 실제적 학습 설계 역량** : AI를 활용해 문제를 해결하고 지식 구성을 촉진하는 실제적 학습을 설계할 수 있는 능력	**행동지표 6.2.** AI 진단 결과를 반영해 개별화(학습 수준, 관심사, 진로 등) 학습을 설계한다.	**6.2.1. AI 활용 개별화 학습 설계** 6.2.1.1. 진단 결과를 바탕으로 학습경로 결정하기 6.2.1.2. 진단 결과를 바탕으로 학습자료 선정하기 6.2.1.3. 개별화 학습 설계하기 **6.2.2. AI 활용 개별화 학습자료 개발** 6.2.2.1. AI에서 추천된 학습자료 분석하기 6.2.2.2. 개별화 학습을 위한 학습자료 개발하기	**모듈 14.** AI를 활용한 자기주도학습 이해 및 설계
	행동지표 6.3. AI를 활용해 교수자-학습자-콘텐츠 간의 상호작용을 촉진할 수 있는 자기주도학습 방안을 설계한다.	**6.3.1. AI 활용 자기주도학습의 이해** 6.3.1.1. AI 활용 자기주도학습의 특징 이해하기 6.3.1.2. 자기주도학습을 지원하는 AI 탐색하기 **6.3.2. AI 활용 자기주도학습 촉진 방안 설계** 6.3.2.1. 자기주도학습을 촉진하는 상호작용 전략 이해하기 6.3.2.2. 자기주도학습을 지원하는 교수설계하기	
	행동지표 7.1. AI를 활용해 접근할 수 있고 학습자의 흥미를 유발할 수 있는 실제적인 문제를 구안한다.	**7.1.1. AI 활용 실제적 학습 이해** 7.1.1.1. AI 활용 실제적 학습의 개념 이해하기 7.1.1.2. AI 활용 실제적 학습 사례 탐색하기 7.1.1.3. 실제적 학습에서 AI 사이 역할 이해하기 **7.1.2. AI 활용 실제적 학습의 문제 구안** 7.1.2.1. 비구조화된 실제적 문제 만들기 7.1.2.2. 동기유발 전략 설계하기	**모듈 15.** AI를 활용한 실제적 학습 설계와 자료 개발
	행동지표 7.2. AI를 활용해 융합적으로 문제	**7.2.1. AI 활용 지식 구성을 촉진하는 교수학습 설계** 7.2.1.1. AI 활용 지식 구성을 촉진하는 교수학습 설계하기	

AI 활용 교육 실행	역량	행동지표	내용	모듈
		를 해결하는 지식 구성 활동을 설계한다.	7.2.1.2. 다양한 지원을 활용한 융합적인 문제 해결 과정 설계하기	
			7.2.2. AI 활용 실제적 학습자료 개발 7.2.2.1. 실제적 학습을 위한 학습자료 개발하기	
	역량 8. **AI 활용 데이터 기반 평가 설계 역량** : AI 활용 평가계획을 수립하고 평가 데이터의 내용과 방안을 설계할 수 있는 능력	**행동지표 8.1.** 교수학습에서 AI 활용 데이터 기반 평가계획을 수립한다.	**8.1.1. AI 활용 데이터 기반 평가의 이해** 8.1.1.1. 데이터 기반 평가 개념 이해하기 8.1.1.2. 데이터 기반 평가 사례 탐색하기 8.1.1.3. 데이터 기반 평가를 지원하는 AI 탐색하기 **8.1.2. AI 활용 데이터 기반 평가계획 수립** 8.1.2.1. 데이터 기반 평가계획 수립하기 8.1.2.2. 평가에 따른 피드백 방안 설계하기	**모듈 16.** AI 활용 데이터 기반 평가 설계
		행동지표 8.2. AI를 활용한 평가 데이터의 내용을 선정하고 수집 방안을 설계한다.	**8.2.1. AI 활용 평가 데이터 내용 선정** 8.2.1.1. 평가를 위한 수집 데이터 내용 선정하기 8.2.1.2. 수집 데이터의 활용 방안 계획하기 **8.2.2. AI 활용 평가 데이터 수집 방안 설계** 8.2.2.1. 데이터 수집 방법 고안하기 8.2.2.2. 데이터 수집 환경 구축하기 8.2.2.3. 안전하고 책임감 있는 데이터 수집 방안 마련하기	
	역량 9. **AI 및 에듀테크 활용 역량** : 학습자에게 AI 활용 방법을 안내하고, 교수학습 목적에 맞게 AI 에듀테크를 적정하여 활용할 수 있는 능력	**행동지표 9.1.** 학습자에게 AI 활용 방법을 이해하기 쉽게 안내한다.	**9.1.1. AI 활용 방법 안내 자료 개발** 9.1.1.1. 학습자 관점에서 AI 활용 요소(활동) 추출하기 9.1.1.2. AI 활용 요소(활동)를 지원하기 위한 안내 자료 개발하기	**모듈 17.** AI 및 에듀테크 활용

318

역량	행동지표	내용	모듈
역량 10. AI 활용 학습 촉진 역량 : 학습자에게 AI 활용 교수학습 과정을 안내하고, 학습과 상호작용을 촉진할 수 있는 적절한 전략을 적용할 수 있는 능력	행동지표 9.2. 교수학습활동에 맞게 AI의 기능을 원활하게 조작한다.	9.2.1. AI 기능 숙지 9.2.1.1. 학습을 촉진하는 AI 기능 파악하기 9.2.1.2. 상호작용을 촉진하는 AI 기능 파악하기 9.2.2. AI 기능 조작 9.2.2.1. AI 기능에 익숙해질 수 있도록 반복 연습하기 9.2.2.2. 다양한 문제 상황에 적용할 수 있는 AI 기능 시뮬레이션하기	
	행동지표 9.3. 학습효과를 높일 수 있는 AI 관련 에듀테크를 연계하여 활용한다.	9.3.1. AI 연계 가능한 에듀테크 탐색 9.3.1.1. AI의 장단점 분석하기 9.3.1.2. AI와 기능을 촉진하는 에듀테크 탐색하기 9.3.2. AI 연계 가능한 에듀테크 활용 9.3.2.1. AI 연계 에듀테크의 활용 가능성 판단하기 9.3.2.2. AI 연계 에듀테크의 활용 방안 수립하기	모듈 18. AI 연계를 통한 다양한 에듀테크 활용
	행동지표 10.1. 학습자에게 AI 활용 교수학습 과정을 이해하기 쉽게 설명한다.	10.1.1. 교수학습에서 AI 활용 방법 안내 이해 10.1.1.1. AI 활용 교육의 전체 교수학습 과정 안내하기 10.1.1.2. 학습을 촉진하는 AI 활용 방법 안내 자료 개발하기	모듈 19. AI 활용 교육에서 학습 촉진을 위한 스캐폴딩
	행동지표 10.2. AI를 활용하여 학습과 상호작용을 촉진할 수 있는 스캐폴딩을 제공한다.	10.2.1. AI 활용 스캐폴딩의 이해 10.2.1.1. 스캐폴딩의 개념 이해하기 10.2.1.2. AI 활용 스캐폴딩 전략 사례 탐색하기 10.2.2. AI 활용 스캐폴딩 실행 10.2.2.1. AI를 활용한 스캐폴딩 전략 수립하기	모듈 19. AI 활용 교육에서 학습 촉진을 위한 스캐폴딩

역량	행동지표		모듈
		10.2.2.2. AI를 활용한 스캐폴딩 전략 모의 실행하기	
	행동지표 10.3. 학습자의 학습 상황(학습진도, 참여율, 성취도)을 모니터링하고 학습을 지원한다.	**10.3.1. 학습 상황 모니터링의 이해** 10.3.1.1. 학습 상황 모니터링 시 데이터 해석 방법 이해하기 10.3.1.2. 모니터링 시 교사의 개입 시점 파악하기 **10.3.2. 학습 상황에 따른 학습지원** 10.3.2.1. 모니터링에 따른 학습지원 방안 수립하기 10.3.2.2. 실시간/비실시간 학습지원 모의 연습하기	**모듈 20.** AI 활용 교육에서 학습 모니터링과 지원
역량 11. **AI 및 에듀테크 기술적 문제 해결 역량** : 교수학습에서 발생한 기술적 문제에 대한 대처방안을 안내하고, 적절하게 문제를 해결할 수 있는 능력	**행동지표 11.1.** 학습자에게 학습 과정에서 발생하는 기술적 문제에 대한 대처방안을 이해하기 쉽게 설명한다.	**11.1.1. 기술적 문제 유형 이해** 11.1.1.1. AI·에듀테크 기술적 문제 유형 파악하기 11.1.1.2. 기술적 문제 해결 대처방안 수립하기 11.1.1.3. 기술적 문제 해결을 위한 안내 자료 개발하기	**모듈 21.** AI·에듀테크 기술적 문제해결
	행동지표 11.2. 교수학습에서 발생한 간단한 기술적 문제를 즉시에 해결한다.	**11.2.1. 간단한 기술적 문제 해결** 11.2.1.1. HW와 관련된 기술적 문제에 대해 모의 대처하기 11.2.1.2. SW와 관련된 기술적 문제에 대해 모의 대처하기	
	행동지표 11.3. 교수학습에서 발생한 중대한 기술적 문제를 학교 인력이 담당자(팀)에게 의뢰한다.	**11.3.1. 중대한 기술적 문제 해결** 11.3.1.1. 학교, 교육청 담당자(부서), 에듀테크팀의 역할 이해하기 11.3.1.2. 기술적 문제 해결 행정 절차 이해하기 11.3.1.3. 기술적 문제 해결 간 교수학습의 공백이 없는 활용 계획 수립하기	

AI 활용 교육 평가	역량 12. AI 활용 데이터 해석 역량 : AI에서 데이터의 의미를 이해하고, AI가 제공하는 데이터를 해석해 학습자의 문제를 해결할 수 있는 능력	행동지표 12.1. AI가 제공하는 평가 데이터를 객관적으로 이해한다.	12.1.1. 평가 데이터의 이해 12.1.1.1. 평가 데이터의 의미 이해하기 12.1.1.2. 평가 데이터 간 상세관계 이해하기 12.1.2. 평가 데이터에 따른 결과 이해하기 12.1.2.1. 객관적 데이터에 근거한 학생의 수준 확인하기 12.1.2.2. 다양한 사례를 평가 보면서 이해하기	모듈 22. AI 활용 데이터의 해석
		행동지표 12.2. AI가 제공하는 평가 데이터를 학습자의 개별 특성을 고려해 해석한다.	12.2.1. 학습자의 개별 특성을 고려한 데이터 해석 12.2.1.1. AI가 진단하지 못한 학습자의 특성 파악하기 12.2.1.2. 학습자 특성을 고려한 평가 데이터 해석하기	
		행동지표 12.3. 데이터를 기반으로 학습자의 문제 원인을 발견하고 해결책을 도출한다.	12.3.1. 데이터 기반 학습자의 문제 원인 진단 12.3.1.1. 학습분석 결과를 토대로 학생의 인지적 문제 원인 진단하기 12.3.1.2. 학습분석 결과를 토대로 학생의 정서적 문제 원인 진단하기 12.3.2. 인지적·정서적 문제에 대한 해결책 도출 12.3.2.1. 학생의 인지적 문제에 대한 해결책 도출하기 12.3.2.2. 학생의 정서적 문제에 대한 해결책 도출하기 12.3.2.3. 데이터 기반 처방에 관한 다양한 사례 탐색하기	모듈 23. AI 활용 데이터 기반 학습진단과 처방

역량 13. AI 활용 데이터 기반 피드백 역량			모듈 24.
: AI의 진단 결과를 토대로 인지적·정서적 피드백을 제공하고, 학습자의 진로·진학 설계를 지원할 수 있는 능력	**행동지표 13.1.** AI를 활용한 학습 과정에서 학습자를 판정하고 적절한 정서적 피드백을 제공한다.	**13.1.1. 정서적 피드백의 이해** 13.1.1.1. 정서적 피드백의 개념 이해하기 13.1.1.2. 학습자 판정 방법 이해하기 13.1.1.3. 정서 파악을 위한 데이터 활용 방법 이해하기 13.1.1.4. 학습자의 정서 파악을 위한 감성 컴퓨팅 이해하기 **13.1.2. 정서적 피드백 제공** 13.1.2.1. 판정과 데이터로 학습자의 정서 파악하기 13.1.2.2. 교사의 판정과 데이터에 기반한 정서적 피드백 계획 수립하기 13.1.2.3. 정서적 피드백의 효과성 평가하기	AI 활용 학습자 판정 및 피드백
	행동지표 13.2. AI에 의해 추천된 맞춤형 콘텐츠와 서비스를 교사가 검토해 학습자에게 피드백한다.	**13.2.1. 인지적 피드백의 이해** 13.2.1.1. 인지적 피드백의 개념 이해하기 13.2.1.2. AI에서 제공되는 인지적 피드백의 적합성 평가하기 **13.2.2. 인지적 피드백 제공** 13.2.2.1. 학습자 특성을 고려해 인지적 피드백 제공하기 13.2.2.2. 학생의 피드백 반영 여부 확인하기 13.2.2.3. 인지적 피드백의 효과성 평가하기	
	행동지표 13.3. AI의 학습진단 결과를 토대로 학습자의 진로·진학 설계를 지원한다.	**13.3.1. 진로·진학 설계** 13.3.1.1. AI의 학습진단 결과 종합 분석하기 13.3.1.2. 학습자의 생애 학습 이력 파악하기 13.3.1.3. 개별 특성을 고려한 진로·진학 설계하기	모듈 25. AI 활용 학습 및 진로·진학 상담

322

AI 활용 교육 전문성 개발			
역량 14. AI 활용 교육 전문성 개발 역량 : AI 활용 교육에 필요한 지속적 전문성 개발 계획을 수립해 실행할 수 있는 능력		13.3.2. 진로·진학 상담 13.3.2.1. 학생·학부모 상담 방법 이해하기 13.3.2.2. 학생·학부모와 함께 진로·진학 설계하기	
	행동지표 14.1. AI가 제공하는 데이터를 기반으로 교수학습을 성찰하고 개선한다.	14.1.1. 데이터 기반 교수학습 성찰 14.1.1.1. 교수학습 개선을 위한 AI 데이터의 종류 이해하기 14.1.1.2. AI가 제공하는 교수 리포트 이해하기 14.1.1.3. 교수학습 개선을 위한 시사점 도출하기 14.1.2. 데이터 기반 교수학습 수정·보완 14.1.2.1. 형성적 평가의 개념과 절차 이해하기 14.1.2.2. 시사점을 반영해 교수학습 개선하기 14.1.2.3. 개선된 교수학습을 다음 수업에 적용하기 14.1.2.4. 형성적 평가를 통해 지속적으로 수업 개선하기	모듈 26. AI 활용 데이터 기반 교수학습 개선
	행동지표 14.2. AI 활용 교육에 필요한 자신의 역량을 진단하고, 지속적인 전문성 개발 계획을 수립한다.	14.2.1. AI 활용 교육을 위한 교사 역량 이해 14.2.1.1. AI 활용 교육을 위한 교사 역량 탐색하기 14.2.1.2. AI 활용 교육을 위한 교사 역량 자가 진단하기 14.2.1.3. AI 활용 교육을 위한 교사 역량의 교육요구도 분석하기 14.2.2. 전문성 개발 계획 수립 14.2.2.1. 교육요구도를 기반으로 전문성 개발에 필요한 내용 선정하기 14.2.2.2. 전문성 개발을 위한 활동 계획 세우기	모듈 27. AI 활용 교육을 위한 교사 역량

행동지표	내용	모듈
행동지표 14.3. AI 활용 교육 전문성을 개발하기 위해 다양한 프로그램(연수, 연구회, 대학원, 워크숍 등)에 참여한다.	**14.3.1. 전문성 개발 프로그램의 탐색** 14.3.1.1. 전문성 개발을 위한 지원(지역사회, 연수, 멘토링, 대학원, 워크숍 등) 파악하기 14.3.1.2. AI 관련 전문성 개발 프로그램의 적합성 분석하기 **14.3.2. 전문성 개발 프로그램의 참여** 14.3.2.1. 자가 진단 결과를 토대로 전문성 개발 프로그램 참여하기 14.3.2.2. 지속적 학습을 위한 전문적 학습공동체 참여 방안 수립하기	**모듈 28.** AI 활용 교육을 위한 전문성 개발
행동지표 14.4. AI 활용 교육에 대한 실천적 지식을 다양한 방법(수업 공개, 전문적 학습공동체, 논문, 블로그, 유튜브 등)으로 공유한다.	**14.4.1. AI 활용 교육에 대한 성찰** 14.4.1.1. 교사 전문성 개발에서 성찰의 필요성 이해하기 14.4.1.2. 성찰 활동의 방법(목표, 경험, 교훈) 이해하기 14.4.1.3. 디지털 도구를 활용한 성찰일지 작성하기 **14.4.2. AI 활용 교육에 대한 실천적 지식 공유** 14.4.2.1. 실천적 지식의 공유 필요성 이해하기 14.4.2.2. 교수학습에서 타인의 실천적 지식 공유 활동 경험 토의하기 14.4.2.3. 실천적 지식 공유를 위한 디지털 플랫폼의 특징 이해하기 14.4.2.4. 디지털 플랫폼을 활용해 AI 활용 교육에 대한 실천적 지식 공유하기	**모듈 29.** AI 활용 교육에 대한 성찰과 공유

역량	행동지표		모듈
역량 15. AI 활용 교육 연구 역량 : AI 서비스와 콘텐츠에 대한 아이디어를 제시하고, 다양한 주제와 협업 및 의사소통하며 연구할 수 있는 능력	행동지표 15.1. AI 관련 다양한 주제(동료 교사, 기관, 기업, 교육청 등)와 소통하며 AI의 교육적 활용과 개선방안을 제시한다.	15.1.1. AI·에듀테크의 개선 15.1.1.1. AI 관련 다양한 주제들의 역할 이해하기 15.1.1.2. AI·에듀테크 요구 및 개선을 위한 소통 창구 파악하기 15.1.1.3. AI의 교육적 활용 방안에 대한 의견 도출 및 제안하기 15.1.1.4. 티처프러너(Teacher-Preneur)로서 AI·에듀테크 함께 개발하기	모듈 30. AI·에듀테크의 주제적 연구·개발
	행동지표 15.2. AI 관련 다양한 주체에게 테스트베드*를 제공하고 함께 연구한다. (* 새로운 기술 제품·서비스의 성능 및 효과를 시험할 수 있는 환경)	15.2.1. AI·에듀테크의 시범 적용 이해 15.2.1.1. 협력적 연구 개발의 필요성 이해하기 15.2.1.2. 협력적 연구 개발의 절차 이해하기 15.2.1.3. 교수학습에서 요구되는 AI·에듀테크 시범 적용 요청하기 15.2.2. AI·에듀테크의 연구 설계 15.2.2.1. 안전한 테스트베드 환경 조성하기 15.2.2.2. 과학적 효과 검증 방법 설계하기 15.2.2.3. 사용성 평가 방법 설계하기 15.2.2.4. 문제점 및 개선방안 도출하기 15.2.2.5. 피드백 반영 여부 확인하기	

주석

1) Turing, A. M. (2009). Computing machinery and intelligence. In Parsing the turing test (pp. 23-65). Springer, Dordrecht.

2) McCarthy, J., Minsky, M. L., Rochester, N., & Shannon, C. E. (2006). A proposal for the dartmouth summer research project on artificial intelligence, august 31, 1955. AI magazine, 27(4), 12-12.

3) 이인아, 권준수, 장벽탁, 최준식(2020). AI 영재학교 충북과학고 전환 타당성 및 운영 모델 연구. 정책연구용역보고서. 충청북도교육연구정보원.

4) Searle, J. R. (1980). Minds, brains, and programs. The Turing Test: Verbal Behaviour as the Hallmark of Intelligence, 201-224.

5) Holmes, W. (2019). Artificial intelligence in education: Promise and implications for teaching and learning. Symposium conducted at the institute of educational technology, The Open University, UK.

6) 홍선주, 조보경, 최인선, 박경진, 김현진, 박연정, 박정호(2020). 학교교육에서의 인공지능(AI) 활용 방안 탐색. 충북: 한국교육과정평가원.

7) Holmes, W. (2019). Artificial intelligence in education: Promise and implications for teaching and learning. Symposium conducted at the institute of educational technology, The Open University, UK.

8) Chen, L., Chen, P., & Lin, Z. (2020). Artificial intelligence in education: A review. Ieee Access, 8, 75264-75278.

9) 관계부처합동(2020). 인공지능시대 교육정책방향과 핵심과제. 관계부처합동.

10) 신원섭, 신동후(2021). 온라인 학습에서 머신러닝을 활용한 초등 4학년 식물 분류 학습의 적용 사례 연구. 초등과학교육, 40(1), 66-80.

11) 유연주(2021). AI-교과 융합교육의 방향과 쟁점. 제8회 AI융합교육 포럼 자료집. 교육부 · AI융합교육연구지원센터.

12) 서울시교육청(2021). 미래다움으로 새로운 인간다움을 기르는 'AI 기반 융합교육'. 서울시교육청.

13) 김현진, 박정호, 홍선주, 박연정, 김은영, 최정윤, 김유리(2020). 학교교육에서 AI 활용에 대한 교사의 인식. 교육공학연구, 36(3), 905–930.

14) Holstein, K., McLaren, B. M., & Aleven, V. (2018, June). Student learning benefits of a mixed–reality teacher awareness tool in AI–enhanced classrooms. In International conference on artificial intelligence in education (pp.154–168). Springer, Cham.

15) Schofield, J. W., Evans–Rhodes, D., & Huber, B. R. (1990). Artificial intelligence in the classroom: The impact of a computer–based tutor on teachers and students. Social Science Computer Review, 8(1), 24–41.

16) Attwood, A. I., Bruster, B. G., & Bruster, B. G. (2020). An Exploratory Study of Preservice Teacher Perception of Virtual Reality and Artificial Intelligence for Classroom Management Instruction. SRATE Journal, 29(2), n2.

17) Bryant, J., Heitz, C., Sanghvi, S., & Wagle, D. (2020). How artificial intelligence will impact K–12 teachers. Mckinsey & Company.

18) Luan, H., Geczy, P., Lai, H., Gobert, J., Yang, S. J., Ogata, H., ⋯ & Tsai, C. C. (2020). Challenges and future directions of big data and artificial intelligence in education. Frontiers in Psychology, 11.

19) 윤상오, 정필운, 이해원, 박소영(2020). 인공지능 기반 자동화행정의 주요 쟁점에 관한 연구. 한국공공관리학보, 34(3), 109–132.

20) 조우진, 김진석, 윤다현, 이다희, 정석찬(2020). 인공지능(AI) 기술을 활용한 부산광역시 교통사고 예방 시스템. 한국정보기술학회지, 2020(10), 514–517.

21) 윤건(2019). 데이터기반행정 강화 방안 연구: 공공데이터 융합을 중심으로. 기본연구과제. 한국행정연구원.

22) Tao, B., Díaz, V., & Guerra, Y. (2019). Artificial Intelligence and Education, Challenges and Disadvantages for the Teacher. Arctic Journal, 72(12), 30–50.

23) 이수영(2020). AI 교육에 대한 초등 교사의 이해와 인식. 한국초등교육, 31(특별호), 15–31.

24) 김현진, 박정호, 홍선주, 박연정, 김은영, 최정윤, 김유리(2020). 학교교육에서 AI 활용에 대한 교사의 인식. 교육공학연구, 36(3), 905–930.

25) 양종모(2017). 인공지능 알고리즘의 편향성, 불투명성이 법적 의사결정에 미치는 영향 및 규율 방안. 법조, 66(3), 60–105.

26) 변순용(2020). 데이터 윤리에서 인공지능 편향성 문제에 대한 연구. 윤리연구, 1(128), 143−158.

27) 이혜란, 소효정, Lingxi Jin(2020). 교육용 인공지능 애플리케이션의 특성 및 설계 수준 분석. 교육정보미디어연구, 26(3), 647−670.

28) 김현진, 박정호, 홍선주, 박연정, 김은영, 최정윤, 김유리(2020). 학교교육에서 AI 활용에 대한 교사의 인식. 교육공학연구, 36(3), 905−930.

29) 김태령, 한선관(2020). 인공지능교육에 관한 초중등교사의 인식에 관한 연구. 교육논총, 40(3), 181−204.

30) 김성희, 신정아(2021). AI활용 영어교육에 대한 초 · 중 · 고 영어(담당) 교사의 인식. 외국어교육연구, 35(1), 131−146.

31) 이동국 외(2022). 인공지능(AI) 활용 교육 현황 및 수업 실행에 대한 교사의 인식. 충북교육정책연구소.

32) 이동국, 이은상, 이봉규(2022). 인공지능(AI) 활용 교육을 위한 교사 역량 도출. 충북교육정책연구소.

33) 이동국, 이은상(2022). 인공지능(AI) 활용 교육을 위한 교사 역량에 관한 교육요구도 분석. 교육정보미디어연구, 28(3), 821−842.

34) 황윤한, 조영임(2005). 학생들의 다양한 특성을 반영한 개별화 수업:이해와 적용. 교육과학사.

35) 위키피디아(https://en.wikipedia.org/wiki/Differentiated_instruction)

36) 박성익(2008). 개별화학습의 전망과 과제. 교육방법연구, 20(1), 1−22.

37) U.S. Department of Education. (2017). Reimagining the Role of Technology in Education: 2017 National Education Technology Plan update. (tech.ed.gov/files/2017/01/NETP17.pdf)

38) Bloom, B. S. (1984). The 2 sigma problem: The search for methods of group instruction as effective as one−to−one tutoring. Educational researcher, 13(6), 4−16.

39) Reigeluth, C. M. (2014). The learner−centered paradigm of education: Roles for technology.Educational Technology, 54(3), 18−21.

40) 임규연, 임지영, 진명화(2021). 테크놀로지 기반 개별화 학습에 대한 체계적 문헌 분석: 2011−2020 년 국내연구를 중심으로. 교육공학연구, 37(3), 525−559.

41) Tomlinson,C.,A. (2014). The Differentiated Classroom (2th ed.). 홍완기 역(2021).

교실현장에서 가져온 개별화 수업 1: 실천편. 교육을바꾸는사람들.

42) 임규연, 임지영, 진명화(2021). 테크놀로지 기반 개별화 학습에 대한 체계적 문헌 분석: 2011-2020년 국내연구를 중심으로. 교육공학연구, 37(3), 525-559.

43) 이봉규, 정경욱, 이원경(2022). 개별화 교수전략을 적용한 AI 기반 적응형 학습 시스템 활용 중학교 기초학력 미달 수업에 관한 참여적 실행연구. 학습자중심교과교육연구, 22(24), 333-359.

44) Holmes, W., Bialik, M., and Fadel, C. (2019). Artificial Intelligence in Education: Promises and Implications for Teaching & Learning. 정제영, 이선복 역(2020). AI 시대의 미래교육: 가르침과 배움의 함의. 박영스토리.

45) Holmes, W., Bialik, M., and Fadel, C. (2019). Artificial Intelligence in Education: Promises and Implications for Teaching & Learning. 정제영, 이선복 역(2020). AI 시대의 미래교육: 가르침과 배움의 함의. 박영스토리.

46) 김현진, 박정호, 홍선주, 박연정, 최정윤, 김유리, 이향섭, 이인숙(2020). AI시대 대비 국가수준 교육과정 운영 지원방안 연구. 교육부.

47) 홍선주, 조보경, 최인선, 박경진, 김현진, 박연정, 박정호, 이영신(2020). 학교교육에서의 인공지능(AI) 활용 방안 탐색 (RRI 2020-2). 진천: 한국교육과정평가원.

48) 한선관, 류미영, 김태령(2021). AI 사고를 위한 AI 교육, 성안당: 경기 파주.

49) Ezzaim, A., Kharroubi, F., Dahbi, A., Aqqal, A., & Haidine, A. (2022). Artificial intelligence in education-State of the art. International Journal of Computer Engineering and Data Science (IJCEDS), 2(2).

50) Perez-Ortiz, M., Dormann, C., Rogers, Y., Bulathwela, S., Kreitmayer, S., Yilmaz, E., Noss, R & Shawe-Taylor, J. (2021, April). X5learn: A personalised learning companion at the intersection of ai and hci. In 26th International Conference on Intelligent User Interfaces-Companion (pp.70-74).

51) Taub, M., Sawyer, R., Smith, A., Rowe, J., Azevedo, R., & Lester, J. (2020). The agency effect: The impact of student agency on learning, emotions, and problem-solving behaviors in a game-based learning environment. Computers & Education, 147, 103781.

52) Segedy, J. R., Kinnebrew, J. S., & Biswas, G. (2013). The effect of contextualized conversational feedback in a complex open-ended learning environment. Educational Technology Research and Development, 61, 71-89.

53) T. B. Brown, B. Mann, N. Ryder, M. Subbiah, J. Kaplan, P. Dhariwal, A. Neelakantan, P. Shyam, G. Sastry, A. Askell, et al. (2020). Language models are few-shot learners. Advances in neural information processing systems, 33, 1877–1901.

54) 김현진, 박정호, 홍선주, 박연정, 최정윤, 김유리, 이항섭, 이인숙(2020). AI시대 대비 국가수준 교육과정 운영 지원방안 연구. 교육부(발간등록번호 11-1342000-000585-01).

55) San Pedro, M., Baker, R. S., Bowers, A. J., & Heffernan, N. T. (2013). Predicting College Enrollment from Student Interaction with an Intelligent Tutoring System in Middle School. In S.D'Mello, R. Calvo & A. Olney (Eds.), Proceedings of the 6th International Conference on Educational Data Mining (EDM 2013). 177–184: International Educational Data Mining Society.

56) 홍선주, 조보경, 최인선, 박경진, 김현진, 박연정, 박정호(2020). 학교교육에서의 인공지능(AI) 활용 방안 탐색. 한국교육과정평가원 연구보고 RRI 2020-2.

57) Holmes, W., Bialik, M., & Fadel, C. (2019). Artificial intelligence in education: Promises and implications for teaching and learning. Boston, MA: The Center for Curriculum Redesign.

58) 이혜란, 소효정, Lingxi Jin(2020). 교육용 인공지능 애플리케이션의 특성 및 설계 수준 분석. 교육정보미디어연구, 26(3), 647–670.

59) Bandura, A. (1977). Self-efficacy: Toward a unifying theory of behavioral change. Psychological Review, 84 (2), 191– 215.

60) 정경아(2002). 수학성취모형에서 수학 자기효능감의 예측적 · 매개적 역할 연구. 박사학위논문. 연세대학교.

61) Bandura, A. (1986). Social Foundations of thought and action: A social cognitive theory. Englewood Cliffs, NJ: Prentice Hall.

62) Jonassen, D. H., Cernusca, D., & Ionas, G. (2007). Constructivism and instructional design: The emergence of the learning sciences and design research. In R. A. Reiser, & J. V. Dempsey (Eds.), Trends and issues in instructional design and technology (pp.45–52). Upper Saddle River, NJ: Pearson Education.

63) Sandoval, W. A. (2014). Conjecture Mapping: An Approach to Systematic Educational Design Research. Journal of the Learning Sciences, 23(1), 18–36.

64) 김리나(2020). 초등학생의 수학 자기효능감 검사 도구 개발에 관한 연구. 교육학연구, 58(3), 395-416.

65) Sandoval, W. A. (2014). Conjecture Mapping: An Approach to Systematic Educational Design Research. Journal of the Learning Sciences, 23(1), 18-36.

66) 김성종(2021). 예측설계도(conjecture map)를 활용한 교사의 설계기반연구(T-DBR) 모형 개발. 박사학위논문. 한국교원대학교.

67) Wilson, B. G. (1995). Metaphors for instruction: Why we talk about learning environments. Educational Technology, 35(5), 25-30.

68) 챗GPT의 개념에 대한 설명은 챗GPT4.0의 도움을 받아 기술됐습니다.

69) 이향숙, 유인혜, 조민혁, 이찬구(2022). 기술·경제·사회 혁신의 확산요인 탐색: 통합혁신모형 개발을 중심으로. 기술혁신학회지, 25(4), 687-715.

70) Kim, S., Jang, Y., Choi, S., Kim, W., Jung, H., Kim, S., & Kim, H. (2021). Analyzing teacher competency with TPACK for K-12 AI education. KI-Künstliche Intelligenz, 35(2), pp.139-151.

71) 계보경, 신효은, 권미영, 김민송, 최미애, 백송이(2020). 포스트 COVID-19 대응 미래교육 체제 전환을 위한 에듀테크 동향 분석. 이슈리포트. 대구: 한국교육학술정보원.

72) 이은상, 이동국(2021). 초·중등학교 에듀테크 운영에서 테크매니저의 어려움에 관한 질적 분석. 정보교육학회논문지, 25(1), pp.195-206.

73) 교육정책네트워크정보센터(2021). Ipad 받았지만 제한 투성, 학교 간 벌어지는 IT 격차. 국가별교육동향. (edpolicy.kedi.re.kr/frt/boardView.do?strCurMenuId=10092&nTbBoardArticleSeq=829859)

74) 도재우, 김수진(2021). 코로나19 장기화 상황에서 등교수업 전략으로서 BYOD 활용을 위한 BYOD 연구동향 및 개념 탐색. 현장수업연구, 제2권 제1호, pp.1-22.

75) Clark T., Fisher L., Basye D, Johnston T., Green J. & Burt S. (2021). Return to the Classroom Guidebook. K-12 Blueprint.

76) 계보경, 허두영, 안경진, 백송이, 김동진, 정영식, 방준성, 이정서(2021). 데이터 기반 스마트 학교 체제 도입을 위한 도시 데이터-학교 연계 운영방안 연구. 연구보고 CR-2021-5. 대구: 한국교육학술정보원.

77) 이동국, 김현진(2015). 교사의 테크놀로지 활용에 영향을 미치는 변인에 대한 메타분석. 교육정보미디어연구, 21(1), pp.91-110.

78) 박세진, 한예진, 조영환(2021). 초등학생의 디지털 역량과 디지털 격차에 대한 교사의 인식. 학습자중심교과교육연구, 21(16), pp.479-492.

79) UNESCO IITE. (2020). AI in Education: Change at the Speed of Learning. UNESCO IITE Policy Brief.

80) 이은상, 이은주(2021). 중학교 신입생 전환기 교육을 위한 역량 도출: C학교 사례를 중심으로. 학습자중심교과교육연구, 21(7), pp.603-619.

81) Vuorikari, R., Punie, Y., Gomez, S. C., & Van Den Brande, G. (2016). DigComp 2.0: The digital competence framework for citizens. Update phase 1: The conceptual reference model (No. JRC101254). Joint Research Centre. (Seville site).

82) 정진명, 이현숙, 김수환, 이운지, 류기곤, 김경아, 조규복, 구찬동(2020). 2020년 국가수준 초·중학생 디지털 리터러시 수준 측정 연구. 연구보고 RR2020-10. 대구: 한국교육학술정보원.

83) 이동국, 김현진(2015). 교사의 테크놀로지 활용에 영향을 미치는 변인에 대한 메타분석. 교육정보미디어연구, 21(1), pp.91-110.

84) 계보경, 최미애, 이동국, 이지은(2020). 미래교육을 위한 에듀테크 활성화 방안. 서울: 대통령직속4차산업혁명위원회.

85) 이은상, 이동국(2021). 초중등학교 에듀테크 운영에서 테크매니저의 어려움에 관한 질적 분석. 정보교육학회논문지, 25(1), pp.195-206.

86) 이은상, 김동건, 이동국(2021). 초·중등학교 에듀테크 팀 역량 도출. 학습자중심교과교육연구, 21(2), 1221-1247.

87) CoSN(2021). Framework of Essential Skills of the K-12 CTO. (cosn.org/wp-content/uploads/2021/09/Framework-December-2018.pdf)

88) 이은상, 김동건, 이동국(2021). 초·중등학교 에듀테크 팀 역량 도출. 학습자중심교과교육연구, 21(2), 1221-1247.

89) 윤태영, 김승진(2020). 영국의 에듀테크 활성화 지원. 연구자료 RM2020-27. 대구: 한국교육학술정보원.

90) Luckin, R., & Cukurova, M. (2019). Designing educational technologies in the age of AI: A learning sciences-driven approach. British Journal of Educational Technology, 50(6), pp.2824-2838.

91) 이동국, 이은상, 이봉규(2021). 인공지능(AI) 활용 교육을 위한 교사 역량 도출 연구. 충북교육정책연구소.